UMBERTO ECO

OBRA ABIERTA

Segunda edición

Traducción de
ROSER BERDAGUÉ

EDITORIAL ARIEL
BARCELONA - CARACAS - MÉXICO

Título original:
OPERA APERTA
Seconda edizione

1.ª edición en Ariel Quincenal: septiembre de 1979

© 1962 y 1967: Casa Editrice Valentino Bompiani & C.S.p.A.
© 1979 de la traducción castellana para España y América:
Ariel, S. A., Tambor del Bruch, s/n - Sant Joan Despí (Barcelona)

Depósito legal: B. 15.676 - 1979
ISBN: 84 344 0801 5

Impreso en España

1979. — I. G. Seix y Barral Hnos., S. A.
Av. J. Antonio, 134, Esplugues de Llobregat (Barcelona)

OBRA ABIERTA

ariel
quincenal

OBRA ABIERTA:
EL TIEMPO, LA SOCIEDAD

DE PARTE DEL AUTOR

"Entre 1958 y 1959, yo trabajaba en la RAI de Milán. Dos pisos más arriba de mi despacho estaba el estudio de fonología musical, dirigido entonces por Luciano Berio. Pasaban por él Maderna, Boulez, Pousseur, Stockhausen; era todo un silbar de frecuencias, un ruido hecho de ondas cuadradas y sonidos blancos. En aquellos tiempos, yo estaba trabajando en Joyce y pasábamos las veladas en casa de Berio, comíamos la cocina armenia de Cathy Berberian y leíamos a Joyce. De allí nació un experimento sonoro cuyo título original fue *Homenaje a Joyce*, una especie de transmisión radiofónica de cuarenta minutos que se iniciaba con la lectura del capítulo 11 del *Ulises* (el llamado 'de las Sirenas', orgía de onomatopeyas y aliteraciones) en tres idiomas: en inglés, en la versión francesa y en la italiana. Sin embargo, después, dado que el propio Joyce había dicho que la estructura del capítulo era de *fuga per canonem*, Berio comenzaba a superponer los textos a manera de fuga, primero inglés sobre inglés, luego inglés sobre francés y así sucesivamente, en una especie de polilingüe y rabelaisiano fra Martino Campanaro, con grandes efectos orquestales (aunque siempre con la voz humana única y exclusivamente), y finalmente trabajaba Berio solamente con el texto inglés (lo leía Cathy Berberian) filtrando ciertos fonemas, hasta que de todo ello resultó una auténtica composición musical, que es la que circula en forma de disco con el mismo título de *Omaggio a Joyce*, el cual nada tiene ya que ver con la transmisión, que era, en cambio, crítico-didáctica y comentaba las operaciones paso a paso. Pues bien, yo me daba cuenta en aquel ambiente de que las experiencias de los músicos electrónicos y de la Neue Musik en general representaban el modelo más acabado de una tendencia común a las varias artes... y descubría afinidades con procedimientos de las ciencias contemporáneas... Resumiendo: cuando, en 1959, Berio me pidió un artículo para su revista *Incontri musicali* (sólo cuatro números en total, pero todos históricos), volví a ocuparme de una comunicación que había presentado, en 1958, al Congreso Internacional de Filosofía y comencé a escribir el primer ensayo de *Obra abierta*, y después el segundo, más una serie de sonadas polémicas (hubo una, violenta y apasionante, con Fedele D'Amico...). Con todo, yo todavía no pensaba en el libro. Quien pensó en él fue Italo Calvino, que leyó el ensayo de *Incontri musicali* y me preguntó si quería hacer de él algo para que lo publicase Einaudi. Yo le dije que sí, que lo pensaría, y a partir de aquel momento comencé a planificar un libro muy complejo, una especie de *summa* sistemática sobre el concepto de apertura, mientras iba publicando otros ensayos sobre *Verri*, sobre la *Rivista di Estetica*, etcétera. Comencé en 1959 y en 1962 todavía me encontraba en alta mar. Aquel año, Valentino Bompiani, con quien estaba trabajando, me dijo que con mucho gusto publicaría algunos de estos ensayos, que él había leído, y yo pensé que, mientras esperaba el 'verdadero' libro, podía ir elaborando uno que tendría carácter de exploración. Quería ponerle por título 'Forma e indeterminación en las poéticas contemporáneas', pero Bompiani, que siempre ha tenido olfato para los títulos, abriendo una página como por casualidad, dijo que debía llamarse *Obra abierta*. Yo le dije que no, que en todo caso debía ser *La obra abierta* y que reservaba el título para un libro más completo. Pero él dijo que, cuando hiciera un libro más completo, encontraría otro título, pero que de momento el título apropiado era *Obra abierta*, sin artículo.

Entonces me dispuse a terminar el ensayo sobre Joyce, que después ocuparía la mitad del libro, a unificar los escritos anteriores, a elaborar el prefacio... En resumen, salió el libro y me di cuenta de que nunca escribiría el otro, dado que el tema no permitía un tratado, sino precisamente un libro de ensayos de propuesta. El título se convirtió en *slogan*. Y en los cajones me han quedado centenares de fichas para el libro que no he llegado nunca a escribir.

"También porque, cuando salió *Obra abierta*, me encontraba comprometido en una labor de ataque y defensa que se prolongó durante unos cuantos años. Por un lado, estaban los amigos de *Verri*, núcleo del futuro 'Gruppo 63', que se reconoció en muchas de mis posiciones teóricas; por el otro, estaban *los demás*. En mi vida había visto a tanta gente ofendida. Parecía que había insultado a sus madres. Decían que aquélla no era la manera de hablar de arte. Me cubrieron de injurias. Fueron unos años muy divertidos.

"Sin embargo, esta edición italiana no incluye toda la segunda mitad de la *Obra abierta* original, es decir, el largo ensayo acerca de Joyce que posteriormente constituiría un volumen de por sí. Incluye como compensación el largo ensayo 'De la manera de formar como compromiso con la realidad', que había aparecido a finales de 1962 en el número 5 de *Menabò*. Este ensayo tiene una historia larga y accidentada. Vittorini había dedicado el número 4 de *Menabò* a 'industria y literatura', pero en el sentido en que unos narradores no experimentales contaban unas historias acerca de la vida industrial. Después Vittorini decidió afrontar el problema desde otro lado: de qué manera influía la situación industrial en las formas mismas de la escritura o, si se quiere, el problema del experimentalismo o bien el de literatura y alineación, o incluso de qué manera reacciona el lenguaje frente a la realidad capitalista. En resumen, un bello conjunto de problemas enfocados precisamente desde el ángulo que no era del gusto de la izquierda 'oficial', todavía con resabios neorrealistas y a lo Croce.

(Como anotación marginal, casi cada tarde me encontraba con Vittorini en la librería Aldrovandi y él llevaba bajo el brazo la fonología de Trubetcoij: flotaban en el aire vagos perfumes estructuralistas...) Así que, por un lado, estaba poniendo en contacto a Vittorini con algunos de los colaboradores del futuro número de *Menabò* (Sanguineti, Filippini, Colombo, para cuyos textos había escrito también unas breves introducciones) y, por el otro, preparaba mi intervención, pasablemente *monstre*. No resultó una operación fácil, no ya para mí, sino para Vittorini, pero supuso un acto de valor de su parte, en tanto todos los viejos amigos lo acusaban de traición; es más, tuvo que escribir algunas páginas de introducción al número en el que metía las manos (no recuerdo si él o Calvino hablaron después, riendo, de 'cordón sanitario' indispensable). También aquí surgió una tremenda polémica, aparte de que en Roma había debates donde los amigos 'experimentales', escritores y pintores, intervenían decididos a moverse, pero no como en los tiempos de los futuristas, sino para defenderse, porque se nos veía con muy malos ojos. Me acuerdo de que Vittorio Saltini, al hacer en el *Espresso* una recensión sobre mi intervención en el *Menabò* (el *Espresso* era por aquel entonces el bastión del antiexperimentalismo), me cazó con motivo de una frase mía en la que yo estimaba un verso de Cendrars donde se parangonaban las mujeres amadas a los semáforos bajo la lluvia, lo cual le llevó a observar aproximadamente que yo era un tipo para tener reacciones eróticas únicamente con semáforos, hecho que hizo que en el debate yo le respondiese que, ante una crítica de este tipo, lo único que podía hacerse era invitarlo a que me enviase a su hermana. Esto lo digo para describir el clima de aquella ocasión.

"Entretanto, desde 1960, André Boucourechliev había traducido para la *Nouvelle Revue Française* los ensayos de *Incontri musicali*. Los leyeron los de *Tel Quel* (que estaba naciendo aquellos años), los cuales observaban con gran interés la vanguardia italiana, y fue así como tuvimos los primeros informes. En 1962, *Tel Quel* me publicaba en dos entregas un resumen de lo que posteriormente sería el ensayo sobre Joyce en *Obra abierta*. Además, de los artículos en la *Nouvelle Revue Française* nació el interés de François Wahl, de las Éditions du Seuil, quien me pidió la traducción del libro antes incluso de que hubiera aparecido en Italia. Así pues, la traducción se inició en seguida, si bien duró tres años y se rehizo tres veces, puesto que Wahl la seguía línea por línea; es más, cada línea era ocasión para que me enviase una carta de tres páginas, plagada de preguntas, o me obligase a ir a París para tratar de la cuestión, cosa que se prolongó en estas condiciones hasta 1965. Resultó una experiencia preciosa en varios aspectos.

''Recuerdo que Wahl me decía que era curioso que los problemas que yo desarrollaba, partiendo de la teoría de la información y de la semántica americana (Morris, Richards), fuesen los mismos que interesaban a los lingüistas franceses y los estructuralistas, y que me preguntó si yo conocía a Lévi-Strauss. No había leído nunca nada de él, y el mismo Saussure lo había leído un poco por encima por curiosidad (en cualquier caso, interesaba más a Berio, para sus problemas de fonología musical, y me parece incluso que el ejemplar del *Cours* que conservo todavía en mi librería debe ser el que nunca le llegué a devolver). Pues bien, espoleado por Wahl, me puse a estudiar a estos 'estructuralistas' (por supuesto, ya conocía a Barthes como amigo y como autor, pero al Barthes semiólogo y estructuralista lo descubrí definitivamente en 1964, en el número 4 de *Communications*) y tuve tres impresiones, todas ellas, poco más o menos, alrededor de 1963: la *Pensée sauvage* de Lévi-Strauss, los ensayos de Jakobson publicados por Minuit y los formalistas rusos (todavía no existía la traducción de Todorov y se tenía solamente el clásico libro de Erlich, que yo estaba haciendo traducir para Bompiani). Así pues, la edición francesa de 1965 (que es, además, la presente edición italiana) incorporaba en las notas varias referencias a los problemas lingüísticos estructurales. Con todo, *Obra abierta*, y esto se ve también en si en la revisión he escrito alguna vez 'significante y significado', nacía en un ámbito diferente. La considero un trabajo presemiótico y, en realidad, se ocupa de problemas a los que sólo ahora me estoy acercando lentamente, después de haber efectuado el baño teórico completo en la semiótica general. Y, aun cuando estoy reconocido al Barthes de *Éléments de sémiologie*, no me entusiasmo por el Barthes de *Plaisir du texte*, porque (naturalmente, con un estilo magistral), cuando cree superar la temática semiótica, lo que hace es llevarla al punto del cual yo había partido (y en el cual también se movía él por aquel entonces): bonito esfuerzo el de afirmar que un texto es una máquina de goce (que, al fin y al cabo, equivale a decir que es una experiencia abierta), cuando el problema estriba en desmontar el aparato. Yo, en *Obra abierta*, no lo hacía suficientemente. Lo único que decía era que existía.

"Naturalmente, ahora habría quien podría preguntarme si estoy ya en condiciones de escribir de nuevo *Obra abierta* a la luz de mis experiencias en el campo de la semiología y de demostrar finalmente cómo funciona el aparato. Sobre este punto, voy a ser muy impudente y resuelto. Lo he hecho ya. Se trata del ensayo 'Generación de mensajes estéticos en una lengua edénica', que aparece en mi libro *Las formas del contenido*, 1971. No son más que dieciséis páginas, pero considero que no hay más qué decir."

De parte de la crítica

Obra abierta se publicó en junio de 1962. Al hojear los recortes de prensa se observa que, descartando las noticias de los libros en prensa y las reproducciones de los comunicados editoriales, las primeras recensiones jugosas aparecieron todas entre julio y agosto: Eugenio Montale, Eugenio Battisti, Angelo Guglielmi, Elio Pagliarani. Con la reapertura otoñal les siguen Emilio Garroni, Renato Barilli, Gianfranco Corsini, Lamberto Pignotti, Paolo Milano, Bruno Zevi, etcétera. Considerando que a comienzos de los años sesenta los periódicos no dedicaban aún a los libros la atención que hoy les dedican (el único suplemento semanal era el de *Paese Sera*), estimando que entonces la notoriedad del autor se limitaba al círculo de lectores de una serie de revistas especializadas, esta rapidez de intervención de la crítica demuestra que el libro tocaba algún punto neurálgico. Si subdividimos las primeras intervenciones de la crítica en tres categorías (los reconocimientos positivos, las repulsas violentas y las discusiones inspiradas en una dialéctica inquieta), hemos de reconocer que, en los tres casos, *O. A.* se impuso como el comienzo de un debate que, a lo que parece, penetró en la sociedad cultural italiana de los años sesenta y que encontraría sus momentos culminantes con la aparición del *Menabò 5* y las primeras salidas del "Gruppo 63". En las breves notas que se exponen a continuación no va a ser posible dar cuenta de todas las intervenciones y discusiones en torno a *O. A.*, que forman un expediente por lo menos, de un centenar de artículos: voy a limitarme, pues, a elegir algunas posturas ejemplares.

Los consensos. La marca de la oportunidad corresponde a Eugenio Battisti, quien, con "Pittura e informazione" (*Il Mondo*, 17.7.1962), anuncia "uno de los libros de planteamiento más excitante de los últimos años". Advierte que, en la vida cultural, en virtud de una especie de compensación interna, "los problemas que no se tratan suficientemente en un lugar (en este caso, las instituciones de historia del arte) suscitan su discusión en otro". Aquí es la estética la que arroja nueva luz sobre los fenómenos del arte contemporáneo. Battisti integra con algunas agudas observaciones los conceptos de Eco, y una característica de las primeras intervenciones de consenso es ésta precisamente: se parte del libro como estímulo para ampliar la argumentación. En este sentido, es típico el largo artículo

11

de Angelo Guglielmi ("L'arte d'oggi come opera aperta", *Tempo presente*, julio 1962), que se inicia de esta manera: "Si hubiésemos tenido la suerte de haber escrito nosotros este libro, como sería nuestro deseo, es decir, si nosotros hubiésemos podido afrontar con la misma competencia y riqueza de información las cuestiones que se tratan en el libro, hubiéramos advertido que 'son objeto de estos ensayos... aquellos fenómenos... en que se transparenta más claramente, a través de las estructuras de la obra, la sugerencia *de la improbabilidad* de una estructura del mundo' ". Guglielmi interpolaba la palabra en cursiva en el texto de Eco y el artículo proseguía para hacer resaltar que la postura de *O. A.* seguía siendo racionalista y clasicista, y seguía tratando de recuperar, a través de las obras de arte de vanguardia, una "visión" del universo donde la característica de la cultura contemporánea, como se expresa a través del arte de vanguardia, es la ausencia de toda "visión" estructurada, el no-modo de ser, la negativa frente a cualquier código o regla. No se trata ahora de abordar todas las argumentaciones a las que recurre Guglielmi, pero valdrá la pena observar que su lectura de *O. A.* se sitúa en el polo extremo de otras que ven en el libro la adopción de una postura antirracionalista, la renuncia a todo juicio y a todo orden, la radical oposición entre arte de vanguardia (bueno) y arte tradicional (cerrado y malo). En contra de estas airadas simplificaciones, Guglielmi —aunque sea en sentido negativo— capta el nexo de continuidad que el libro trataba efectivamente de situar entre los diferentes modos de entender la obra de arte, elaborados en el transcurso de los siglos, como mensaje abierto a diferentes interpretaciones, pero regido siempre por leyes estructurales que de algún modo imponían vínculos y directrices a la lectura. Elio Pagliarani capta también el problema ("Davanti all'*O. A.*, il lettore diventa coautore", *Il Giorno*, 1.8.1962) y observa inmediatamente que "dar una forma al desorden, es decir, 'uniformar' el caos, ha sido desde siempre la máxima función del intelecto", aun cuando "la obra ordenadora que de ello resulta es obviamente un producto histórico". Éste es el tema de un libro que puede ser discutible, pero que lo es de una manera "programática, provocadora". Que el libro provocará discusiones, es cosa que advierten en seguida Filiberto Menna (*Film Selezione*, septiembre 1962), Giorgio De Maria (*Il Caffè*, octubre 1962: "Antes de que Bompiani publicase la O. A. de Umberto Eco, los razonamientos en torno al arte de vanguardia seguían siendo nebulosos en parte... Pero ahora que existe la O. A.... va a ser difícil para el artista de vanguardia encerrarse en su individualidad y exclamar: 'Esto no me concierne' "), Emilio Servadio (*Annali di Neuropsichiatria e Psicoanalisi*, I, 1963), Walter Mauro (*Momento Sera*, agosto 1962: "es un libro que, por algunos de sus aspectos, está destinado a marcar época y a revolucionar una buena parte de las poéticas contemporáneas"), Giuseppe Tarozzi (*Cinema Domani*, noviembre 1962: "y si los solones de nuestra filosofía tuercen el gesto ante ciertos enfoques, ante ciertas profanaciones, ante ciertos *mélanges* (como, para poner un ejemplo, el de la matemática quántica y el de la estética), mejor para ellos"), Bruno Zevi (*L'Architettura*, octubre 1962), etcétera.

Finalmente, hay un grupo de estudiosos que identifican el punto clave, es decir, la novedad del planteamiento metodológico. Emilio Garroni (*Paese Sera - Libri*, 16.10.1962) observa que el libro habla de estética en términos desacostumbrados, abriendo las consideraciones acerca del arte a las de otras varias disciplinas y aplicando un método "lingüístico-comunicativo". En cambio, Garroni polemiza con la utilización de ciertos aspectos de la teoría de la información, tema que volverá a recoger de una manera más razonada, en 1964, en *La crisi semantica delle arti*, induciendo a Eco a incorporar en las ediciones siguientes de *O. A.* una apostilla que tiene en cuenta estas críticas. A la intervención de Garroni responde G. B. Zorzoli, también en *Paese Sera - Libri* (6.11.1964), cuando, desde el punto de vista del científico, defiende la legitimidad del uso de los conceptos informacionales en el campo de la estética. Durante el mismo período, en *Fiera Letteraria* (16.9.1962), Glauco Cambon, recogiendo la amplia recensión que Gaetano Salveti dedica a *O. A.* en el mismo periódico (29.7.1962), remacha que el núcleo metodológico de *O. A.* debe identificarse dentro de la dialéctica de forma y apertura, orden y aventura, forma clásica y forma ambigua, vistas no como sucesivas históricamente, sino como dialécticamente opuestas en el interior de toda obra contemporánea: "La tensión de la exigencia arquitectónica o 'clásica' y de la disgregadora o 'informal' figura precisamente en el núcleo de la obra de Joyce, y, al reconocer en ella un paradigma ejemplar de la situación en que se encuentra el arte contemporáneo desde unos decenios a esta parte, Umberto Eco se ha limitado simplemente a señalar una verdad meridiana".

Para cerrar esta primera fase de la discusión en torno a *O. A.*, Renato Barilli intervenía con un ensayo sobre *Verri* (4, 1962) en el cual observaba que Eco "entronca con un planteamiento de método que ya perteneció a la mejor cultura europea del medio siglo apenas transcurrido y que, en cambio, la cultura italiana de la posguerra ha ignorado injustamente. Es el planteamiento que centra todo su interés en las formas, en la manera de organizar una materia, de estructurarla, de darle un orden". Todo lo contrario de la atención a la forma aportada por el idealismo, absorto en el problema de lo individual, lo irrepetible, el *unicum* con el cual no es posible hacer historia. Mientras que en la nueva perspectiva "se entiende por forma una actitud general, intersubjetiva... una especie de institución común a un tiempo, a un ambiente del que se puede —es más, se debe— hacer la historia... Eco pretende plantear, como advierte él mismo, una 'historia de los modelos culturales'".

En resumen, la crítica de Barilli iluminaba algunos aspectos de método que posteriormente volverán a encontrarse en la obra posterior de Eco: atención a los fenómenos de institución socializada, utilización de instrumentos de la cultura europea no idealista, temática de la estructura, interés por el arte no como milagro creador, sino como organización de la materia. Considerándolo bien, probablemente fueron estos aspectos los que desencadenaron reacciones viscerales de repulsa desde otros ángulos. *O. A.* se oponía a la tradición de Croce, que seguía alimentando la actitud crítica y filosófica del idealista italiano que se ignora.

Las repulsas. La crónica de la repulsa provocada por *O. A.* tiene momentos sabrosos. Para encontrar otro libro que acumulara en aquellos años tantas ásperas censuras, hay que pensar en *Capriccio italiano* de Sanguineti. En *Paese Sera*, Aldo Rossi observaba: "Me viene a las mientes lo que afirmaba al respecto un autorizado poeta: Decid a aquel joven ensayista que abre y cierra las obras (ni más ni menos que si fueran puertas, barajas de naipes o gobiernos de izquierdas), que acabará en la cátedra y que sus alumnos, al aprender a mantenerse informados sobre una decena de revistas, en poco tiempo serán tan buenos como para querer ocupar su puesto" (29.3.1963). En *Il Punto* de 23.6.1962 (pocas semanas después de la aparición del libro), un anónimo cursivo hablaba de un "Enzo Paci dei piccoli" y añadía que "la elección del título *Obra abierta* ha sido una iniciativa propiciatoria, un intento por parte del autor de tender la mano. Quizás le barruntaba la sospecha (que ojalá desmientan los hechos) de que serían pocos los que abrirían el libro, un tanto abstruso en verdad". También en *Il Punto* (15.12.1962) Giovanni Urbani reanudaba la polémica y, en su artículo "La causa della causa", observaba que actualmente se sustituye la "presencia" de la obra de arte por el intento de convertirla en ciencia, explicando que la obra siempre quiere decir algo más, hasta el punto de que parece "que la posibilidad de un juicio unánime equivalga... a la prueba irrefutable de la negación de arte en la obra sometida a consideración". Preocupado por esta posibilidad, Urbani admitía sarcásticamente que tenía sus ventajas, siendo primera entre todas la de hacer inútil

15

la crítica, puesto que todo el mundo estaba autorizado a decir una cosa diferente de la dicha por los demás: "De momento hay una sola desventaja, pero es de muy escasa consideración. Se trata de un libro... que ha galvanizado las inteligencias más entumecidas de la crítica italiana, a las que consuela con la tesis de que, si todos los juicios acerca de una obra de arte están equivocados, hay que atribuir la causa a la obra de arte en sí y no a un defecto de funcionamiento de las cabezas incapaces de razonar. En resumen, puesto que la obra en sí es la *causa* (de las estupideces que se dicen sobre ella), es inútil andar buscándole otra razón de ser".

En una entrevista sobre la situación de la poesía, Velso Mucci (*Unità*, 17.10.1962) afirmaba que la poesía se encuentra en un período de transición entre una poesía cerrada y una poesía "abierta", aunque "no en el sentido decadente que Eco da del término". En el *Osservatore Romano* del 13.6.1962, Fortunato Pasqualino (bajo el título "Letteratura e scientismo") escribía que, "al abandonar su relación apropiada con la realidad, los escritores se refugian en la maleza de la cultura científica y filosófica y se entregan a dilemas absurdos y a labores extraestéticas. Su razón no es ya la de la obra poética o artísticamente conseguida, sino la de la obra que satisfaga las exigencias del 'mundo moderno', de la ciencia, de la técnica; o bien la de la obra abierta". Interpretando el libro como texto en el cual se condenasen como "cerradas" las obras de Rafael ("remitiéndonos a lo menos al juicio expresado por el conocido crítico de arte Argan en ocasión de una presentación del libro de Eco"), el recensor admitía, sin embargo, que Eco había tratado de teorizar "una obra de arte que posea la misma apertura perenne de la realidad", si bien advertía que se había tomado esta intuición "del criterio gnoseológico de la adecuación de la inteligencia a las cosas desde otras fuentes tomísticas, de donde (nuestro ensayista) recoge bajo mano lo mejor de su pensamiento, aunque sea repudiando un significado teológico y metafísico que condividía en otro tiempo".

Pertenecía al mismo Pasqualino una recensión más larga, aparecida en *Leggere* (agosto-septiembre 1962), donde, no obstante, no se hace remontar a santo Tomás la raíz de la argumentación sobre las relaciones entre obra abierta y realidad, sino que el concepto "se lleva al concepto marxista del arte como *reflejo*". Efectivamente, en este texto se imputa toda la interpretación del arte medieval, que figura en el primer ensayo de *O. A.*, a "viejos esquemas historiográficos marxistas" (Eco "llega a sostener una *apertura* como *pedagogía revolucionaria*, cosas que se comprenderían mejor en el contexto de una argumentación y una sociedad marxistas"). Sin embargo, se niega a *O. A.* una ortodoxia marxista, por presentar la noción de "ambigüedad", y prosigue el ensayo contestando al libro una serie continua de contradicciones, lamentando que se empleen los mismos conceptos tanto para explicar la pintura informal como la *Divina Comedia*. Después de la acusación de criptotomismo y de criptomarxismo, sigue la de problematicismo a lo Ugo Spirito. Finalmente, Pasqualino acusa al autor de "obstinado antimetafísico", observando que en la parte dedicada a Joyce "no es difícil rastrear una autobiografía espiritual del autor de *O. A.*". Y concluye el ensayo diciendo que "probablemente estriba en este aspecto autobiográfico la parte más significativa y convincente de la obra de Eco: en esta búsqueda de sí mismo en Joyce y, buscándose a sí mismo, en la búsqueda de los demás y del sentido de las cosas".

La sospecha (por lo demás, fundada) de una autobiografía espiritual realizada a través de Joyce, es decir, de una crónica mediata de una apostasía, es lo que más ha impresionado a los recensores del bando católico, puesto que aparece una nota análoga en el artículo de Virgilio Fagone publicado en *La civiltà cattolica* (1, 1963); no obstante, hay que clasificar mejor este artículo entre las contribuciones inspiradas en una profunda y respetuosa confrontación polémica que se agrupan en el párrafo siguiente.

La requisitoria más furibunda contra el libro se debe a un tal Elio Mercuri y se publicó en la revista *Filmcritica* (marzo 1963), de la cual era entonces influyente colaborador Armando Plebe. Mercuri, en su artículo "Opera aperta come opera assurda", comenzaba citando algunos versos de Hölderlin sobre el deseo de retornar al Informe y los dedicaba "al cansado 'Eco' de voluptuosidades metafísicas y no menos locos extravíos en el mundo que nos llega a través de *Obra abierta*". A esta "bella alma del neocapitalismo milanés", dedicaba igualmente las palabras de Göthe: "Loco aquel que entorna los ojos para mirar a lo lejos, imaginando hallar por encima de las nubes algo que lo iguale", y observaba que "estas simples verdades, que constituyen sin embargo la fuerza del hombre, no estuvieron nunca tan arraigadas como lo están hoy". Buscando citas en que apoyarse en Malcolm Lowry, Kafka, Pascal y Kierkegaard, Mercuri acusaba al libro de proponer una aceptación pasiva del Caos, del Desorden: "la prosa banal de Eco... nos aconseja que la única moralidad, del hombre, *único*, consiste en aceptar esta situación, esta irracionalidad fundamental".

El ensayo sobre el Zen, pese a terminar señalando la diferencia entre la actitud racionalista occidental y la actitud orientalizante, se entiende como una apelación a la nueva doctrina; las utilizaciones de Husserl o de las teorías científicas se definen como "insensatas"; en el concepto de apertura se identifica "la pesada herencia del misticismo estético"; se acusa a Eco de querer dar "valor de *ley estética objetiva* a algunas poéticas romántico-decadentes que, como poéticas, no tienen más valor que en cuanto quien las formuló, en feliz contradicción consigo mismo, consiguió traducirlas en poesía". Por otra parte, "convencidos como estamos de que *Finnegans Wake* es un fracaso artístico, bastará que digamos que las ideas que Joyce expresa en él ya no nos pertenecen". Finalmente, cuando a *O. A.* siguió el ensayo de *Menabò* 5 (ofrecido en esta edición), el síndrome de repulsa cobró todavía mayor intensidad. En el

Espresso de 11.11.1962, Vittorio Saltini (Vice), refiriéndose a las estéticas "motorizadas" de la vanguardia, cita a Machado para afirmar que "hasta las mayores perversiones del gusto contarán siempre con sutiles abogados que defiendan sus peores extravagancias". Haciendo referencia a "una progresividad de teddy boys", Saltini dice que, "en *O. A.*, Eco defiende los últimos hallazgos de la vanguardia sin otra argumentación verdadera que la justificación formalista de todo". Para Eco, "el arte no es una forma de conocimiento, es un 'complemento del mundo', una 'forma autónoma', es decir, una evasión. Eco, además, comentando los versos de Cendrars, *Toutes les femmes que j'ai rencontrées se dressent aux horizons / avec les gestes piteux et les regards tristes des semaphores sous la pluie*, observa que 'el uso poético del semáforo' es tan legítimo como 'el uso poético del escudo de Aquiles', del que Homero describió incluso el proceso de producción. Y Eco se confiesa incapaz de amar sin pensar en los semáforos. No sé..." El colmo de la repulsa se encuentra representado, ya para terminar, en el panfleto publicado por Carlo Levi, en *Rinascita* (23.2.1963), con el título "San Babila, Babilonia", donde se identifica el espíritu de la *O. A.* con el del neocapitalismo milanés: "Cómo te amo, joven milanés (¡cómo os amo!, ¡sois tantos!, iguales). Cómo os amo, tiernamente, cuando salís de casa temprano por las mañanas, con la niebla que sale (por detrás de los tejados) de la nariz, el humo que sale por la boca, la niebla envolvente... Cómo te amo, Eco, mi eco milanés, con tus problemas, tú que quieres ser como todos los demás, mediocre, soberbio de lo mediocre, cuán hermoso es ser B, ser menos que A, porque los C y los D, las zonas subdesarrolladas, pero Rocco no marcha, demasiado melodrama... El motor zumba, la oficina está cerca; ¿qué dice Eco? Instalados en un lenguaje que ya ha hablado tanto... (instalados, cerrados en el establo, en el estiércol demasiado alegre y regocijante y consolador de la palabra y de los nombres), nos encontramos alienados *a la* situación... Pero el eco quiere demasiado, quiere que el espejo (el espejo retrovisor, el espejo para las alondras), colocado ante la situación disociada y desorgánica, sin nexos, nos dé una imagen 'orgánica', con todas sus 'conexiones estructurales'. Para dar este salto (que dieron todos siempre antes del espejo), para dar este salto con el espejo y más allá del espejo es necesaria la Gracia, ¡la Gracia de Dios!... Cómo te amo, joven milanés, tu niebla, tu rascacielos, tu compromiso con el horario, tus problemas, tu alienación, tus espejos, tus ecos, tus laberintos. Has taladrado la tarjeta a esta hora, mientras yo me estoy calentito en la cama... Y también llamas a la puerta, viejo joven milanés, con tu folleto, y me despiertas para decirme que corazón * no rima con amor ni dolor, sino con horror, profesor, hinchazón, desmayo, furor, inventor, conductor, traductor, inductor, terror, malhechor, conservador, cultivador, entrenador, alienador, esporas, horas, horas, horas. Y, finalmente, también con confesor. Que es la rima que buscas".

Las inquietudes. En las revisiones oficiales del PCI, el libro es objeto de franco interés y da lugar a una serie de intervenciones. Han pasado ya los años del frente "realista", pero aun así la sospecha de formalismo y la desconfianza natural frente a las experiencias de la vanguardia o ante las nuevas metodologías no historicistas siguen siendo muy acusadas. Cuando Luigi Pestalozza escribe, en *Rinascita* (22.9.1962) una larga intervención que arranca de *O. A.* para afrontar la praxis y la teoría de la música contemporánea (con motivados realces críticos en relación con Eco), la redacción titula el trabajo "L'opera aperta musicale e i sofismi di Umberto Eco". El 6.10.1962, Giansiro Ferrata vuelve sobre el tema ("Romanzi, non romanzi e ancora

---

* En italiano, todas estas palabras riman: cuore, amore, dolore, orrore, professore, gonfiore, malore, furore, inventore, conduttore, traduttore, induttore, terrore, malfattore, conservatore, coltivatore, allenatore, alienatore, spore, ore, confessore. *(N. de T.)*

l'Opera aperta"), refiriéndose esta vez a la literatura y más particularmente a los experimentalismos de Max Saporta, que había compuesto una obra de hojas móviles; tras un pasaje con algunas consideraciones en torno al más valioso —Claude Simon—, Ferrata, fluctuando entre el interés y la desconfianza, discute el concepto de obra abierta, lamentando que el libro de Eco no verifique sus argumentaciones contrastándolas con la literatura realista.

Las consideraciones se harán más candentes después de la aparición de *Menabò* 5 (donde Vittorini parece querer introducir en la ciudadela de la crítica marxista los fermentos de la vanguardia y de las nuevas metodologías críticas). Michele Rago (*Unità*, 1.8.1962, con el título "La frenesía del neologismo") pone en entredicho la mayor parte de las pruebas literarias presentadas por *Menabò* (crepuscularismo, nivel anecdótico, prosa de arte) y observa que (refiriendose a las intervenciones teóricas de Calvino, Fortini y Forti), "en el sentido de las vanguardias geométricas o viscerales, se sitúan otras posiciones como las de Eco y de Leonetti, las cuales, pese a arrancar de exigencias de 'libertad', desembocan en 'proyectación', en formas 'abiertas' unilateralmente, en aquello que nosotros llamamos la ingeniería literaria".

Paese Sera Libri (7.8.1962), en un artículo de fondo anónimo, condena en bloque la operación (textos pobres, desconfianza frente a la temática del "lenguaje", analogía peligrosa entre las operaciones de la música y de las artes figurativas y las de la literatura). En *Avanti!* de 10.8.1962, Walter Pedullà, con su artículo "Avanguardia ad ogni costo", afirma que Eco "favorece a unos pocos jóvenes inexpertos y a modestos narradores de vanguardia" (Sanguineti, Filippini, Colombo, Di Marco), imponiendo al escritor que no afronte temas políticos ni sociales, que fije reglas normativas, que sustituya el materialismo histórico por la fenomenología de Husserl, que avance a velas desplegadas en pos del formalismo, concluyendo de esta manera: "¿Hemos de considerar el progresismo de un escritor no por su actitud ideológica, sino por su técnica expresiva?"

Alberto Asor Rosa (*Mondo nuovo*, 11.11.1962) echa en cara a Eco una metafísica de la alienación permanente y la confusión de la alienación específica del obrero con las muchas posibles, y se pregunta si a la operación artística que evidencia la alienación no debe preceder una toma de conciencia de la sociedad.

A finales de 1963 vuelve a enconarse la polémica, con ocasión de que Eco había publicado en *Rinascita* dos largos artículos ("Per una indagine sulla situazione culturale" y "Modelli descrittivi e interpretazione storica", *Rinascita*, 5 y 12 octubre 1963) en los cuales, basándose precisamente en la discusión en torno a *O. A.* y a *Menabò*, imputará a la cultura izquierdista el hecho de haberse anclado en instrumentos de investigación a lo Croce y romperá una lanza en favor de las nuevas metodologías estructurales, de una consideración más atenta de las ciencias humanas, de una atención científica a los problemas de una sociedad de comunicaciones de masas. A los artículos seguirán una serie de intervenciones polémicas (Rossanda, Gruppi, Scabia, Pini, Vené, De Maria y otros), entre las que destacará un ensayo en dos entregas de un joven marxista francés, poco conocido, que sin pelos en la lengua afirmará que pretender reunir estructuralismo y marxismo es labor reaccionaria y trampa neocapitalista. El nombre de este intelectual era Louis Althusser. Con todo, la polémica (y el relieve que se da a la misma) es ya un indicio de una apertura diferente del PCI enfrentado con estos problemas. Refiriéndose a aquellos años, en su reciente "La cultura" (t. II del vol. IV de la *Storia d'Italia* de Einaudi, 1975, p. 1636), Alberto Asor Rosa observa que "el sentido de este cambio de horizontes, que plantea nuevos problemas al movimiento obrero, especialmente en el sentido de tener que regentar una realidad cultural más compleja, pero también más rica, puede entenderse a través de una amplia intervención de Umberto Eco, uno de los jóvenes protagonistas de esta transformación (*Opera aperta*, 1962; *Apocalittici e integrati*, 1964), aparecida en *Rinascita* en 1963, donde se trata de demostrar la legitimidad en el uso de nuevas técnicas. Con todo, esto implica la superación de ciertas convicciones inveteradas —cierto racionalismo eurocéntrico, el historicismo aristocrático, el vicio humanístico—, así como la voluntad de mantener la investigación, cuando menos inicialmente, a un nivel rigurosamente estimativo".

Junto a estas inquietudes de tono político más abierto, hay otras intervenciones que plantean diversas cuestiones a *O. A.* Citaremos la recensión del Gilberto Finzi en *Il Ponte* (VI, 1963, la intervención en *Nuove dimensioni* de Spartaco Gamberini (9.10.1962), las meditadas observaciones de parte católica de Stefano Trovati en *Letture* (diciembre 1962). Entre los ejemplos de lectura inquieta, merece un lugar especial el artículo escrito por Eugenio Montale en el *Corriere della Sera* (29.7.1962), "Opere aperte", donde el poeta oscila entre el interés por los nuevos fenómenos comunicativos y la desconfianza frente a un mundo que nota globalmente extraño. Es un artículo honrado y, por este motivo, no exento de ambigüedad. Montale se hace algunas preguntas (si ciertos contenidos deben corresponder necesariamente a ciertas formas técnicas, si una obra abierta a todos los sentidos se puede considerar estéticamente intencionada) y rechaza la alineación de la literatura junto a las aventuras experimentales de las demás artes, aunque en nombre de una cualidad anticipadora que en cualquier caso poseería la literatura: un gran artista tiene que saber renovar las formas viejas partiendo del interior, sin que haya que reducirlo todo a cero. Se siente receloso frente a una generación de jóvenes "más o menos marxistas, mejor dicho, y con perdón, marxianos", que "miran con plena confianza el advenimiento de una sociedad donde la ciencia y la industria, unidas, creen nuevos valores y destruyan para siempre el rostro arcádico de la naturaleza".

De todas las manifestaciones de "inquietud", de todas

las contestaciones de parte marxista, de todos los cuerpo a cuerpo problemáticos con *O. A.*, el que cala más hondo y el más fecundo es probablemente el de Gianni Scalia, "Apertura e progetto", aparecido originariamente en *Cratilo*, 2, 1963 (y posteriormente en *Crítica, letteratura, ideologia*, Marsilio, 1968). El giro del ensayo de Scalia es irónico-dialéctico. Comienza con una falsa alabanza: "No hay duda. La *Obra abierta* de Eco ha puesto en un aprieto, por un lado, a aquellos (para entendernos) para los cuales la obra literaria es *prius*, originalidad originaria, objetividad y subjetividad 'sublimes'; y, por otra, a aquellos (para entendernos) para los cuales la obra es *posterius*, derivación segunda, superestructura dialéctica. Ha llevado hasta las últimas consecuencias una argumentación que, dadas las condiciones de la cultura italiana, parece estar oprimida por una serie de 'complejos' mentales e intereses creados, académicos, de partidos, empresariales... Con tenacidad conceptual y evidencia didáctica, ha llevado hasta el límite del fracaso la autonomía y la heteronomía de la literatura. Tal vez en esta *summa* se cierre el período de la obsesión de los cortocircuitos escritor-realidad, literatura-sociedad, literatura-cultura. Se abre (de permitírsenos este *calembour*) el período de las obras 'abiertas', en las que realidad, sociedad, cultura, etc., no son diferentes, ni contrarios, a un círculo dialéctico, sino componentes, estratos, *patterns* de la misma obra; la cual no niega ninguna relación con el *otro*, porque ella es, perpetuamente, el *otro*". Está claro que a Scalia no le gusta la perspectiva. Ni le gusta tampoco el hecho de que "Eco, explícitamente, no quiere proponer una estética; no piensa en batirse por una poética; no se hace el moralista 'reaccionario' ni el desesperado del marxismo a venir (con su literatura a venir). Él es el operador, el usuario de la vida *presente* de la literatura; es decir, de todas aquellas formas que son *modos de formar lo informe*". Con respecto a ciertas acusaciones de falta de racionalismo, Scalia invierte la perspectiva: en *O. A.* hay un exceso de racionalismo optimista. Salvo que, en este punto, Scalia no ataca a un historicismo abstracto, a la realidad o a los buenos sentimientos, sino que la acusación que formula contra O. A. es la que, en los años venideros, deberá formularse a sí mismo el autor: en O. A. no hay una lingüística, no hay una semántica estructural, no hay una semiología, no está la perspectiva estructuralista, que por sí sola podría dar coherencia y consistencia a las tesis que presenta el libro. Sólo por este camino ve Scalia la posibilidad de formular la acusación a una "responsabilidad semántica".

LAS REACCIONES EN EL EXTRANJERO

Obra abierta ha sido traducida al francés, alemán, español, portugués, servio-croata, rumano, polaco y, en parte, al inglés. Dentro de los diferentes países ha suscitado reacciones e intereses diferentes, de acuerdo con la situación cultural local. En ciertos países de situación política candente, como en el Brasil de 1968, la llamada a la apertura se leyó en sentido muy amplio, como transparente alegoría de un proyecto revolucionario (véase el prólogo de Gianni Cutulo a *Obra aberta*, Perspectiva, 1969): "Consideramos posible y lícita la tentación, por ejemplo, de comprender y valorar en perspectiva el fermento que conmueve las universidades y fábricas de todo el mundo y que, por lo menos ahora, ha tenido sus más violentas y completas manifestaciones en Francia, a la luz de los instrumentos interpretativos aportados por Eco. ¿No nos encontramos quizá frente a las primeras escaramuzas de una *obra abierta* en la esfera de la organización social y política?"

Merece la pena considerar como país piloto a Francia, donde apareció el libro a finales de 1965 y donde despertó vivísimo interés.

Entre las primeras intervenciones dignas de resaltar, figura la de Michel Zeraffa en el *Nouvel Observateur* (1.12.1965), según la cual Eco "es más profundo y convincente que ciertos estetólogos que cabría llamar *operacionales*

25

y *combinatorios*... porque el señor Eco considera el problema de la *Obra abierta* en conjunto e históricamente, es decir, como un fenómeno propio de nuestra civilización occidental". El 17.1.1966, Alain Jouffroy subraya, en el *Express*, "en este ensayo fulgurante de ideas y fascinantes perspectivas", el aspecto de la infinita apertura de la obra, aunque sin perder de vista la naturaleza dialéctica del proceso: frente a la obra abierta, "nos encontramos al propio tiempo y contradictoriamente en el pensamiento de él y en el nuestro".

Bernard Pingaud, en la *Quinzaine Littéraire* (16.5.1966), se sitúa en un punto de vista sartriano y echa en cara a la obra el no tener en cuenta la relación entre forma artística y las cosas respecto de las cuales es transparente, el moverse a nivel de los procesos de producción de la obra dando por sentado, pero dejándolo sin analizar, el momento de la experiencia vivida que reverbera en la obra.

En *Le Monde* de 5.3.1966, Raymond Jean señala la obra como importante para la comprensión del arte de nuestro tiempo. G.B.M., en la *Gazette de Lausanne* de 15.1.1966, comienza diciendo que "pocas obras críticas presentan tantos temas a la reflexión como este libro, se esté o no de acuerdo con las tesis que sostienen". Jean-Paul Bier, en *La Gauche* de 23.4.1966, habla de "obra difícil pero importante, que es para nuestra conciencia uno de los primeros intentos de análisis global del arte contemporáneo en sus proyectos y en sus métodos", donde se demuestra "con exactitud y claridad la función profunda mente progresista del arte de nuestro tiempo". La única voz de desdeñosa disensión es la de Roger Judrin en la *Nouvelle Revue Française* (1.6.1966), que, antes de la aparición de la edición francesa, había publicado un largo capítulo de la obra: "¡Qué álgebra tan pedante para hablar por hablar! *Le grand art n'est ni fermé ni ouvert. Il accomplit le sourire dont l'apanage est d'être imparfait, puisque il unit à une moitié de rire une moitié d'indifférence*". En cualquier caso, la estimación más entusiasta del libro procede de Bélgica, con el ensayo de François van Laere en la *Revue des langues vivantes* (1, 1967): "en las grandes encrucijadas del pensamiento crítico, a veces se topa con un analista más contemporáneo de su propia época y de sus propios contemporáneos que, al tratar de definirla, descubre a través de sus generosas intenciones los prolegómenos de una crítica futura. Un Lessing desempeñó esta función. ¿La desempeñará para nosotros Umberto Eco?"

Destino (abril 1966) acoge la edición española afirmando que *O. A.* "inaugura un nuevo humanismo a partir de la ciencia y de la estética contemporánea". La revista joyciana *A Wake Newsletter* (junio 1967), a través de Jean Schoonbroodt, deteniéndose en la parte dedicada a Joyce, afirma que "no se puede hacer otra cosa que regocijarse ante esta importante contribución a la exégesis joyciana del filósofo Eco, cuyas posturas demuestran una sorprendente profundidad y una amplitud de horizontes poco común".

Las ediciones siguientes de la obra en otras lenguas ampliaron esta reseña de juicios, como es obvio, no siempre aprobatorios. Con todo, llegados a este punto, hay que decir que el libro ha pasado a formar parte de un repertorio de citas obligadas y que posteriormente se ha visto releído a la luz de las contribuciones que más tarde hizo el autor al campo de la semiótica.

DESPUÉS DE LA SEGUNDA EDICIÓN (1967)

Cuando, finalmente, vuelve a reaparecer el libro en Italia en edición económica, en el año 1967, el panorama ha experimentado un profundo cambio. Los recensores que "releen" *O. A.* la miran en relación con las polémicas culturales que se han desarrollado en el marco de los años sesenta. Ya en 1966, Andrea Barbato, haciendo una crónica-historia de los orígenes del "Gruppo 63" ("Appunti per una storia della neo-avanguardia italiana", en AA.VV., *Avanguardia e neo-avanguardia*, Sugar), después de haber establecido los orígenes del movimiento en el nacimiento de *Verri* y en la aparición de los *Novissimi*, escribía: "En 1962 ocurren dos hechos importantes. El primero es la aparición de un número de *Menabò* abierto a las pruebas de los experimentales... El segundo hecho es la publicación de *O. A.* de Umberto Eco, que no solamente aporta a la vanguardia una serie de instrumentos críticos indispensables, sino que la pone finalmente en contacto con las experiencias análogas que desde tiempo vienen desarrollándose en el resto del mundo".

Una esquela anónima en el *Espresso* (¿de Enzo Golino?) apunta que, "a distancia de cinco años desde la primera edición, no se puede dejar de reconocer a las ideas de Eco una segura función anticipadora de las más vivaces tendencias culturales que han venido sucediéndose en Italia durante los años sesenta". Refiriéndose a una entrevista concedida por Lévi-Strauss a Paolo Caruso (*Paese Sera - Libri*, 20.1.1967), en la cual el etnólogo francés defendía la posibilidad de considerar la obra en su autonomía estructural absoluta, en su objetividad mineralógica de "cristal", la nota pone de relieve, "como nuevo recurso y futuro programa de trabajo avanzados en la introducción a esta segunda edición revisada y ampliada, la autonomía que demuestra Eco con respecto al dogmatismo estructuralista hacia el cual podían dirigirlo esquemáticamente sus indagaciones desde tiempos insospechados".

A catorce años de su publicación (a dieciocho de la redacción de su primer núcleo temático), hoy puede leerse *O. A.* de muchas maneras y referida a las argumentaciones posteriores. Pero tal vez una de las lecturas más estimulantes siga siendo la que vuelve a llevarla hacia el fondo cultural del que nació. Antes incluso de que se hablase de imaginación al poder, de lecturas transversales y de textos de goce, de subversión de la escritura y de uso no autoritario y no represivo de los objetos estéticos, se había verificado con este libro una operación perturbadora que Nello Ajello, en su obra *Lò scrittore e il potere* (Laterza, 1974), describe pintorescamente de la siguiente manera:

"Cuando apareció en las librerías la primera edición de *Obra abierta*... los más fatalistas entre los notables de la cultura, de entre todas las consideraciones que se hacían en aquel libro, sacaron una conclusión no agradable, pero sintética: que se trataba de un intento, presumiblemente destinado al éxito, de hacer desaparecer en los literatos de las generaciones futuras todo matiz de juicio estético —pongamos por caso— entre *L'infinito* de Leopardi y un verso blanco de Mandrake... Acusaciones veladas de sacrilegio, carreras tácticas atropelladas bajo las protectoras alas de un Croce a menudo poco leído o mal digerido, oscuros pronósticos —expresados, de momento, en voz baja— en relación con el porvenir del Espíritu, alguna rara exhortación a confiar en la eficacia terapéutica del Tiempo y en la proverbial condición perecedera de las modas... Pero, para resumir, ¿qué se decía en esta *Obra abierta*? La escena que más impresionaba al espectador medio era la de la 'promoción al terreno'. El beneficiario de esta promoción es el propio lector... Su puesto no está ya en la platea: de ahora en adelante será admitido —es más, reclamado— junto al artista... Ni siquiera la Ciencia —término capaz de infundir cierto estupor al literato 'puro' y deseoso de conservarse tal— podrá quedar ya fuera de juego, porque entre investigaciones científicas y operaciones artísticas están tendiéndose puentes mediante la 'teoría de la información'. Y aquí todo un diluvio de personajes sobre cuya vida y obra parece aconsejable demorarse dado que representan otros tantos pilares en la cantera del estructuralismo, de la semántica y de la teoría de la comunicación... De todos estos nombres se tenía ya algún barrunto. Ignorarlos ahora sería sacrilegio. En los intervalos entre un examen mnemotécnico y otro examen mnemotécnico, los escritores de la generación anterior se plantean una pregunta: ¿qué hacer?"

Obra abierta ha tenido hasta ahora tres ediciones y varias reimpresiones. La primera edición, de 1962, formaba parte de la colección "Portico"; la segunda, de 1967, estaba en la colección "Delfini Cultura"; la tercera, de 1971, en la colección "I satelliti". Mientras que la tercera edición reproduce la segunda, entre la segunda y la primera existían notables diferencias. Ante todo, la segunda edición, económica, no comprendía el ensayo sobre Joyce, que en 1965 se había publicado en la colección "Delfini Cultura" como obra independiente con el título *Le poetiche di Joyce*. En segundo lugar, se había añadido a la segunda edición el ensayo (aparecido ya en *Menabò* 5) "De la manera de formar como compromiso con la realidad". Sin embargo, había diferencias más esenciales que se relacionaban tanto con la introducción como con el texto de los ensayos.

A través de la experiencia de la edición francesa, acerca de la cual habla el autor en el primer párrafo de esta nota histórica, el texto se encontraba modificado parcialmente mediante variaciones terminológicas, citas bibliográficas y retoques estilísticos. Además, se había sustituido totalmente la introducción.

En 1962 se presentaba el libro a un público que se consideraba desconfiado u hostil: la introducción era polémica por un lado y defensiva por otro. Lo que trataba de defender el autor era su derecho a argumentar sobre arte de modo que fuese a un tiempo argumentación política. En cambio, en 1967 el libro presumía la existencia de un público más preparado y la introducción tendía más bien a aclarar los fundamentos metodológicos de la indagación. En 1962, la introducción se calibraba por las estéticas historicistas e idealistas, por las poéticas del realismo, por la crítica de la intuición lírica, por una izquierda que todavía veía los experimentos de vanguardia como diversiones formalistas desprovistas de nexos con la realidad política y social. En cambio, en 1967 la introducción se calibraba por una sociedad cultural que ya tenía reformulados con mayor riqueza de matices estos problemas, así como por la metodología estructuralista que dominaba entonces la polémica cultural. La introducción de 1967 tenía en cuenta, además, las reacciones de la crítica de 1962 y, como revela la comparación de las dos introducciones, atribuía muchos de los equívocos y de las reacciones al tono excitado y provocativo de la primera introducción. Por consiguiente, la introducción de 1967 se presentó más moderada y "teórica", y no obedece a un azar el hecho de que se iniciara con dos citas, de Klee y Focillon, de tono "apolíneo". En cambio, la introducción de 1962 era más "dionisíaca" y, tampoco por azar, se abría con una patética y exaltada cita de Apollinaire.

Ahora bien, gran parte de las reacciones a que se hace referencia en el segundo capítulo de esta nota no se entendería de no tener ante los ojos la introducción de 1962. La comparación entre las dos introducciones, aunque no sólo ella, refleja bastante bien la evolución de la argumentación cultural a cinco años de distancia (además del desarrollo problemático del autor, por supuesto) y nos parece una ocasión interesante de comparación, ya que no en términos de historia, a lo menos sí de crónica de la cultura de los años sesenta. Por consiguiente, se decidió publicar aquí ambas introducciones, con sus respectivas dataciones, considerando, por otra parte, que en realidad pueden leerse como dos más entre los ensayos del libro, y quizá los más significativos.

Aunque se conserva el resto el cuerpo central de la obra como fue propuesto en la segunda edición de 1967, se ha decidido igualmente incorporar al final el ensayo "Generación de mensajes estéticos en una lengua edénica", de 1971, al que hace referencia el autor al final del primer capítulo de esta nota, señalándolo a la manera de ejemplo de cómo reformularía hoy los problemas de la obra abierta en términos semióticos más rigurosos.

INTRODUCCIÓN A LA SEGUNDA EDICIÓN

> Si Ingres puso orden en la quietud, quisiera yo
> poner orden en el movimiento.
>
> KLEE

> Las relaciones formales en una obra y entre las
> varias obras constituyen un orden, una me-
> táfora del universo.
>
> FOCILLON

Los ensayos de este libro son fruto de una comunicación presentada al XII Congreso Internacional de Filosofía
de 1958: *Il problema dell'opera aperta*. En 1962 aparecieron
con el título *Obra abierta*. En aquella edición estaban com-
plementados por un largo estudio dedicado al desarrollo
de la poética de Joyce, que ya constituía un intento personal de estudiar el desarrollo de un artista en quien el
proyecto de una *Obra abierta* manifiesta por transparencia,
a nivel de indagación sobre las estructuras operativas, toda
una aventura cultural, la solución de un problema ideológico, la muerte y el nacimiento de dos universos morales
y filosóficos. Actualmente este estudio se publica aparte, en
esta misma colección, con el título *Le poetiche di Joyce*; así
pues, el presente volumen recoge sólo la discusión teórica,
autónoma en sí, de los problemas citados. Con todo, hemos añadido un largo ensayo ("De la manera de formar
como compromiso con la realidad"), que se publicó en
Menabò 5 pocos meses después de la publicación de *Obra
abierta* y, por ello, fue escrito en el mismo clima de discusión y de indagación. Se trata, pues, de un ensayo que encuentra un lugar adecuado en *Obra abierta* porque, al igual
que los ensayos de esta colección, suscitó en Italia oposiciones y polémicas que hoy nos parecerían carentes de sen-

tido, no ya sólo porque estos ensayos hayan envejecido, sino también porque la cultura italiana se ha rejuvenecido.

Si tuviésemos que sintetizar el objeto de las presentes indagaciones, podríamos referirnos a un concepto actualmente asimilado ya por muchas estéticas contemporáneas: la obra de arte es un mensaje fundamentalmente ambiguo, una pluralidad de significados que conviven en un solo significante. Que esta condición sea inherente a toda obra de arte, es algo que tratamos de demostrar en el segundo ensayo, "Análisis del lenguaje poético"; sin embargo, el tema del primero y de los ensayos que siguen es que esta ambigüedad —en las poéticas contemporáneas— se convierte en una de las finalidades explícitas de la obra, un valor que conviene conseguir con preferencia a los demás, de acuerdo con unas modalidades para cuya caracterización nos ha parecido oportuno emplear instrumentos aportados por la teoría de la información.

Dado que es frecuente que, para dar realidad a dicho valor, los artistas contemporáneos se acojan a ideales de informalismo, desorden, aleatoriedad, indeterminación de resultados, también se ha querido plantear el problema de una dialéctica entre "forma" y "apertura"; es decir, de definir los límites dentro de los cuales una obra pueda plasmar la máxima ambigüedad y depender de la intervención activa del consumidor sin dejar por ello de ser "obra". Entendiendo por "obra" un objeto dotado de propiedades estructurales definidas que permitan, pero coordinen, la alternativa de las interpretaciones, el desplazamiento de las perspectivas.

Sin embargo, precisamente para comprender de qué naturaleza es la ambigüedad a la que aspiran las poéticas contemporáneas, estos ensayos han tenido que afrontar una segunda perspectiva de investigación que en ciertos aspectos ha asumido una función primaria; es decir, se ha tratado de ver que los programas operativos de los artistas presentaban unas analogías con programas operativos elaborados en el ámbito de la investigación científica contemporánea. En otros términos, se ha tratado de ver que, en concomitancia o en relación explícita con planteamientos de las metodologías científicas, de la psicología o de la lógica contemporánea, surgía cierta concepción de la obra.

Al presentar la primera edición de este libro, se creyó oportuno sintetizar este problema en una serie de formulaciones claramente metafóricas. Se dijo: "El tema común en estas investigaciones es la reacción del arte y de los artistas (de las estructuras formales y de los programas poéticos que las rigen) ante la provocación del Azar, de lo Indeterminado, de lo Probable, de lo Ambiguo, de lo Plurivalente... En suma, proponemos una investigación de varios momentos en que el arte contemporáneo se ve en la necesidad de contar con el Desorden. Que no es el desorden ciego e incurable, el obstáculo a cualquier posibilidad ordenadora, sino el desorden fecundo cuya positividad nos ha mostrado la cultura moderna: la ruptura de un Orden tradicional que el hombre occidental creía inmutable y definitivo e identificaba con la estructura objetiva del mundo... Ahora bien, dado que esta noción se ha disuelto, a través de un secular desarrollo problemático, en la duda metódica, en la instauración de las dialécticas historicistas, en las hipótesis de la indeterminación, de la probabilidad estadística, de los modelos explicativos provisionales y variables, el arte no ha hecho sino aceptar esta situación y tratar —como es su vocación— de *darle forma*".

Pero hay que admitir que, en materia tan delicada de relaciones entre diversos universos disciplinarios, de "analogías" entre maneras de operar, se corre el riesgo de que una argumentación metafórica, pese a todas las precauciones, se entienda como una argumentación metafísica. Creemos de utilidad, pues, definir más a fondo y con mayor rigor: 1) cuál es el ámbito de nuestra indagación; 2) qué valor tiene la noción de *Obra abierta*; 3) qué significa hablar de "estructura de una obra abierta" y tener que confrontar esta estructura con la de otros fenómenos culturales; 4) finalmente, si una indagación de este género ha de tenerse a sí misma como finalidad o ser preludio de ulteriores correlaciones.

1. Ante todo, éstos no son sólo ensayos de estética teórica (no elaboran, sino que presumen una serie de definiciones sobre el arte y los valores estéticos); más bien son ensayos de historia de la cultura y, más exactamente, de historia de las poéticas. Intentan iluminar un momento de la historia de la cultura occidental (el presente) eligiendo como punto de vista y vía de acceso (como *approach*) las poéticas de la obra abierta. ¿Qué se entiende por "poética"? El filón que va desde los formalistas rusos a los actuales descendientes de los estructuralistas de Praga entiende por "poética" el estudio de las estructuras lingüísticas de una obra literaria. Valéry, en su *Première Leçon du Cours de Poétique*, ampliando la acepción del término a todos los géneros artísticos, hablaba de un estudio del *hacer* artístico, aquel *poïein* "que se consigue en una obra", "la acción que hace", las modalidades de aquel acto de *producción* que apunta a constituir un objeto con vistas a un acto de *consumo*.

Nosotros entendemos "poética" en un sentido más ligado a la acepción clásica: no como un sistema de reglas constreñidoras (la Ars Poetica como norma absoluta), sino como el programa operativo que una y otra vez se propone el artista, el proyecto de la obra a realizar como lo entiende explícita o implícitamente el artista. Explícita o implícitamente: de hecho, una indagación en torno a las poéticas (y una historia de las poéticas y, por consiguiente, una historia de la cultura desde el punto de vista de las poéticas) se basa tanto en las declaraciones expresas de los artistas (ejemplo: el *Art poétique* de Verlaine o el prólogo de *Pierre et Jean* de Maupassant) como en un análisis de las estructuras de la obra, de modo que, por la manera como está hecha la obra, pueda deducirse cómo quería hacerse. Está claro, pues, en nuestra acepción, que la noción de "poética" como proyecto de formación o estructuración de la obra viene también a cubrir el sentido citado primeramente: la búsqueda en torno al proyecto originario se perfecciona a través de un análisis de las estructuras finales del objeto artístico vistas como documento de una intención operativa, como huellas de una intención. El hecho de que en tal rebusca sea imposible dejar de resaltar las disparidades entre proyecto y resultado (una obra es a un tiempo la huella de lo que quería ser y de lo que es de hecho, aun cuando no coincidan los dos valores), hace que se recupere también el significado que Valéry daba al término.

Por otra parte, no nos interesa aquí el estudio de las poéticas para resaltar si las varias obras han adecuado o no el proyecto inicial: ésta es función del juicio crítico. Lo que a nosotros nos interesa aclarar son los proyectos de poética para iluminar a través de los mismos (aunque se centren en obras equivocadas o discutibles desde el punto de vista estético) una fase de la historia de la cultura. Y ello a pesar de que, en la mayoría de los casos, es ciertamente más fácil detectar una poética referida a obras que, en nuestra opinión, han adecuado sus intenciones.

2.   La noción de "obra abierta" no posee valor axiológico. El sentido de estos ensayos (aunque haya quien los ha entendido de esta manera, después ha sostenido virtuosamente lo inadmisible de tal tesis) no es dividir las obras de arte en obras válidas ("abiertas") y obras no válidas, superadas, malas ("cerradas"); creemos que ya se ha sostenido bastante que la apertura, entendida como fundamental ambigüedad del mensaje artístico, es una constante de toda obra en todo tiempo. Y a ciertos pintores o novelistas que, después de leído este libro, nos presentaban sus obras preguntándonos si eran "obras abiertas", nos vimos obligados a responder, con la evidente tensión polémica, que nunca en la vida habíamos visto "obras abiertas", y que, en realidad, probablemente no existen. Era una manera de decir, paradójicamente, que la noción de "obra abierta" no es una categoría crítica, *sino que representa un modelo*

hipotético, aunque esté elaborado siguiendo las pisadas de numerosos análisis concretos, muy útil para indicar mediante una fórmula manejable una dirección del arte contemporáneo.

Dicho en otros términos, podríamos indicar el fenómeno de la obra abierta como lo que Riegl llamaba *Kunstwollen* y que Erwin Panofsky, despojándolo de ciertas sospechas idealistas, define mejor como "un sentido último y definitivo, detectable en varios fenómenos artísticos, independientemente de las mismas decisiones conscientes y actitudes psicológicas del autor"; añadiendo que esta noción no indica tanto cómo *se resuelven* los problemas artísticos como su manera de *plantearlos*. En un sentido más empírico, diremos que se trata de una categoría explicativa elaborada para ejemplificar una tendencia de las varias poéticas. Por tanto, ya que se trata de una tendencia operativa, podrá detectarse de diferentes maneras, incorporada a múltiples contextos ideológicos, realizada de un modo más o menos explícito, hasta el punto de que, para hacerla explícita, se ha hecho necesario congelarla en una abstracción que, como tal, no existe en ninguna parte bajo forma concreta. Dicha abstracción es precisamente *el modelo de la obra abierta*.

Al decir "modelo" damos ya a entender una línea de argumentación y una decisión metodológica. Recogiendo una respuesta de Lévi-Strauss a Gurvitch, diremos que no se hace referencia a un modelo a no ser en la medida en que pueda ser maniobrado: es un procedimiento artesanal y operatorio. Se elabora un modelo para indicar una *forma común* a diversos fenómenos. El hecho de que se piense en la obra abierta como en un modelo significa que se ha considerado la posibilidad de identificar en diferentes maneras de operar una tendencia operativa común: la tendencia a producir obras que, desde el punto de vista de la relación de consumo, presentasen semejanzas estructurales. Precisamente porque es abstracto, este modelo resulta aplicable a diversas obras que en otros planos (a nivel de ideología, de materiales empleados, del "género" artístico de la realización, del tipo de llamada que se dirija al consumidor) son extremadamente diferentes. Y ha habido quien se escandalizaba ante el hecho de que se sugiriese aplicar el modelo disfrutado de la obra abierta tanto a un cuadro informal como a un drama de Brecht. Parecía imposible que una pura llamada al goce de las relaciones entre unos hechos de la materia presentase semejanzas de cualquier tipo con la llamada *engagée* a una discusión racional de problemas políticos. En este caso no se comprendió que, por ejemplo, el análisis de un cuadro no formal no apuntaba a otra cosa que a poner de relieve cierto tipo de relación entre obra y usuario, el momento de una dialéctica entre la estructura del objeto, como sistema fijo de relaciones, y la respuesta del consumidor, como inserción libre y recapitulación activa de aquel mismo sistema. Y al redactar estas observaciones nos conforta releer una entrevista concedida por Roland Barthes a *Tel Quel*, donde la presencia de esta relación típica en Brecht queda lúcidamente identificada: "au moment même où il liait ce théâtre de la signification à une pensée politique, Brecht, si l'on peut dire, affirmait le sens mais ne le remplissait pas. Certes, son théâtre est idéologique, plus franchement que beaucoup d'autres: il prend parti sur la nature, le travail, le racisme, le fascisme, l'histoire, la guerre, l'aliénation; cependant c'est un théâtre de la conscience, non de l'action, du problème, non de la reponse; comme tout langage littéraire, il sert à formuler, non à faire; toutes les pièces de Brecht se terminent implicitement par un *Cherchez l'issue* adressé au spectateur au nom de ce déchiffrement auquel la matérialité du spectacle doit le conduire... le rôle du systhème n'est pas ici de transmettre un message positif (ce n'est pas un théâtre des signifiés), mais de faire comprendre que le monde est un objet qui doit être déchiffré (c'est un théâtre des signifiants)".

El hecho de que en este libro se elabore un modelo de obra abierta referido, más que a obras del tipo Brecht, a obras donde la rebusca formal en las estructuras que tienen la finalidad en sí mismas es más explícita y decidida, depende del hecho de que en estas obras el modelo resultaba más fácil de identificar. Y depende del hecho de que el ejemplo de Brecht sigue siendo un ejemplo más bien aislado de obra abierta, resuelta en llamada ideológica concreta, o, mejor dicho, el único ejemplo claro de llamamiento ideológico resuelto en obra abierta y, por consiguiente, capaz de traducir una nueva visión del mundo no sólo en el orden de los contenidos, sino en el de las estructuras comunicativas.

3.   Si se ha podido avanzar la hipótesis de un modelo constante, ha sido porque nos ha parecido advertir que la relación producción-obra-fruición presentaba una estructura similar en casos diversos. Tal vez valga la pena aclarar mejor el sentido que queremos dar a una noción como "estructura de una obra abierta", dado que el término "estructura" se presta a numerosos equívocos y se emplea (incluso en este mismo libro) en acepciones no totalmente unívocas. Nosotros hablaremos de la obra como de una "forma", es decir, como de un todo orgánico que nace de la fusión de diferentes niveles de experiencia precedente: ideas, emociones, disposiciones a obrar, materias, módulos de organización, temas, argumentos, estilemas fijados de antemano y actos de invención. Una forma es una obra conseguida: el punto de llegada de una producción y el punto de partida de un consumo que, al articularse, vuelve siempre a dar vida a la forma inicial desde diferentes perspectivas.

A veces, sin embargo, también usaremos como sinónimo de forma el término "estructura", si bien una estructura es una forma no en cuanto objeto concreto, sino en cuanto sistema de relaciones, relaciones entre sus diferentes niveles (semántico, sintáctico, físico, emotivo; nivel de los temas y nivel de los contenidos ideológicos; nivel de las relaciones estructurales y de la respuesta estructurada del receptor, etcétera). Así, se hablará más de estructura que de forma cuando se quiera revelar no la consistencia física individual del objeto, sino su analizabilidad, su posibilidad de descomposición en relaciones, a fin de poder aislar entre las mismas el tipo de relación de disfrute ejemplificado en el modelo abstracto de una obra abierta.

Sin embargo, una forma se reduce a un sistema de relaciones precisamente para revelar la generalidad y la transponibilidad de este sistema de relaciones, es decir, precisamente para mostrar en el mismo objeto aislado la presencia de una "estructura" que lo hace común a otros objetos. Se procede a una especie de deshuesamiento progresivo del objeto, primero para reducirlo a un esqueleto estructural y después para elegir, en dicho esqueleto, aquellas relaciones que son comunes a otros esqueletos. En último análisis, pues, la "estructura" propiamente dicha de una obra es lo que tiene ésta de común con otras obras, en definitiva, aquello que un *modelo* revela. Así pues, la "estructura de una obra abierta" no será la estructura aislada de las varias obras, sino el modelo general (acerca del cual se ha tratado ya) que no sólo describe un grupo de obras, sino *un grupo de obras en cuanto se sitúan en determinada relación de disfrute con sus receptores.*

En conclusión, se tendrán presentes dos puntos:

a) El modelo de una obra abierta no reproduce una presunta estructura objetiva de las obras, sino la estructura de una relación de disfrute; cabe describir una forma sólo en cuanto genera el orden de sus propias interpretaciones y está bastante claro que, al proceder de este modo, nuestro procedimiento se aparta del aparente rigor objetivista de cierto estructuralismo ortodoxo que presume analizar unas formas significantes abstrayendo del juego mudable unos significados que la historia hace converger en ellas. Si el estructuralismo tiene la pretensión de poder analizar y describir la obra de arte como un "cristal", pura estructura significante, en el lado de acá de la historia de sus interpretaciones, entonces tiene razón Lévi-Strauss cuando entra a polemizar con *Obra abierta* (como hizo en la entrevista con-

41

cedida a Paolo Caruso para *Paese Sera - Libri*, 20.1.1967):
nuestra búsqueda no tiene nada que ver con el estructuralismo.

Pero ¿es tal vez posible abstraernos de manera tan total
de nuestra situación de intérpretes, situados históricamente, y ver la obra como un cristal? Cuando Lévi-Strauss
y Jakobson analizan *Les chats* de Baudelaire, ¿revelan una
estructura que está *en el lado de acá* de sus posibles lecturas
o, por el contrario, dan de ella una ejecución posible sólo
hoy, a la luz de las adquisiciones culturales de nuestro siglo? *Obra abierta* se basa totalmente en esta sospecha.

b) El modelo de obra abierta obtenido por este procedimiento es un modelo absolutamente teórico e independiente de la existencia factual de obras definibles como
"abiertas".

Sentadas estas premisas, falta todavía repetir que, para
nosotros, hablar de semejanza de estructura entre diferentes obras (en nuestro caso: similitud desde el punto de vista
de las modalidades estructurales que permiten un consumo plurívoco) no quiere significar que existan hechos
objetivos que presenten caracteres semejantes. Significa decir que, frente a una multiplicidad de mensajes, parece posible y útil definir cada uno de ellos empleando los mismos
instrumentos y, por consiguiente, reduciéndolos a parámetros semejantes. Se hace esta puntualización para aclarar
un segundo punto. Así como se ha hablado de estructura
de un objeto (en el caso en cuestión, la obra de arte), se ha
hablado también de la estructura de una operación y de un
procedimiento, ya se trate de la operación productiva de
una obra (y del proyecto de poética que la define), ya de la
operación de rebusca del científico, que se centra en definiciones, objetos hipotéticos, realidades asumidas, a lo menos provisionalmente, como definidas y estables. En este
sentido, se ha hablado de obra abierta como metáfora
epistemológica (usando, naturalmente, otra metáfora): las
poéticas de la obra abierta presentan caracteres estructura-

les parecidos a otras operaciones culturales encaminadas a definir fenómenos naturales o procesos lógicos. Para revelar estas semejanzas estructurales, se reduce la operación poética a un modelo (el proyecto de obra abierta) a fin de poner de manifiesto el hecho de si éste presenta caracteres semejantes con otros modelos de rebusca, con modelos de organización lógica, con modelos de procesos perceptivos. Por consiguiente, establecer que el artista contemporáneo, al dar cuerpo a una obra, prevé entre ésta, él y el consumidor una relación de no univocidad —como prevé el científico entre el hecho que describe y la descripción que da de él, o entre su imagen del universo y las perspectivas que es posible dar del mismo—, no significa en modo alguno querer buscar a toda costa una unidad profunda y esencial entre las presuntas formas del arte y la presunta forma de lo real. Significa que se quiere establecer si, para definir ambas relaciones (al definir ambos objetos que derivan de estas relaciones), se puede recurrir a instrumentos definidores parecidos. Y si, aunque sea de una manera instintiva y con una conciencia confusa, no se ha producido ya este hecho. El resultado no es una revelación con respecto a la naturaleza de las cosas, sino una aclaración en relación con una situación cultural en acto, en la que se perfilan unas conexiones que hay que profundizar entre las varias ramas del saber y las varias actividades humanas.

De todos modos, será oportuno advertir que los ensayos de este libro no pretenden en absoluto aportar los modelos definitivos que permitan llevar a cabo esta investigación de una manera rigurosa (a la manera que se ha hecho en otros campos, al confrontar, por ejemplo, las estructuras sociales con las lingüísticas). Hasta cierto punto, no tuvimos presentes, mientras escribíamos los ensayos, todas las posibilidades y todas las implicaciones metodológicas que ahora estamos exponiendo. Pero sí consideramos que estos ensayos puedan marcar un camino a través del cual sea posible proseguir.—nosotros o quién sea— una operación de este género. Y pensamos también que, a través de esta directriz, puedan confutarse ciertas objeciones en virtud de las cuales cualquier confrontación entre procedimientos del arte y procedimientos de la ciencia constituiría una analogía gratuita.

Con frecuencia se han empleado categorías elaboradas por la ciencia, traducidas con desenvoltura a otros contextos (moral, estético, metafísico, etcétera). Y los científicos han hecho muy bien al advertir que estas categorías eran simples instrumentos empíricos, válidos sólo dentro de su restringidísimo ámbito. Con todo, teniendo ya presente este hecho, pensamos que sería sumamente estéril renunciar a preguntarse si acaso no existe una unidad de comportamiento entre diversas actitudes culturales. Establecer dicha unidad significa, por un lado, aclarar hasta qué punto es homogénea una cultura y, por el otro, tratar de dar realidad sobre una base interdisciplinaria, a nivel de los comportamientos culturales, a aquella unidad del saber que a nivel metafísico resultaba ilusoria pero que, aun así, sigue intentándose de un modo u otro a fin de hacer homogéneas y traducibles nuestras consideraciones en torno al mundo. ¿A través de la identificación de unas estructuras universales o a través de la elaboración de un metalenguaje? No es que la respuesta a este problema sea ajena a nuestra investigación, pero es indudable que va más allá. Si se plantean esta clase de investigaciones, es precisamente para reunir elementos útiles que un día hagan posible la respuesta.

4. El último problema es el que se refiere a los límites de nuestro discurso. ¿Elaborar una noción de obra abierta responde a todas las preguntas con respecto a la naturaleza y a la función del arte contemporáneo o del arte en general? Ciertamente, no. No obstante, orientar esta argumentación sobre la particularísima relación de disfrute activo, ¿no reduce acaso la problemática del arte a un discurso estéril en torno a las estructuras formales, dejando al margen las relaciones del mismo con la historia, la situación con-

creta, aquellos valores que más estimamos? Aunque parezca imposible, esta objeción se ha juzgado fundamental. Parece imposible porque nadie echaría en cara a un entomólogo que se demorase en el análisis de las modalidades del vuelo de una abeja sin estudiar de inmediato su ontogénesis, su filogénesis y su aptitud para dar miel, así como la función que desempeña la producción de la miel en la economía mundial. Por otra parte, verdad es que una obra de arte no es un insecto, sus relaciones con el mundo de la historia no son accesorias ni casuales, sino que entran en su constitución de tal manera que parece arriesgado reducirla a un juego abstracto de estructuras comunicativas y de equilibrios relacionales, en que los significados, las referencias a la historia, la eficacia pragmática, entren solamente como elementos de la relación, como siglas entre las siglas, incógnitas de una ecuación. Una vez más, la disputa sobre la legitimidad de una investigación sincrónica precede la investigación diacrónica y prescinde de ella.

A muchos no les satisface la respuesta de que una descripción de las estructuras comunicativas no pueda sino constituir el indispensable primer paso para cualquier indagación que pretenda después ponerlas en relación con el más amplio *background* de la obra como hecho insertado en la historia. Y, sin embargo, en definitiva, tras haber intentado todas las integraciones posibles, no nos parece que sea posible sostener ninguna otra tesis, so pena de improvisación, por el deseo generoso de aclararlo todo en seguida y mal.

La oposición entre proceso y estructura constituye un problema bastante debatido: en el estudio de los grupos humanos, observa Lévi-Strauss, "se ha tenido que escuchar a los antropólogos para descubrir que los fenómenos sociales obedecían a unas organizaciones estructurales. La razon es sencilla: no se ven las estructuras más que cuando se practica la observación desde fuera".

Diremos que en estética, dado que la relación entre intérprete y obra ha sido siempre una relación de alteridad, tal verificación es mucho más antigua. Nadie duda de que el arte sea un modo de estructurar cierto material (entendiendo por material la misma personalidad del artista, la historia, un lenguaje, una tradición, un tema específico, una hipótesis formal, un mundo ideológico); lo que se ha dicho siempre, pero siempre se ha puesto en duda, es, en cambio, que el arte pueda dirigir su discurso sobre el mundo y reaccionar ante la historia de donde nace, interpretarla, juzgarla, hacer proyectos con ella, únicamente a través de este modo de formar; mientras que sólo examinando la obra como modo de formar (convertido en modo de ser formada gracias a la manera como nosotros, interpretándola, la formamos) podemos reencontrar, a través de su fisonomía específica, la historia de la cual nace.

El mundo ideológico de Brecht es común al de tantas personas a las que nos pueden vincular iguales hipótesis políticas, análogos proyectos de acción, pero se convierte en el universo Brecht apenas se articula como un tipo de comunicación teatral que asume unos caracteres propios, dotados de unas características estructurales concretas. Sólo con esta condición se convierte en algo más que en el mundo ideológico originario, se transforma en un modo de juzgarlo y de hacerlo ejemplar, permite que lo entienda incluso aquel que no lo comparta, muestra aquellas posibilidades y riquezas que hay en él y que el discurso del doctrinario dejaba encubiertas; mejor dicho, precisamente gracias a la estructura que adopta, nos invita a una colaboración que lo enriquezca. Una vez resuelto en modo de formar y considerado como tal, no nos oculta lo demás, sino que nos aporta una clave para acceder a este lo demás, ya sea bajo la forma de una adhesión emotiva, ya de indagación crítica. Sin embargo, hay que pasar a través del orden de los valores estructurales. Como subrayaban Jakobson y Tynjanov, como reacción frente a ciertos envaramientos tecnicistas del primer formalismo ruso, "la historia literaria está íntimamente ligada a otras 'series' históricas. Cada una de estas series se caracteriza por leyes estructurales propias. Al margen del estudio de estas leyes, es imposible establecer conexiones entre la serie literaria y los restantes conjuntos de fenómenos culturales. Estudiar el sistema de los sistemas, ignorando las leyes internas de todo sistema individual, sería cometer un grave error metodológico".

Es evidente que de una posición de este género deriva una dialéctica: investigar las obras de arte a la luz de las leyes estructurales específicas no significa renunciar a elaborar un "sistema de los sistemas", en virtud de lo cual podríamos decir que la apelación a las estructuras de las obras, la apelación a una comparación de modelos estructurales entre varios campos del saber, constituye el primer llamamiento responsable a una indagación de carácter histórico más complejo.

Ciertamente, los varios universos culturales nacen de un contexto histórico-económico y sería muy difícil llegar a entender a fondo los primeros sin referirlos al segundo: una de las más fecundas lecciones del marxismo es la apelación a la relación entre base y superestructuras, entendida, naturalmente, como relación dialéctica y no como relación determinista de sentido único. Sin embargo, una obra de arte, como un proyecto metodológico científico y un sistema filosófico, no se refiere inmediatamente al contexto histórico a menos de recurrir a deplorables interferencias biográficas (tal artista surge en tal grupo o vive a espaldas de tal otro grupo; por lo tanto, su arte expresa a tal grupo). Una obra de arte o un sistema de ideas nacen de una red compleja de influencias, la mayor parte de las cuales se desarrollan al nivel específico del que forman parte la obra o el sistema; el mundo interior de un poeta está tanto y quizá más influido y formado por la tradición estilística de los poetas que lo precedieron, que por las ocasiones históricas con las cuales entronca su ideología y, a través de las influencias estilísticas, asimila él, bajo la manera de formar, una manera de ver el mundo. La obra que produzca podrá tener conexiones sutilísimas con su momento histórico, podrá expresar una fase sucesiva del desarrollo ge-

47

neral del contexto o bien podrá expresar niveles profundos de la fase en que vive que no aparecen tan claros ante los ojos de sus contemporáneos. Pero, para poder reencontrar, a través de aquella manera de elaborar estructuras, todos los vínculos entre la obra y su tiempo, o el tiempo pasado, o el tiempo venidero, la investigación histórica inmediata no podrá hacer otra cosa que dar unos resultados aproximados. Únicamente comparando aquel modus operandi con otras actitudes culturales de la época (o de épocas diversas, en una relación de *décalage* que, en términos marxistas, podemos calificar como "disparidad de desarrollo"), únicamente identificando en aquéllas unos elementos comunes, reducibles a las mismas categorías descriptivas, se perfilará la dirección a lo largo de la cual una indagación histórica posterior podrá identificar las conexiones más profundas y articuladas que están por debajo de las semejanzas observadas en un primer momento. Con mayor motivo, cuando —como sucede en nuestro caso— el ámbito del discurso es el período del cual nosotros somos jueces y producto a un tiempo, el juego de las relaciones entre fenómenos culturales y contexto histórico se hace entonces mucho más intrincado. Cada vez que, ya sea por polémica o por dogmatismo, tratamos de establecer una relación inmediata, mixtificamos una realidad histórica, siempre más rica y sutil que la hecha por nosotros. La simplificación conseguida mediante una descripción en términos de modelos estructurales no significa, pues, ocultación de la realidad, sino que representa el primer paso hacia su comprensión. Se establece aquí, entonces, a un nivel más empírico, la relación todavía problemática entre lógica formal y lógica dialéctica (y tal, en último análisis, nos parece ser el sentido de tantas discusiones actuales entre metodologías diacrónicas y sincrónicas). Nosotros estamos convencidos de que los dos universos son recuperables; de que en cierta medida, incluso sin querer, la conciencia de la historia ya actúa en cada investigación sobre las configuraciones formales de los fenómenos y podrá seguir actuando cuando, una vez introducidos los modelos formales elaborados en el curso de un discurso histórico más amplio, la serie de las verificaciones nos lleve también a reelaborar el mismo modelo inicial.

Fijar, pues, la atención, como hemos hecho, en la relación de disfrute obra-consumidor, como se configura en las poéticas de la obra abierta, no significa reducir nuestra relación con el arte a los términos de un puro juego tecnicista, como quisieran muchos, sino que, por el contrario, es una manera entre tantas —la que nos permite nuestra vocación específica de investigación— de reunir y coordinar los elementos necesarios para una argumentación sobre el momento histórico en que vivimos.

El último ensayo de esta recopilación ("De la manera de formar como compromiso con la realidad") nos da una primera indicación de estas posibilidades de desarrollo: en él, el discurso desarrollado por las formas lingüísticas de la obra se ve como reflejo de un discurso ideológico más amplio que pasa a través de las formas del lenguaje y no podría entenderse de no analizar primero las formas del lenguaje, en cuanto tales, como "serie" autónoma.

Para terminar, quiero recordar que las investigaciones en torno a la obra abierta se iniciaron siguiendo las experiencias musicales de Luciano Berio y discutiendo con él, Henri Pousseur y André Boucourechliev los problemas de la nueva música; que me ha sido posible recurrir a la teoría de la información gracias a la asistencia de G. B. Zorzoli, quien controló mis movimientos en un terreno tan especializado, y que François Wahl —el cual me ayudó, estimuló y aconsejó en la revisión de la traducción francesa— influyó enormemente en la nueva redacción de muchas páginas, hecho que hace la segunda edición diferente en parte de la primera.

Debo recordar también, a propósito de "De la manera de formar...", que este escrito nació bajo los impulsos de Elio Vittorini (como siempre, resultado de discordante coparticipación, de viva y fraternal oposición), el cual estaba precisamente abriendo, con el *Menabò* 5, una nueva fase de su discusión cultural.

Finalmente, el lector se dará cuenta, por las citas y referencias indirectas, de la deuda que tengo contraída con la teoría de la formatividad de Luigi Pareyson y verá que yo no habría llegado nunca al concepto de "obra abierta" sin el análisis que él llevó a cabo del concepto de interpretación, pese a que el marco filosófico dentro del cual introduje yo estas aportaciones atañe sólo a mi responsabilidad.

(1967)

INTRODUCCIÓN A LA PRIMERA EDICIÓN

> Vous, dont la bouche est faite à l'image de celle de Dieu
> Bouche qui est l'ordre même
> Soyez indulgents quand vous nous comparez
> A ceux qui furent la perfection de l'ordre
> Nous qui quêtons partout l'aventure
> . . . .
> Pitié pour nous qui combattons toujours aux frontières
> De l'illimité et de l'avenir
> Pitié pour nos erreurs pitié pour nos péchés.
>
> APOLLINAIRE

Los ensayos de este volumen desarrollan un tema propuesto en una comunicación al XII Congreso Internacional de Filosofía, en 1958, titulada *El problema de la obra abierta*. Desarrollar un problema no quiere decir resolverlo: puede significar solamente aclarar los términos para hacer posible una discusión más profunda. En efecto, los ensayos de la primera parte representan otros tantos modos de ver un mismo fenómeno desde diversos puntos de vista, probándolo alternativamente con diversos instrumentos conceptuales. El estudio de la poética de Joyce, que ocupa la segunda parte, trata en cambio de centrarse en el mismo problema visto como tema dominante de la formación estética de un artista particular: pero se ha escogido a Joyce porque se ha creído poder individuar, en la historia de su desarrollo, el modelo de un caso más amplio que ha abarcado la cultura occidental moderna.

En su conjunto, estos ensayos quieren constituir un planteamiento de discusión y como tal deberán leerse. Por ello, no intentarán dar definiciones teóricas válidas para la comprensión de los fenómenos estéticos en general, y tampoco tratarán de pronunciar un juicio histórico definitivo sobre la situación cultural a que se refieren: constituyen solamente el análisis descriptivo de algunos fenómenos de particular interés y actualidad, una sugerencia de las razones que los justifican y una cauta anticipación sobre las perspectivas que abren.

El tema común en estas investigaciones es la reacción del arte y de los artistas (de las estructuras formales y de los programas poéticos que las rigen) ante la provocación del Azar, de lo Indeterminado, de lo Probable, de lo Ambiguo, de lo Plurivalente; la reacción, por consiguiente, de la sensibilidad contemporánea en respuesta a las sugestiones de la matemática, de la biología, de la física, de la psicología, de la lógica, y del nuevo horizonte epistemológico que estas ciencias han abierto.

Así, los ensayos de la obra abierta, sobre lo informal, sobre el Zen, analizan la situación general del arte de hoy frente a estos problemas; el de la teoría de la información examina las posibilidades del empleo de nuevos instrumentos conceptuales; la disertación sobre la televisión saca a colación la presencia de procesos casuales en una práctica de comunicación cotidiana, ajena por definición a experimentos e intentos de vanguardia. Para aclarar, por último, cómo una respuesta personal, nunca idéntica a la precedente, es la condición común a todo gozo estético, independientemente de cualquier intención de "apertura", se ha incorporado el ensayo *Análisis del lenguaje poético*.

En suma, proponemos una investigación de varios momentos en que el arte contemporáneo se ve en la necesidad de contar con el Desorden. Que no es el desorden ciego e incurable, el obstáculo a cualquier posibilidad ordenadora, sino el desorden fecundo cuya positividad nos ha mostrado la cultura moderna; la ruptura de un Orden tradicional que el hombre occidental creía inmutable y definitivo e identificaba con la estructura objetiva del mundo.

Debe quedar claro que, cuando se habla de Orden y de Desorden (o incluso de una "forma" del mundo), no se piensa nunca en una configuración ontológica de lo real. En estos ensayos se discuten algunos "modos de formar" proyectados por el arte contemporáneo en conexión o en concomitancia con ciertos "modos de describir la realidad" elaborados por otras disciplinas. Entran en juego las relaciones de algunas "poéticas" con algunas "epistemologías". El problema del Orden y del Desorden se debate, pues, a nivel de una *historia de las ideas*, no de una búsqueda metafísica. Puede ocurrir que los elementos de indeterminación, ambigüedad, casualidad, que ciertas obras de arte reflejan en su su estructura, no tengan nada que ver con posibles "estructuras metafísicas" de la realidad, supuesto que éstas puedan objetivarse y describirse de modo irrefutable; lo que no quita que estas nociones se infiltren en nuestro modo de ver el mundo y ello basta para que la noción de un Cosmos Ordenado, para la cultura contemporánea, entre en crisis.

Ahora bien, dado que esta noción se ha disuelto, a través de un secular desarrollo problemático, en la duda metódica, en la instauración de las dialécticas historicistas, en las hipótesis de la indeterminación, de la probabilidad estadística, de los modelos explicativos provisionales y variables, el arte no ha hecho sino aceptar esta situación y tratar —como es su vocación— de *darle forma*.

Pero aceptar y tratar de dominar la ambigüedad en que estamos y en la que resolvemos nuestras definiciones del mundo, no significa aprisionar la ambigüedad en un orden que le sea ajeno y al que se liga precisamente como oposición dialéctica. Se trata de elaborar modelos de relaciones en los que la ambigüedad encuentre una justificación y adquiera un valor positivo. No se resuelve un fermento revolucionario con un régimen de policía; es el error de todas las reacciones. Se confiere orden a una revolución constituyendo comités revolucionarios para poder elaborar nuevas formas de acción política y de relaciones sociales que tengan en cuenta la aparición de nuevos valores. Así el arte contemporáneo esta intentando encontrar —anticipándose a la ciencia y a las estructuras sociales— una solución a nuestra crisis, y la encuentra del único modo que le es posible, bajo un carácter imaginativo, ofreciéndonos imágenes del mundo que equivalen a *metáforas epistemológicas*, y constituyen un nuevo modo de ver, de sentir, de comprender y de aceptar un universo en el que las relaciones tradicionales se han hecho pedazos y en el que se están delineando fatigosamente nuevas posibilidades de relación. El arte hace esto renunciando a aquellos esquemas que la costumbre psicológica y cultural había arraigado tanto que parecían "naturales" —pero tiene presentes, sin rechazarlas, todas las conclusiones de la cultura precedente y sus exigencias que no pueden eliminarse.

Si estas aclaraciones pueden parecer abstracciones filosóficas demasiado sutiles frente al trabajo concreto del artista, a menudo inconsciente del alcance teorético de sus operaciones formativas, queremos recordar una frase de Whitehead en *Adventures of Ideas*: "Hay en todo período una forma general de las formas de pensamiento; y, como el aire que respiramos, esa forma es tan translúcida, tan penetrante y tan evidentemente necesaria, que sólo con un esfuerzo extremo logramos hacernos conscientes de ella." Lo que equivale a decir, en nuestro caso, que un artista elabora un "modo de formar" y está consciente sólo de aquél, pero a través de ese modo de formar se evidencian (por medio de tradiciones formativas, influjos culturales remotos, costumbres de escuela, exigencias imprescindibles de ciertas premisas técnicas) todos los demás elementos de una civilización y de una época. En consecuencia, también el concepto de *Kunstwollen*, de esa "voluntad artística" que se manifiesta a través de caracteres comunes en todas las obras de un período y en estos caracteres refleja una tendencia propia de toda la cultura del período, se tiene aquí en cuenta, como clave de estas investigaciones.

Pero, para referir más decididamente y más concretamente los problemas debatidos a una experiencia particular, para hacerlos más evidentes en lo vivo de una biografía intelectual y mostrar cómo pueden tomar la forma de explícitas intenciones poéticas, conscientes de sus implicaciones ideológicas, hemos dedicado muchas páginas al estudio de la poética de Joyce, al desarrollo de una formación cultural y artística que ha partido del medioevo, de santo Tomás, para llegar a la configuración de un mundo que, más o menos aceptable, es éste en que vivimos. El mundo de las grandes *summae* medievales ha constituido un modelo de Orden que ha rezumado de sí la cultura occidental: la crisis de este orden y la instauración de nuevos órdenes, la búsqueda de módulos "abiertos" capaces de garantizar y fundamentar la mutación y el acaecimiento y, por último, la visión de un universo fundado sobre la posibilidad, como sugieren a la imaginación la ciencia y la filosofía contemporáneas, encuentra quizá su representación —quizá su anticipación— más provocadora y violenta en el *Finnegans Wake*. Joyce ha llegado a concebir esta nueva imagen del universo partiendo de una noción de orden y de forma que le ha sugerido su educación tomista y en su obra puede observarse la dialéctica continua entre estas dos visiones del mundo, una dialéctica que encuentra sus mediaciones y sus aporías, indica una solución y denuncia una crisis, expresa finalmente el curso dramático de ese proceso de adaptación a nuevos valores a los que se requiere, a través de nuestra inteligencia, nuestra sensibilidad.

Se ruega al lector que se acerque a estos ensayos no piense que con esto se le quiere indicar la única dirección positiva del arte contemporáneo. Si junto a las estructuras abstractas, que sugieren la imagen de un mundo ambiguo y pululante de determinaciones posibles, existen también estructuras de carácter tradicional, tanto en el cine como en la narrativa, que nos dicen aún algo sobre el hombre concreto y sobre su mundo inmediato, ello significa que el panorama del arte de hoy es complejo y rico de posibilidades: los fenómenos que nosotros estudiamos en particular no lo agotan, sino que, como máximo, constituyen su aspecto más provocador. Por otra parte, no se descarta —pero no es éste el lugar en que se tratará de demostrarlo— que todos los aspectos del arte actual, desde el cine hasta la poesía peroratoria y comprometida, hasta las historietas gráficas, puedan incluirse en una temática general de la obra abierta; la noción es más vasta de cuanto se pueda pensar y expresa posibilidades de oposición y desarrollo, muchas de las cuales son apenas mencionadas en estos ensayos. Y, en el fondo, ¿no escribían hace algunos años Moravia y Calvino, el uno a propósito de *La dolce vita*, el otro de sus propias novelas, que tales obras podían definirse "abiertas" por la multiplicidad y la movilidad de lecturas que permitían, ampliando así notablemente la problemática que algunos de estos ensayos ya proponían?

Pero objeto de estos ensayos son en particular aquellos fenómenos de la poesía, de la nueva música, de la pintura informal, en los que más claramente se vislumbra, a través de las estructuras de la obra, la sugerencia de una estructura del mundo. Alguien podrá objetar que estas técnicas artísticas y estas estructuras formales se cuentan precisamente entre las más desvinculadas de las necesidades concretas del hombre de hoy, dirigidas como están a elaborar abstractas posibilidades de relaciones que no hacen referencia directa a los problemas y los conflictos de cada día. Y que una investigación sobre estos aspectos del arte, realizada a la luz de los problemas propuestos, será estéril como ese arte mismo, encerrada en el laboratorio privado de las propias autoverificaciones, en el giro solipsista de un lenguaje que discute continuamente su propia gramática poniendo simultáneamente en tela de juicio su morfología.

La primera respuesta es que el arte, en cuanto estructuración de formas, tiene modos propios de hablar sobre el mundo y sobre el hombre; podrá ocurrir que una obra de arte haga afirmaciones sobre el mundo a través de su propia argumentación —como ocurre en el tema de una novela o de un poema—; pero de derecho, ante todo, el arte hace afirmaciones sobre el mundo a través del modo como se estructura una obra, manifestando en cuanto forma las tendencias históricas y personales que en ella se han hecho primordiales y la implícita visión del mundo que un cierto modo de formar manifiesta. Así, en el modo de describir un objeto, de romper una secuencia temporal, de extender una mancha de color, puede haber tantas afirmaciones sobre nuestras concretas relaciones de vida como nunca se encontrarán en un cuadro conmemorativo o una novela de tesis. El retablo de san Zeno de Mantegna tiene el mismo tema de muchas representaciones medievales y "dice" exteriormente las mismas cosas; pero es renacentista por los nuevos módulos constructivos, por el gusto terrenal de las formas y el gusto culto de la arqueología, el sentido de la materia, del peso, de los volúmenes. La primera cosa que una obra dice, la dice a través del modo en que está hecha.

Pero otra justificación de estas investigaciones está en el hecho de que ellas examinan una serie de fenómenos por el hecho de que *existen*, y al describirlos tratan de explicarlos, sin pretender absolutamente que esta descripción implique, con un juicio de valor, la afirmación de que estos fenómenos constituyen siempre y a toda costa la única parte válida del arte contemporáneo. El hecho de que el autor los haya escogido como materia de investigación puede permitir que se sospeche una propensión suya, traicionada aquí y allá por momentos de adhesión emotiva al material tratado. Pero supla el lector con la frialdad de su lectura, pensando que estas descripciones no lo invitan a penetrar un mensaje de salvación y tampoco a analizar un morbo peligroso, sino a seguir más bien una gráfica estadística, la relación meteorológica sobre algunos desplazamientos de masas de aire en la cuenca mediterránea, o el esquema de los procesos reproductores de una célula. En estos ensayos la existencia de las obras abiertas viene asumida como un dato de hecho que requiere una explicación: que el arte tome determinadas direcciones no es ni bueno ni malo, pero sea como fuere no es nunca un hecho casual, sino un fenómeno del que, con la estructura, se deben analizar los supuestos históricos y las repercusiones prácticas en la psicología de los consumidores.

Si en el curso de la descripción emerge el convencimiento de que cada vez que el arte produce nuevas formas esta nueva aparición en la escena de la cultura nunca es negativa y nos aporta siempre algún nuevo valor, tanto mejor. Pero definir cuándo una obra realiza plenamente un valor, verificando premisas de poética, no es tarea del estudioso de estética, que analiza las posibilidades generales de las estructuras: es tarea del crítico y del consumidor común.

Ahora bien, el procedimiento aquí usado no es el de la crítica: es más bien el del historiador de los diversos "modelos de cultura" que, en el ámbito de una civilización dada en determinado momento histórico, trata de establecer qué noción de forma guía la operación de los artistas, cómo se realizan estos tipos de formas y qué genero de fruición consienten, es decir, qué experiencias psicológicas y culturales promueven. Sólo después se deberá establecer si en el cuadro general de ese modelo de cultura las experiencias promovidas por estas formas constituyen efectivamente un valor o representan un elemento equívoco que carece de relación con los demás aspectos intelectuales y prácticos de esa civilización.

Si tal operación descriptiva carece del rigor deseado, ello se debe al hecho de que no se ejerce sobre una civilización desaparecida o sobre una cultura exótica, sino sobre el mundo en que viven el escritor o los lectores, y el mismo *background* cultural determina tanto los fenómenos descriptivos como los instrumentos de descripción.

El valor estético se realiza de acuerdo con leyes de organización internas a las formas y es por ello "autónomo". La descripción de las estructuras y de sus posibles efectos comunicativos establece las condiciones de realización de ese valor. Pero, si la estética se detiene en este punto, queda abierta una discusión más amplia: queda por establecer si en el cuadro general de una cultura y en una situación histórica precisa los valores estéticos adquieren una primacía o bien deben dejarse a un lado frente a exigencias más urgentes de acción y de compromiso. O sea, se realizan contingencias en las que no se duda del valor estético ni se niega como tal, sino que se rechaza precisamente por ser valor estético, precisamente por ser discurso orgánico, persuasivo, conciliador de problemas que, sin embargo, la contingencia histórica no reconoce como los más urgentes.

Si en una casa en llamas están nuestra madre y un cuadro de Cézanne, salvamos primero a nuestra madre, sin afirmar por esto que el cuadro de Cézanne no sea una obra de arte. La situación contingente no se hace medida de un juicio, se hace discriminante de una selección. Es la situación que denuncia apasionadamente Brecht cuando afirma:

"¡Qué tiempos son éstos, en que
un diálogo sobre árboles es casi un delito,
porque sobre demasiados estragos pesa el silencio!"

Brecht no dice que hablar de los árboles esté mal. Por el contrario, vibra en sus versos una especie de irreductible nostalgia de esa dimensión lírica por la que se siente atraído y que debe rechazar. Pero resuelve su situación en la circunstancia histórica, realizando una selección: no niega un valor, lo pospone.

Allí donde la descripción de las estructuras y de sus posibilidades provee en consecuencia un punto de referencia del cual partir, la investigación histórica debería proseguir el discurso en otras y más dramáticas direcciones. ¿Qué significado adquiere para nosotros, hoy, en el horizonte general de nuestra cultura, cierta situación del arte? ¿Qué factores históricos y sociológicos, determinando una evolución de las formas, las cargan de implicaciones teoréticas y prácticas por las que son juzgadas como elementos de provocación o de evasión, en el universo de nuestras selecciones y de nuestras decisiones personales? Desde este punto de vista, aquí se adelantan sólo los instrumentos conceptuales para un examen sucesivo. Decimos instrumentos; dotados pues de la misma neutralidad de todo utensilio operativo.

En rigor, por lo tanto, sobre la base de las descripciones contenidas en la primera parte del volumen, podrían plantearse dos opuestas interpretaciones históricas de los fenómenos de apertura e indeterminación en el arte contemporáneo.

Se podría concluir que estas proposiciones de autonomía interpretativa valen como solicitaciones de libertad y responsabilidad para un consumidor de arte habituado a todas las supercherías de la comunicación narcótica, de la seducción psicológica, ejercidas por el film comercial, por la publicidad, por la televisión, por la fácil dramaturgia con catarsis comprendida en el precio de entrada (contra la cual se ha batido Brecht), por el melodismo decadente tocado en Hi-Fi. En tal caso, las obras abiertas se convierten en la invitación a una libertad que, ejercida al nivel de la fruición estética, no podrá sino desarrollarse también en el plano de los comportamientos cotidianos, de las decisiones intelectuales, de las relaciones sociales. Nadie podrá negar que el espectador de *El año pasado en Marienbad* viene de golpe arrancado, con saludable violencia, a ese hábito fatalmente conservador al que el esquema habitual del *western* o del filme policíaco lo había acostumbrado. Un arte que dé al espectador la persuasión de un universo en el cual él no es súcubo, sino responsable —porque ningún orden adquirido puede garantizarle la solución definitiva, sino que él debe proceder con soluciones hipotéticas y revisibles, en una continua negación de lo ya adquirido y en una institución de nuevas proposiciones—, tiene un valor positivo que supera el campo de la experiencia estética pura (que además existe sólo al nivel teórico, pero que de hecho se complica siempre con una serie de respuestas prácticas y decisiones consecuentes).

Pero sobre la base de los instrumentos con que contamos es asimismo posible concluir que las técnicas de la obra abierta reproducen en el fondo, en las estructuras del arte, la crisis misma de nuestra visión del mundo: tanto que, perdiéndose en la indicación de estas aporías y mimándolas, renuncian a pronunciarse sobre el hombre y se convierten en una cómoda forma de evasión, la propuesta de un juego metafísico a un alto nivel intelectual en el cual el hombre sensible tiende a dispersar toda su energía y olvidar así —al experimentar a través de las formas del arte las formas posibles del mundo— su acción sobre las cosas. Por consiguiente, las formas que reflejan esa ambigüedad del universo que la cultura occidental nos propone, serán ellas mismas un producto de esta ambigüedad, un epifenómeno de la crisis, ligado a ella hasta tal punto que no tiene ningún poder de liberación a su respecto, sino que aparece, por el contrario, para el consumidor como ocasión de enajenación intelectual.

Ambas conclusiones son absolutas y dogmáticas, y por ello ingenuas. Es tonto, lo sabemos, decir que el principio de indeterminación es "reaccionario" o que en tal o tal otro cuadro se rompen las relaciones figurativas y las conexiones formales que garantizaban una cierta inmediata comprensión; es tonto porque en ambos casos tenemos sólo los instrumentos para definir conceptualmente o emotivamente una situación real. ¿Pero quién querrá negar que elaborar un instrumento en vez de otro depende de toda una situación histórica y que un instrumento puede ya ser enajenado desde el principio a una condición morbosa de la cultura y ser así capaz sólo de reproducir soluciones ya taradas?

Veamos: ya el hecho de que en estos ensayos se opere una descripción de estructuras formales, remitiendo a un segundo tiempo su valoración histórica de conjunto, es un procedimiento determinado por una cierta condición de la cultura occidental moderna.

Se podría decir, en cambio: "Si el arte es un discurso sobre el hombre y sobre el modo en que éste debe participar activamente en la situación histórica, entonces un arte que reproduce objetivamente la ambigüedad del mundo

61

como lo ve y lo siente nuestra cultura no es arte, sino evasión equívoca". Se podría decir: "Si el arte debe instaurar un lenguaje común a toda una sociedad, entonces no puede ponerse a prueba a sí mismo como lenguaje destruyendo cada vez los supuestos de que parte". Se podría decir: "Si el arte es lenguaje que dice algo fuera del lenguaje, entonces un arte que dice sólo mostrando su estructura de lenguaje abstracto es estéril e inútil". Se podría decir: "Si el arte debe darnos una Verdad positiva, entonces debe dejar de complacerse expresando una presunta crisis del concepto de verdad". Se podría decir: "Si el arte sirve para estimular una actitud revolucionaria, entonces no puede entretenerse en verificar sus posibilidades formales ni puede experimentar posibles organizaciones de la percepción y posibles entrenamientos de la sensibilidad, sino que debe sólo expresar en claras palabras la indignación de la opresión, la esperanza y la técnica misma de la rebelión".

En efecto, algunas de estas objeciones fueron hechas a estos ensayos cuando aparecieron, y en el fondo son todas en sí válidas. Pero cada una de ellas presupone que se analice un nuevo fenómeno a la luz de una noción de arte ya preformada y elaborada en otra situación histórico-cultural, cuando precisamente se examinan estos fenómenos para ver si de hecho se va delineando en nuestra cultura un concepto de arte distinto de los precedentes. El hombre magdaleniense, acostumbrado a dibujar bisontes como acto ritual que le garantizase el dominio mágico de la presa y convencido de que éste era el fin primario de la operación artística, habría rechazado como obra de arte la Madonna de la Silla.

Así, si se dijera, por ejemplo, que Pollock, es un hecho negativo porque no sirve para hacer la revolución, la afirmación implicaría un equívoco fundamental: en este caso, la pintura continúa su polémica y sus negaciones a un nivel que no tiene contactos inmediatos con el de la acción práctica. Un análisis descriptivo quiere precisamente determinar la existencia de estos niveles de discurso y la situación del arte en la presente circunstancia cultural. Corresponderá después a un análisis histórico más profundo establecer por qué ha ocurrido que diferentes aspectos de la actividad humana se han estabilizado en dimensiones diversas, a menudo ajenas la una a la otra, de modo que el arte está obligado a proseguir un discurso sobre las formas extraordinariamente análogo al que la filosofía realiza en el mundo de los conceptos o la acción práctica en el de las relaciones sociales, sin que, por otra parte, haya posibilidad de una fácil y comunicable trasposición; puesto que, por el contrario, a menudo el arte desarrolla un discurso de negación-reconstrucción deteniendo los tiempos y llega a presentar los protocolos imaginativos de un proceso que, en cambio, a otros niveles no se inicia siquiera. Y ésta es la situación que se ha tratado de definir en las últimas páginas del estudio sobre Joyce.

Pero ¿hasta este punto el arte, en su discurso abstracto, desligado de los viejos puntos de referencia, nos habla de un mundo posible que está aún por venir, o bien refleja la astuta adecuación —puramente formal— de un mundo viejo que se disfraza bajo nuevos ropajes?

Rechazar en música la tonalidad, ¿significa rechazar, con la tonalidad, las relaciones jerárquicas e inmovilistas que eran vigentes en la sociedad autocrática y conservadora que las expresó, o bien significa sólo transportar al nivel formal conflictos que, en cambio, deberían desarrollarse en el plano de las relaciones humanas concretas? Y, esta trasposición, ¿asume valor de estímulo y de propuesta imaginativa, o bien de coartada cultural y de mala canalización de las energías?

¿Tenían, por consiguiente, razón los artistas de la vanguardia soviética que pensaban en su reconstrucción en el plano de las formas como en un paralelo de la reconstrucción política que deseaban, o bien tenían razón aquellos que los acusaban de ser aquello en que muchos de ellos se han convertido, los artistas celebrados de otro tipo de sociedad?

Tal vez es necesario reducir la pregunta a sus términos más brutales, puesto que se dan casos en que asume también esta forma: la llamada vanguardia actual, y la revolución de las formas que supone, ¿no será acaso el arte típico de una sociedad neocapitalista y, por lo tanto, el instrumento de un conservatismo iluminado que tiende a contentar la inteligencia con la edificación de un "milagro cultural" que nos provoca las mismas aprensiones que el económico?

La pregunta es elemental, pero no es tonta. Los valores estéticos no son algo absoluto que carece de relación con la situación histórica en su totalidad y con las estructuras económicas de una época. El arte nace de un contexto histórico, lo refleja, promueve su evolución. Esclarecer la presencia de estos nexos significa entender la situación de un determinado valor estético en el campo general de una cultura y su relación, posible e imposible, con otros valores.

¿Hay respuestas para estos interrogantes? Sin duda, un arte que trabaja disociando los hábitos psicológicos y culturales tiene siempre y de cualquier modo un valor progresivo. Aquí el término progresivo no tiene, obviamente, una connotación política, y sin embargo hubo hace algún tiempo una conocida revista inspirada por un conocido parlamentario que acusaba a la música serial de "marxismo". Allí donde en revistas de otra inspiración se tiende, en cambio, a someter a proceso toda experiencia sonora aparentemente ajena a la concreción histórica..

Mientras que estas acusaciones de "conservadurismo" reflejan las interrogaciones que nos hacíamos en las páginas precedentes, la acusación de "marxismo" es reveladora, en su tono tontamente maccartista, de cómo su autor ha intuido que la música serial ha puesto en crisis, ha destruido algo que, aunque en el plano musical, contribuía a garantizar la inalterabilidad del orden establecido.

Quizá estas dos actitudes, ambas superficiales, expresan de maravilla las contradicciones internas en el desarrollo del arte contemporáneo. Obsérvese: cada vez que en el arte moderno se ha dado un auténtico movimiento de rebelión, de negación de un mundo esclerotizado, de proposición de un mundo nuevo, ha seguido inmediatamente la academia de los que asumían las formas exteriores, las técnicas, las actitudes y las formas de la protesta originaria para construir variaciones sobre el tema, innumerables, correctas, escandalosas, pero ya inocuas, realmente conservadoras en todo nivel. Esto ocurre en la literatura, en la pintura, en la música, hoy como ayer. Pero la fecundidad de la situación está precisamente en esta dialéctica. Sus posibilidades residen en este choque de propuestas y regresiones, protestas y aquiescencias.

Pensemos en la situación del arquitecto en el mundo contemporáneo y en las relaciones inmediatas entre su trabajo y el mundo humano que lo circunda. Y pensemos en una figura como la de Frank Lloyd Wright, en sus obras verdaderamente abiertas, insertas en una relación móvil y cambiante con el ambiente circunstante, capaces de mil adecuaciones de perspectiva, estímulos al mismo tiempo de una inspección estética y de una rica integración entre habitante, casa y ambiente natural. Y, sin embargo, ¿no reflejan acaso estas construcciones, en última instancia, un ideal individualista y no se ofrecen como solución aristocrática en un período histórico que pedía, en cambio, al arquitecto la solución, a través de su arte, de los grandes problemas de la convivencia? Entonces Wright, con sus formas ejemplares, ¿ha sido el artista de una sociedad cerrada que no ha sabido advertir los grandes problemas del mundo que lo circunda? ¿O más bien ha dado, hoy, soluciones para el mañana, trabajando con un siglo de anticipación sobre el mundo en que vivía, ideando la casa para una sociedad perfecta en la que se reconozca al hombre toda su estatura y la arquitectura le garantice la liberación de verse reducido a número, una relación personal e inventiva con el propio ambiente físico? Las formas de Lloyd Wright, ¿han sido, pues, la última flor de una sociedad ya imposible, o la profética proposición de una sociedad posible, para la cual no él, puesto que trabajaba al nivel de las formas, pero sí los demás estaban llamados a operar en el plano de las relaciones prácticas?

Más que una respuesta, podemos proponer otro ejemplo. Schönberg, en un momento dado de su vida, en una precisa situación histórica, estalla en un grito de dolor y de indignación frente a la barbarie nazi y escribe *El superviviente de Varsovia*. Es quizá el momento en que la música contemporánea ha alcanzado su más alto nivel de compromiso humano y civil, demostrando que puede hablar *sobre* el hombre y *para* el hombre. Pero ¿habría podido esta música expresar la tragedia histórica en la que se ha inspirado y la protesta de que estaba investida, si el músico no hubiera, antes de ese momento, sin saber siquiera qué cantaría un día, operado al puro nivel de las estructuras musicales, poniendo en ellas y sólo en ellas las bases para un nuevo modo de hablar, un nuevo modo de pensar, un nuevo modo de reaccionar? Por los rieles de aquella tonalidad que había celebrado sus triunfos tardíos en la *Rhapsody in blue*, nunca habríamos logrado "decir" hoy con la música nada sobre nuestra situación.

Una vez más, pues, si el arte puede escoger cuantos *temas* de discurso desee, el único *contenido* que cuenta es cierto modo de ponerse el hombre en relación con el mundo y resolver esta actitud suya, al nivel de las estructuras, en *modo de formar*. Lo demás puede venir cronológicamente antes o después, pero viene sólo mediante las estructuras formales, que, vistas en su auténtica fisonomía, son la negación de todo formalismo.

Esto nos lleva a pensar que la dirección en que se mueve el arte contemporáneo tiene, juntamente con una "explicación" histórica, una "justificación". Pero la respuesta definitiva debe confiarse quizá a otra investigación, a la que pueda servir de introducción ésta que ahora presentamos.

Para terminar, deseo recordar que las investigaciones

sobre la obra abierta no se habrían iniciado si no hubiera sido estimulado por el trabajo creador de Luciano Berio y por las discusiones sobre estos problemas con él, Henri Pousseur y André Boucourechliev. En cuanto a las relaciones entre la poética contemporánea y la metodología científica, nunca me habría aventurado por terreno tan precario sin las conversaciones que sostuve con el profesor G. B. Zorzoli, del Politécnico de Milán, sobre los problemas de la ciencia contemporánea. Por último, el lector se dará cuenta, a través de las referencias directas, así como de las indirectas, de la deuda intelectual que he contraído con Luigi Pareyson. La investigación sobre las estructuras de las formas contemporáneas se lleva a cabo siempre con referencia a la noción de "formatividad" en torno a la cual trabaja la Escuela de Estética de Turín. Aun cuando, como es mérito del diálogo filosófico, las respuestas que nos han formado pueden haber encontrado inquietudes personales y haberse integrado en un horizonte de problemas de los que sólo el autor puede asumir la responsabilidad.

(1962)

OBRA ABIERTA

LA POÉTICA DE LA OBRA ABIERTA

Entre las recientes producciones de música instrumental podemos notar algunas composiciones marcadas por una característica común: la particular autonomía ejecutiva concedida al intérprete, el cual no sólo es libre de entender según su propia sensibilidad las indicaciones del compositor (como ocurre en la música tradicional), sino que debe intervenir francamente en la forma de la composición, determinando a menudo la duración de las notas o la sucesión de los sonidos en un acto de improvisación creadora. Citamos algunos ejemplos entre los más conocidos: 1) En el *Klavierstück XI* de Karlheinz Stockhausen, el autor propone al ejecutante, en una grande y única hoja, una serie de grupos entre los cuales éste escogerá primero aquel con que empezará, y después, de manera sucesiva, el que se vincule al grupo precedente; en esta ejecución, la libertad del intérprete actúa sobre la estructura "combinatoria" de la pieza, "montando" autónomamente la sucesión de las frases musicales. 2) En la *Sequenza per flauto solo* de Luciano Berio, el intérprete tiene ante sí una parte que le propone un tejido musical donde se dan la sucesión de los sonidos y su intensidad, mientras que la duración de cada una de las notas depende del valor que el ejecutante quiera conferirles en el contexto de las constantes cantidades de espacio, correspondientes a constantes pulsaciones de metrónomo. 3) A propósito de su composición *Scambi*, Henri Pousseur se expresa así:

> *Scambi* no constituyen tanto una pieza cuanto un *campo de posibilidades*, una invitación a escoger. Están constituidos

por dieciséis secciones. Cada una de éstas puede estar concatenada a otras *dos*, sin que la continuidad lógica del devenir sonoro se comprometa: dos secciones, en efecto, son introducidas por caracteres semejantes (a partir de los cuales se desarrollan sucesivamente de manera divergente); otras dos secciones pueden, en cambio, conducir al mismo punto. Puesto que se puede comenzar y terminar con cualquier sección, se hace posible un gran número de resultados cronológicos. Por último, las dos secciones que comienzan en un mismo punto pueden estar sincronizadas, dando así lugar a una polifonía estructural más compleja... No resulta imposible imaginar estas proposiciones formales registradas en cinta magnética, puestas tal cual en circulación. Disponiendo de una instalación acústica relativamente costosa, el público mismo podrá ejercitar con ellas, a domicilio, una imaginación musical inédita, una nueva sensibilidad colectiva de la materia sonora y del tiempo.

4) En la *Terza sonata per pianoforte*, Pierre Boulez prevé una primera parte (*Antiphonie, Formant 1*) constituida por diez secciones en diez hojas separadas combinables como otras tantas tarjetas (si bien no se permiten todas las combinaciones); la segunda parte (*Formant 2, Thrope*) se compone de cuatro secciones de estructura circular, por lo que se puede empezar por cada una de ellas vinculándola a las demás hasta cerrar el círculo. No hay posibilidad de grandes variaciones interpretativas en el interior de las secciones, pero una de ellas, por ejemplo *Parenthèse*, se inicia con un compás de tiempo especificado y prosigue con amplios paréntesis en los cuales el tiempo es libre. Una especie de regla viene dada por las indicaciones de unión entre fragmento y fragmento (*sans retenir, enchaîner sans interruption*, etc.).

En todos estos casos (y son cuatro entre los muchos posibles) llama la atención de inmediato una macroscópica diferencia entre tales géneros de comunicación musical y aquellos a los que nos tenía acostumbrados la tradición clásica. En términos elementales, esta diferencia puede formularse así: una obra musical clásica, una fuga de Bach,

Aida o la *Sacre du Printemps*, consistían en un conjunto de realidades sonoras que el autor organizaba de modo definido y concluso, ofreciéndolo al oyente, o bien traducía en signos convencionales aptos para guiar al ejecutante de manera que éste reprodujese sustancialmente la forma imaginada por el compositor. Estas nuevas obras musicales consisten, en cambio, no en un mensaje concluso y definido, no en una forma organizada unívocamente, sino en una posibilidad de varias organizaciones confiadas a la iniciativa del intérprete, y se presentan, por consiguiente, no como obras terminadas que piden ser revividas y comprendidas en una dirección estructural dada, sino como obras "abiertas" que son llevadas a su término por el intérprete en el mismo momento en que las goza estéticamente.[1]

Es menester observar, para salvar equívocos terminológicos, que la definición de "abierta" dada a estas obras, si bien sirve magníficamente para delinear una nueva dialéctica entre obra e intérprete, debe asumirse como tal en virtud de una convención que nos permita abstraerla de otros posibles y legítimos significados de esta expresión. En estética, en efecto, se ha discutido sobre la "definitividad" y sobre la "apertura" de una obra de arte; y estos dos términos se refieren a una dialéctica que todos esperamos y que a menudo estamos dispuestos a definir: es decir, una obra de arte es un objeto producido por un autor que organiza una trama de efectos comunicativos de modo que cada posible usuario pueda comprender (a través del juego de respuestas a la configuración de efectos sentida como estímulo por la sensibilidad y por la inteligencia) la obra misma, la forma originaria imaginada por el autor. En tal sentido, el autor produce una forma conclusa en sí misma con el deseo de que tal forma sea comprendida y disfrutada como él la ha producido; no obstante, en el acto de reacción a la trama de los estímulos y de comprensión de su relación, cada usuario tiene una concreta situación existencial, una sensibilidad particularmente condicionada, determinada cultura, gustos, propensiones, prejuicios personales, de modo que la comprensión de la forma originaria se lleva a cabo según determinada perspectiva individual. En el fondo, la forma es estéticamente válida en la medida en que puede ser vista y comprendida según múltiples perspectivas, manifestando una riqueza de aspectos y de resonancias sin dejar nunca de ser ella misma (un cartel que indica una calle, en cambio, puede ser visto sin posibilidad de duda en un solo sentido; y, si se transfigura en cualquier fantasiosa interpretación, deja de ser *aquel* cartel indicador con ese particular significado). En tal sentido, pues, una obra de arte, forma completa y cerrada en su perfección de organismo perfectamente calibrado, es asimismo *abierta*, posibilidad de ser interpretada de mil modos diversos sin que su irreproducible singularidad resulte por ello alterada. Todo goce es así una *interpretación* y una *ejecución*, puesto que en todo goce la obra revive en una perspectiva original.[2]

Pero está claro que obras como las de Berio o de Stockhausen son "abiertas" en un sentido menos metafórico y mucho más tangible; para decirlo vulgarmente, son obras "no acabadas", que el autor parece entregar al intérprete más o menos como las piezas de un mecano, desinteresándose aparentemente de adónde irán a parar las cosas. Esta interpretación de los hechos es paradójica e inexacta, pero el aspecto más exterior de estas experiencias musicales da, efectivamente, ocasión a un equívoco semejante. Equívoco, por lo demás, productivo, porque este lado desconcertante de tales experiencias nos debe inducir a ver *por qué* hoy un artista advierte la exigencia de trabajar en tal dirección, en resolución de qué evolución histórica de la sensibilidad estética, en concomitancia con qué factores culturales de nuestro tiempo y cómo estas experiencias deben verse a la luz de una estética teórica.

* * *

La poética de la obra "abierta" tiende, como dice Pousseur,[3] a promover en el intérprete "actos de libertad consciente", a colocarlo como centro activo de una red de relaciones inagotables entre las cuales él instaura la propia forma sin estar determinado por una *necesidad* que le prescribe los modos definitivos de la organización de la obra disfrutada; pero podría objetarse (remitiéndonos al significado más amplio del término "apertura" que se mencionaba) que cualquier obra de arte, aunque no se entregue materialmente incompleta, exige una respuesta libre e inventiva, si no por otra razón, sí por la de que no puede ser realmente comprendida si el intérprete no la reinventa en un acto de congenialidad con el autor mismo. Pero esta observación constituye un reconocimiento de que la estética contemporánea ha actuado sólo después de haber adquirido una madura conciencia crítica de lo que es la relación interpretativa, y sin duda un artista de unos siglos atrás estaba muy lejos de ser críticamente consciente de esta realidad. Ahora, en cambio, tal conciencia está presente sobre todo en el artista, el cual, en vez de sufrir la "apertura" como dato de hecho inevitable, la elige como programa productivo e incluso ofrece su obra para promover la máxima apertura posible.

El peso de la carga subjetiva en la relación de fruición (el hecho de que la fruición implique una relación interactiva entre el sujeto que "ve" y la obra en cuanto dato objetivo) no escapó en absoluto a los antiguos, especialmente cuando disertaban sobre las artes figurativas. Platón, en *El Sofista*, observa, por ejemplo, cómo los pintores pintan las proporciones no según una conveniencia objetiva, sino en relación con el ángulo desde el cual ve las figuras el observador. Vitrubio distingue entre *simetría* y *euritmia*, y entiende esta última como adecuación de las proporciones objetivas a las exigencias subjetivas de la visión. Los desarrollos de una ciencia y de la práctica de la perspectiva testimonian el madurar de la conciencia de la función de la subjetividad que interpreta frente a la obra. Sin embargo, es asimismo evidente que tales convicciones conducen a actuar precisamente en oposición a la *apertura* y en favor del *hermetismo* de la obra: los diversos artificios de perspectiva representaban exactamente otras tantas concesiones hechas a las exigencias de la circunstancia del observador para llevarlo a ver la figura *del único modo justo posible*, aquel sobre el cual el autor (construyendo artificios de la visión) trataba de hacer converger la conciencia del usuario.

Tomemos otro ejemplo: en el medioevo se desarrolla una teoría del alegorismo que prevé la posibilidad de leer las Sagradas Escrituras (y seguidamente también la poesía y las artes figurativas) no sólo en su sentido literal, sino en otros tres sentidos: el alegórico, el moral y el anagógico. Tal teoría se nos ha hecho familiar gracias a Dante, pero hunde sus raíces en san Pablo (*videmus nunc per speculum in aenigmate, tunc autem facie ad faciem*) y fue desarrollada por san Jerónimo, san Agustín, Beda, Scoto Eriugena, Hugo y Ricardo de Saint-Victor, Alain de Lille, san Buenaventura, santo Tomás y otros, hasta el punto de que constituyó el fundamento de la poética medieval. Una obra así entendida es sin duda una obra dotada de cierta "apertura"; el lector del texto sabe que cada frase, cada figura, está abierta sobre una serie multiforme de significados que él debe descubrir; incluso, según su disposición de ánimo, escogerá la clave de lectura que más ejemplar le resulte y *usará* la obra en el significado que quiera (haciéndola revivir, en cierto modo, de manera diferente a como podía haberle parecido en una lectura anterior). Pero en este caso "apertura" no significa en absoluto "indefinición" de la comunicación, "infinitas" posibilidades de la forma, libertad de la fruición; se tiene sólo una rosa de resultados de goce rígidamente prefijados y condicionados, de modo que la reacción interpretativa del lector no escape nunca al control del autor. Veamos cómo se expresa Dante en la *Epístola* XIII:

> Este tratamiento, para que sea más claro, se puede ver en estos versos: *In exitu Israel de Egypto, domus Jacob de populo barbaro, facta est Judea santificatio ejus, Israel potestas ejus.* En

efecto, si miramos sólo la letra, significa la salida de Egipto de los hijos de Israel en tiempos de Moisés; si miramos la alegoría, viene significada nuestra redención por obra de Cristo; si miramos el sentido moral, viene significada la conversión del alma del luto y la miseria del pecado al estado de gracia; si miramos el sentido anagógico, viene significada la salida del alma santa de la servidumbre de esta corrupción a la libertad de la gloria eterna.

Está claro que no hay otras lecturas posibles: el intérprete puede dirigirse en un sentido en vez de otro dentro del ámbito de esta frase de cuatro estratos, pero siempre según reglas necesaria y previamente unívocas. El significado de las figuras alegóricas y de los emblemas que el medieval encontrará en sus lecturas está fijado por las enciclopedias, por los bestiarios y por los lapidarios de la época; el simbolismo es objetivo e institucional.[4] Esta poética de lo unívoco y de lo necesario supone un cosmos ordenado, una jerarquía de entes y de leyes que el discurso poético puede aclarar en varios niveles, pero que cada uno debe entender en el único modo posible, que es el instituido por el *logos* creador. El orden de la obra de arte es el mismo de una sociedad imperial y teocrática; las reglas de lectura son reglas de gobierno autoritario que guían al hombre en todos sus actos, prescribiéndole los fines y ofreciéndole los medios para realizarlos.

No es que las *cuatro* salidas del discurso alegórico sean cuantitativamente más limitadas que las *muchas* salidas posibles de una obra "abierta" contemporánea: como trataremos de mostrar, estas diversas experiencias suponen una diversa visión del mundo.

Haciendo rápidos escorzos históricos, podemos encontrar un manifiesto aspecto de "apertura" (en la acepción moderna del término) en la "forma abierta" barroca. Aquí se niega precisamente la definición estática e inequívoca de la forma clásica del Renacimiento, del espacio desarrollado en torno a un eje central, delimitado por líneas simétricas y ángulos cerrados que convergen en el centro, de modo que más bien sugiere una idea de eternidad "esencial" que de movimiento. La forma barroca es, en cambio, dinámica, tiende a una indeterminación de efecto (en su juego de llenos y vacíos, de luz y oscuridad, con sus curvas, sus líneas quebradas, sus ángulos de las inclinaciones más diversas) y sugiere una dilatación progresiva del espacio; la búsqueda de lo móvil y lo ilusorio hace de manera que las masas plásticas barrocas nunca permitan una visión privilegiada, frontal, definida, sino que induzcan al observador a cambiar de posición continuamente para ver la obra bajo aspectos siempre nuevos, como si estuviera en continua mutación. Si la espiritualidad barroca se ve como la primera clara manifestación de la cultura y de la sensibilidad modernas, es porque aquí, por vez primera, el hombre se sustrae a la costumbre del canon (garantizada por el orden cósmico y por la estabilidad de las esencias) y se encuentra, tanto en el arte.como en la ciencia, frente a un mundo en movimiento que requiere actos de invención. La poética del *asombro*, del *ingenio*, de la *metáfora*, tiende en el fondo, más allá de su apariencia bizantina, a establecer esta tarea inventora del hombre nuevo que ve en la obra de arte no un objeto fundado en relaciones evidentes para gozarlo como hermoso, sino un misterio a investigar, una tarea a perseguir, un estímulo a la vivacidad de la imaginación.[5] No obstante, también éstas son conclusiones a las que llega la crítica actual y que hoy la estética puede coordinar en leyes; pero sería aventurado descubrir en la poética barroca una teorización consciente de la obra "abierta".

Entre clasicismo e iluminismo, por último, va perfilándose una idea de "poesía pura" precisamente porque la negación de las ideas generales, de las leyes abstractas, realizada por el empirismo inglés, viene a afirmar la "libertad" del poeta y anuncia, por consiguiente, una temática de la "creación". De las afirmaciones de Burke sobre el poder emotivo de las palabras, se llega a las de Novalis sobre el puro poder evocador de la poesía como arte del sentido vago y del significado impreciso. Una idea aparece entonces tanto más individual y estimulante "cuanto más numerosos pensamientos, mundos y actitudes se encuentran y entran en contacto con ella. Cuando una obra presenta muchos pretextos, muchos significados y, sobre todo, muchas facetas y muchas maneras de ser comprendida y amada, entonces es sin duda interesantísima, entonces es una pura expresión de la personalidad".[6]

Concluyendo la parábola romántica, la primera vez que aparece una poética consciente de la obra "abierta" es en el simbolismo de la segunda mitad del siglo XIX. La *Art Poétique* de Verlaine es bastante explícita al respecto:

> De la musique avant toute chose,
> et pour cela préfère l'impair
> plus vague et plus soluble dans l'air
> sans rien en lui qui pèse et qui pose.
> . . . .
> Car nous voulons la nuance encore,
> pas la couleur, rien que la nuance!
> Oh! la nuance, seule fiance
> le rêve au rêve et la flûte au cor!
> De la musique encore et toujours!
> Que ton vers soit la chose envolée
> qu'on sent qui fuit d'une âme en allée
> vers d'autres cieux et d'autres amours.
> Que ton vers soit la bonne aventure
> éparse au vent crispé du matin
> qui va fleurant la menthe et le thym...
> Et tout le reste est littérature.

Más extremas y comprometidas son las afirmaciones de Mallarmé: "Nommer un objet c'est supprimer les trois quarts de la jouissance du poème, qui est faite du bonheur de deviner peu à peu: le suggérer... voilà le rêve..." *Es preciso evitar que un sentido único se imponga de golpe*: el espacio blanco en torno a la palabra, el juego tipográfico, la composición espacial del texto poético, contribuyen a dar un halo de indefinido al término, a preñarlo de mil sugerencias diversas.

Con esta poética de la sugerencia, la obra se plantea intencionadamente abierta a la libre reacción del que va a gozar de ella. La obra que "sugiere" se realiza siempre cargada de las aportaciones emotivas e imaginativas del intérprete. Si en toda lectura poética tenemos un mundo personal que trata de adecuarse con espíritu de fidelidad al mundo del texto, en las obras poéticas, deliberadamente fundadas en la sugerencia, el texto pretende estimular de una manera específica precisamente el mundo personal del intérprete para que él saque de su interioridad una respuesta profunda, elaborada por misteriosas consonancias. Más allá de las intenciones metafísicas o de la disposición de ánimo preciosa y decadente que mueve semejante poética, el mecanismo de goce revela tal género de "apertura".

Mucha de la literatura contemporánea en esta línea se funda en el uso del símbolo como comunicación de lo indefinido, abierta a reacciones y comprensiones siempre nuevas. Podemos pensar fácilmente en la obra de Kafka como en una obra "abierta" por excelencia: proceso, castillo, espera, condena, enfermedad, metamorfosis, tortura, no son situaciones para entenderse en su significado literal inmediato. Pero, a diferencia de las construcciones alegóricas medievales, aquí los sobreentendidos no se dan de modo unívoco, no están garantizados por ninguna enciclopedia, no reposan sobre ningún orden del mundo. Las muchas interpretaciones existencialistas, teológicas, clínicas, psicoanalíticas de los símbolos kafkianos no agotan las posibilidades de la obra: en efecto, la obra permanece inagotable y abierta en cuanto "ambigua", puesto que se ha sustituido un mundo ordenado de acuerdo con leyes universalmente reconocidas por un mundo fundado en la ambigüedad, tanto en el sentido negativo de una falta de centros de orientación como en el sentido positivo de una continua revisión de los valores y las certezas.

Así, aun allí donde es difícil establecer si en un autor hay intención simbólica y tendencia a lo indeterminado o a lo ambiguo, cierta poética crítica se encarga hoy de ver toda la literatura contemporánea como estructurada en eficaces aparatos simbólicos. En su libro sobre el símbolo literario, W. Y. Tindall, a través de un análisis de las grandes obras de la literatura de nuestros días, tiende a hacer teórica y experimentalmente definitiva la afirmación de Paul Valéry —"il n'y a pas de vrai sens d'un texte"— hasta concluir que una obra de arte es un aparato que cualquiera, incluso su autor, puede "usar" como mejor le parezca. Este tipo de crítica tiende, pues, a ver la obra literaria como continua posibilidad de aperturas, reserva indefinida de significados; y en este plano se ven todos los estudios americanos sobre la estructura de la metáfora y sobre los diversos "tipos de ambigüedad" ofrecidos por el discurso poético.[7]

Es superfluo señalar aquí al lector, como máximo ejemplar de obra "abierta" —dirigida precisamente a dar una imagen de una concreta condición existencial y ontológica del mundo contemporáneo—, la obra de James Joyce. En el *Ulises*, un capítulo como el de los *Wandering Rocks* constituye un pequeño universo que puede mirarse desde distintos puntos de perspectiva, donde el último recuerdo de una poética de carácter aristotélico, y con ella de un transcurrir unívoco del tiempo en un espacio homogéneo, ha desaparecido totalmente. Como ha expresado Edmund Wilson:[8]

> Su fuerza [la de *Ulises*], en vez de seguir una línea, se expande en toda dimensión (incluida la del Tiempo) en torno a un solo punto. El mundo del *Ulises* está animado por una vida compleja e inagotable: nosotros lo visitamos una y otra vez como haríamos con una ciudad, donde volvemos varias veces para reconocer los rostros, comprender las personalidades, establecer relaciones y corrientes de intereses. Joyce ha ejercitado un considerable ingenio técnico para introducirnos en los elementos de su historia en un

orden tal que nos hace capaces de encontrar nosotros mismos nuestros caminos: dudo mucho de que una memoria humana sea capaz, a la primera lectura, de satisfacer todas las solicitaciones del *Ulises*. Y, cuando lo releemos, podemos empezar por cualquier punto, como si estuviéramos frente a algo tan sólido como una ciudad que existiera verdaderamente en el espacio y en la cual se pudiera entrar por cualquier lado —puesto que Joyce dijo que, al componer su libro, trabajaba contemporáneamente en sus diversas partes—.

En el *Finnegans Wake*, por último, estamos verdaderamente en presencia de un cosmos einsteniano, enrollado sobre sí mismo —la palabra del comienzo se une con la del final— y, por consiguiente, *finito*, pero precisamente por esto *ilimitado*. Cada acontecimiento, cada palabra se encuentran en una relación posible con todos los demás, y de la elección semántica efectuada en presencia de un término depende el modo de entender todos los demás. Esto no significa que la obra no tenga un sentido: si Joyce introduce claves en ella, es precisamente porque desea que la obra sea leída en cierto sentido. Pero este "sentido" tiene la riqueza del cosmos y, ambiciosamente, el autor quiere que ello implique la totalidad del espacio y el tiempo; de los espacios y los tiempos posibles. El instrumento primordial de esta integral ambigüedad es el *pun*, el *calembour*: donde dos, tres, diez raíces distintas se combinan de modo que una sola palabra se convierte en un nudo de significados, cada uno de los cuales puede encontrarse y correlacionarse a otros centros de alusión, abiertos aún a nuevas constelaciones y a nuevas probabilidades de lectura. Para definir la situación del lector de *Finnegans Wake*, nos parece que puede servir a la perfección una descripción que Pousseur da de la situación del que oye una composición serial postdodecafónica:

Ya que los fenómenos no están ahora concatenados los unos a los otros según un determinismo consecuente, corresponde al que escucha colocarse voluntariamente en medio de una red de relaciones inagotables, escoger, por así decirlo, él mismo (pero sabiendo bien que su elección está condicionada por el objeto que fija) sus grados de acercamiento, sus puntos de contacto, su escala de referencias; toca a él ahora tender a utilizar contemporáneamente la mayor cantidad de gradaciones y de dimensiones posibles, hacer dinámicos, multiplicar, extender al máximo sus instrumentos de asimilación.[9]

Y con esta cita se subrayan, por si hiciera falta, la convergencia de todo nuestro discurso en un punto único de interés y la unidad de la problemática de la obra "abierta" en el mundo contemporáneo.

Tampoco debe pensarse que la invitación a la apertura tenga lugar sólo en el plano de la sugerencia indefinida y de la solicitación emotiva. Si examinamos la poética teatral de Bertolt Brecht, encontramos una concepción de la acción dramática como exposición problemática de determinadas situaciones de tensión; propuestas estas situaciones —según la nota técnica de la recitación "épica", que no quiere sugerir al espectador, sino presentarle en forma separada, *ajena* los hechos que se observarán—, la dramaturgia brechtiana, en sus expresiones más rigurosas, no elabora soluciones: será el espectador el que saque las conclusiones críticas de lo que ha visto. También los dramas de Brecht terminan en una situación de *ambigüedad* (típico, y máximo entre todos, el *Galileo*); salvo que aquí ya no es la suave ambigüedad de un infinito entrevisto o de un misterio sufrido en la angustia, sino la misma concreta ambigüedad de la existencia social como choque de problemas irresueltos a los cuales es preciso encontrar una solución. La obra es aquí "abierta" como es "abierto" un debate: la solución es esperada y deseada, pero debe venir del concurso consciente del público. La apertura se hace instrumento de pedagogía revolucionaria.

* * *

En todos los fenómenos examinados, la categoría de la "apertura" se empleaba para definir situaciones a menudo distintas, pero en conjunto los tipos de obra escogidos se diferenciaban todos de las obras de los músicos postwebernianos que habíamos examinado al principio. Indudablemente, del barroco a la actual poética del símbolo, se ha ido precisando cada vez más un concepto de obra de resultado no unívoco, pero los ejemplos examinados en el párrafo precedente nos proponían una "apertura" basada en una colaboración *teorética*, *mental* del usuario, el cual debe interpretar libremente un hecho de arte ya *producido*, ya organizado según una plenitud estructural propia (aun cuando esté estructurado de modo que sea indefinidamente interpretable). En cambio, una composición como *Scambi*, de Pousseur, representa algo ulterior: mientras que, escuchando una obra de Webern, el que escucha reorganiza libremente y goza de una serie de relaciones en el ámbito del universo sonoro que se le ofrece (y ya completamente producido), en *Scambi* el usuario organiza y estructura, por el lado mismo de la producción y de la *manualidad*, el discurso musical. Colabora a *hacer* la obra.

No se pretende afirmar que esta sucesiva diferencia califique la obra como más o menos válida respecto de aquellas *ya hechas*: en toda la presente disertación, se trata de distintos tipos de poética que se valoran por la situación cultural que reflejan y constituyen, independientemente de cualquier juicio de validez estética de los productos; pero es evidente que una composición como *Scambi* (u otras composiciones antes citadas) supone un problema nuevo y nos induce a reconocer, en el ámbito de las obras "abiertas", una más restringida categoría de obras que, por su capacidad de asumir diversas estructuras imprevistas físicamente irrealizadas, podríamos definir como "obras en movimiento".

El fenómeno de la *obra en movimiento*, en la presente situación cultural, no se limita en absoluto al ámbito musical, sino que encuentra interesantes manifestaciones en el campo de las artes plásticas, donde hoy encontramos objetos artísticos que en sí mismos tienen como una movilidad, una capacidad de replantearse calidoscópicamente a los ojos del usuario como permanentemente nuevos. Al nivel mínimo, podemos recordar los *mobiles* de Calder o de otros autores, estructuras elementales que poseen precisamente la capacidad de moverse en el aire, asumiendo disposiciones espaciales diversas, creando continuamente el propio espacio y las propias dimensiones. En un nivel más vasto, recordamos la nueva facultad de arquitectura de la Universidad de Caracas, definida como "la escuela que se inventa cada día": las aulas de esta escuela están construidas con paneles móviles, de modo que profesores y alumnos, según el problema arquitectónico y urbanístico que se examina, se construyen un ambiente de estudio apropiado modificando de continuo la estructura interna del edificio.[10] Además, Bruno Munari ha ideado un nuevo y original género de pintura en movimiento de efectos verdaderamente sorprendentes: proyectando mediante una simple linterna mágica un *collage* de elementos plásticos (una especie de composición abstracta obtenida superponiendo o arrugando hojas muy delgadas de material incoloro al que se ha dado diversas formas) y haciendo pasar los rayos luminosos a través de una lente *polaroid*, se obtiene sobre la pantalla una composición de intensa belleza cromática; haciendo luego rodar lentamente la lente *polaroid*, la figura proyectada empieza a cambiar gradualmente sus propios colores pasando a través de toda la gama del arco iris y realizando, a través de la reacción cromática de los diversos materiales plásticos y de los diversos estratos en los que se componen, una serie de metamorfosis que inciden incluso en la misma estructura plástica de la forma. Regulando a su gusto la lente que gira, el usuario colabora efectivamente en una creación del objeto estético, por lo menos en el ámbito del campo de posibilidades que le permiten la existencia de una gama de colores y la predisposición plástica de las diapositivas.

Por su parte, el dibujo industrial nos ofrece ejemplos mínimos, pero evidentes, de obras en movimiento, con objetos de decoración, lámparas plegables o librerías que pueden armarse en formas distintas, o sillones capaces de metamorfosis de indudable dignidad estilística, que permiten al hombre de hoy hacerse y disponer las formas entre las cuales vive de acuerdo con su propio gusto y sus propias exigencias de uso.

Si nos dirigimos al sector literario para buscar un ejemplo de *obra en movimiento*, encontramos, en vez de un *pendant* contemporáneo, una asombrosa anticipación: se trata del *Livre* de Mallarmé, la obra colosal y total, la Obra por excelencia que debía constituir para el poeta no sólo el fin último de la propia actividad, sino el fin mismo del mundo *(Le monde existe pour aboutir à un livre)*. Mallarmé no llevó a término esta obra, no obstante haber trabajado en ella toda la vida, pero existen los esbozos recientemente sacados a la luz por un sagaz trabajo de filología.[11] Las intenciones metafísicas que sobreentienden esta empresa son vastas y discutibles; permítasenos dejarlas para tomar en consideración solamente la estructura dinámica de este objeto artístico que pretende dar un dictamen de poética preciso: *Un livre ni commence ni ne finit; tout au plus fait-il semblant*. El *Livre* debía ser un monumento móvil, y no sólo en el sentido en que era móvil y "abierta" una composición como el *Coup de dés*, donde gramática, sintaxis y disposición tipográfica del texto introducían una poliforme pluralidad de elementos en una relación no determinada.

En el *Livre*, las mismas páginas no habrían debido seguir un orden fijo: habrían debido ser relacionables en órdenes diversos según leyes de *permutación*. Tomando una serie de fascículos independientes (no reunidos por una encuadernación que determinase la sucesión), la primera y la última página de un fascículo habría debido escribirse sobre una misma gran hoja plegada en dos que marcase el principio y el fin del fascículo; en su interior, jugarían hojas aisladas, simples, móviles, intercambiables, pero de tal modo que, en cualquier orden que se colocaran, el discurso poseyera un sentido completo. Evidentemente, el poeta no pretendía obtener de cada combinación un sentido sintáctico y un significado discursivo: la misma estructura de las frases y de las palabras aisladas, cada una vista como capaz de "sugerir" y de entrar en relación de sugerencia con otras frases o palabras, hacía posible la validez de cada cambio de orden, provocando nuevas posibilidades de relación y nuevos horizontes, por lo tanto, de sugestión. *Le volume, malgré l'impression fixe, devient, par ce jeu, mobile —de mort il devient vie.* Un análisis combinatorio entre los juegos de la tardía escolástica (del lulismo en particular) y las técnicas matemáticas modernas, permitía al poeta comprender cómo, de un número limitado de elementos estructurales móviles, podía salir la posibilidad de un número astronómico de combinaciones; la reunión de la obra en fascículos, con cierto límite impuesto a los posibles cambios, aun "abriendo" el *Livre* a una serie amplísima de órdenes a elegir, lo anclaba a un campo de sugerencias que, sin embargo, el autor tendía a proponer a través de ofrecimientos de ciertos elementos verbales y de la indicación de sus posibilidades de combinación.

El hecho de que la mecánica combinatoria se ponga aquí al servicio de una revelación de tipo órfico, no pesa sobre la realidad estructural del libro como objeto móvil y abierto (en esto está singularmente próximo a otras experiencias antes citadas y nacidas de otras intenciones comunicativas y formativas). Permitiendo el cambio de elementos de un texto, ya de por sí capaz de sugerir relaciones abiertas, el *Livre* deseaba devenir un mundo en constante fusión que se renueva continuamente a los ojos del lector, mostrando siempre nuevos aspectos de ese carácter poliédrico de lo absoluto que pretende, no diremos expresar, sino sustituir y realizar. En tal estructura, no se habría debido encontrar ningún sentido fijo, así como no se preveía ninguna forma definitiva: si un solo pasaje del libro hubiera tenido un sentido definitivo, unívoco, inaccesible a las influencias del contexto permutable, este pasaje habría roto el conjunto del mecanismo.

La utópica empresa de Mallarmé, que se complicaba con aspiraciones e ingenuidades verdaderamente desconcertantes, no fue llevada a término; y no sabemos si, una vez realizada, la experiencia habría sido válida o bien habría resultado una equívoca encarnación mística y esotérica de una sensibilidad decadente al término de su propia parábola. Nos inclinamos por la segunda hipótesis, pero es sin duda interesante encontrar, en los albores de nuestra época, tan vigorosa sugerencia de *obra en movimiento*, signo de que vagan en el aire ciertas exigencias, y por el solo hecho de ser se justifican y se explican como datos de cultura que deben integrarse en el panorama de una época. Por esto se ha tomado en consideración el experimento de Mallarmé, aunque esté ligado a una problemática tan ambigua e históricamente bien delimitada, mientras que las actuales *obras en movimiento* tratan, en cambio, de instaurar armónicas y concretas relaciones de convivencia y —como ocurre en las recientes experiencias musicales— entrenamientos de la sensibilidad y la imaginación, sin pretender constituir sustitutos órficos del conocimiento.

* * *

En efecto, es siempre arriesgado sostener que la metáfora o el símbolo poético, la realidad sonora o la forma plástica, constituyan instrumentos de conocimiento de lo real más profundos que los instrumentos que presta la lógica. El conocimiento del mundo tiene en la ciencia su canal autorizado, y toda aspiración del artista a ser vidente, aun cuando poéticamente productiva, tiene en sí misma algo de equívoco. El arte, más que *conocer* el mundo, *produce* complementos del mundo, formas autónomas que se añaden a las existentes exhibiendo leyes propias y vida personal. No obstante, toda forma artística puede muy bien verse, si no como sustituto del conocimiento científico, como *metáfora epistemológica*; es decir, en cada siglo, el modo de estructurar las formas del arte refleja —a guisa de semejanza, de metaforización, de apunte de resolución del concepto en figura— el modo como la ciencia o, sin más, la cultura de la época ven la realidad.

La obra conclusa y unívoca del artista medieval reflejaba una concepción del cosmos como jerarquía de órdenes claros y prefijados. La obra como mensaje pedagógico, como estructuración monocéntrica y necesaria (incluso en la misma férrea constricción interna de metros y rimas), refleja una ciencia para la cual lo real puede evidenciarse paso a paso sin imprevistos y en una sola dirección, procedente de los primeros principios de la ciencia, que se identifican con los primeros principios de la realidad. La apertura y el dinamismo barroco marcan precisamente el advenimiento de una nueva conciencia científica: la sustitución de lo *visual* por lo *táctil*, es decir, la primacía del aspecto subjetivo, la desviación de la atención del *ser* a la *apariencia* de los objetos arquitectónicos y pictóricos, por ejemplo, nos trae a la mente la nueva filosofía y psicología de la impresión y la sensación, el empirismo que resuelve en una serie de percepciones la realidad aristotélica de la sustancia; y, por otra parte, el abandono del centro que necesitaba la composición, del punto de vista privilegiado, se acompaña de la asimilación de la visión copernicana del universo que ha eliminado definitivamente el geocentrismo y todos sus corolarios metafísicos; en el universo científico moderno, como en la construcción o en la pintura barroca, todas las partes aparecen dotadas de igual valor y autoridad, y el todo aspira a dilatarse hasta el infinito, no encontrando límite ni freno en ninguna regla ideal del mundo, pero participando de una aspiración general al descubrimiento y al contacto siempre renovado con la realidad.

La "apertura" de los simbolistas decadentes reflejó a su modo un nuevo quehacer de la cultura que está descubriendo horizontes inesperados; y es necesario recordar cómo ciertos proyectos mallarmianos sobre la descomposición polidimensional del libro (que, de bloque unitario, debería escindirse en planos que pudieran superponerse y generaran nuevas profundidades a través de la descomposición en bloques menores igualmente móviles y susceptibles de descomposición) nos hacen pensar en el universo de la nueva geometría no euclidiana.

Por ello, no será aventurado encontrar en la poética de la obra "abierta" (y más aún de la *obra en movimiento*), de la obra que en cada goce no resulta nunca igual a sí misma, las resonancias vagas o precisas de algunas tendencias de la ciencia contemporánea. Es ya un lugar común de la crítica más avanzada la referencia al continuo espacio-temporal para explicar la estructura del universo de Joyce; y no es una casualidad que Pousseur, para definir la naturaleza de su composición, hable de "campo de posibilidad". Haciendo esto, usa dos conceptos transformados por la cultura contemporánea y extraordinariamente reveladores: la noción de campo le proviene de la física y sobreentiende una renovada visión de las relaciones clásicas de causa y efecto unívoca y unilateralmente entendidas, implicando en cambio un complejo de interacción de fuerzas, una constelación de acontecimientos, un dinamismo de estructura. La noción de posibilidad es una noción filosófica que refleja toda una tendencia de la ciencia contemporánea, el abandono de una visión estática y silogística del orden, la apertura a una plasticidad de decisiones personales y a una circunstancialidad e historicidad de los valores.

El hecho de que una estructura musical no determina ya necesariamente la estructura sucesiva —el hecho mismo de que, como sucede con la música serial, independientemente de los intentos de movimiento físico de la obra, no existe ya un centro tonal que permita inferir los movimientos sucesivos del discurso de las premisas dadas precedentemente— se ve en el plano general de una crisis del principio de causalidad. En un contexto cultural en que la lógica tiene dos valores (el *aut aut* clásico entre *verdadero* y *falso*, entre un dato y su opuesto), no es ya aquélla el único instrumento posible del conocimiento, sino que la lógica se abre paso a muchos valores que permiten la entrada, por ejemplo, a lo *indeterminado* como resultado válido de la operación cognoscitiva. En este contexto de ideas se presenta una poética de la obra de arte que carece de resultado necesario o previsible, en la cual la libertad del intérprete juega como elemento de esa *discontinuidad* que la física contemporánea ha reconocido no ya como motivo de desorientación, sino como un aspecto insustituible de toda prueba científica y como comportamiento irrefutable y susceptible de comprobación del mundo subatómico.

Desde el *Livre* de Mallarmé hasta ciertas composiciones musicales examinadas, observamos la tendencia a lograr que cada ejecución de la obra no coincida nunca con una definición última de ella; cada ejecución la explica, pero no la agota; cada ejecución realiza la obra, pero todas son complementarias entre sí; cada ejecución, por último, nos da la obra de un modo completo y satisfactorio, pero al mismo tiempo nos la da incompleta, puesto que nos da en conjunto todos los demás resultados en los que la obra podía identificarse. Pero ¿es acaso casual el hecho de que tal poética sea contemporánea del principio físico de la *complementariedad*, por el que no es posible indicar simultáneamente diversos comportamientos de una partícula elemental, y para describir estos comportamientos diversos valgan diversos *modelos*, que "son, por consiguiente, justos cuando se los utiliza en el lugar justo, pero se contradicen entre sí y se llaman, por esto, recíprocamente complementarios"? [12] ¿No podríamos llegar a afirmar para estas obras de arte, como hace el científico para su particular situación experimental, que el conocimiento incompleto de un sistema es la componente esencial de su formulación, y que "los datos obtenidos en condiciones experimentales

91

diversas no pueden encerrarse en una imagen particular, sino que deben considerarse complementarios en el sentido de que sólo la totalidad de los fenómenos agota la posibilidad de información sobre los objetos"? [13]

Antes se ha hablado de ambigüedad como disposición moral y contraste problemático: la psicología y la fenomenología, hoy, hablan también de *ambigüedad perceptiva* como posibilidad de colocarse antes del convencionalismo del conocimiento habitual para tomar el mundo en una plenitud de posibilidades que precede a toda estabilización debida a la costumbre. Ya Husserl advertía que

> todo momento de vida de conciencia tiene un horizonte que varía con la mutación de su conexión de conciencia y con la mutación de su fase de desarrollo... Por ejemplo, en toda percepción externa, los datos *propiamente percibidos* del objeto de percepción contienen una indicación de los lados aún solamente entendidos de manera secundaria, aún no percibidos, sino sólo anticipados en el modo de la expectativa e incluso en la ausencia de toda intuición —como aspectos que aún están "por venir" en la percepción—. Ésta es una *protensión* * continua que adquiere un sentido nuevo en cada fase de la percepción. Además, la percepción posee horizontes que tienen otras posibilidades de percepción, y son estas posibilidades las que nosotros podríamos tener si dirigiéramos en otro sentido el proceso de la percepción, es decir, si dirigiéramos la mirada hacia otra dirección en vez de ésta, si camináramos hacia delante, o de lado, y así sucesivamente. [14]

Y Sartre recuerda cómo lo existente no puede reducirse a una serie finita de manifestaciones porque cada una de ellas está en relación con un sujeto en continuo cambio. Así, no sólo un objeto presenta diversas *Abschattungen* (o perfiles), sino que son posibles diversos puntos de vista en una misma *Abschattung*. El objeto, para ser definido, debe

* *Das Protendierte*, en alemán. Todo el fragmento está traducido siguiendo la trad. italiana. *(N. de T.)*

ser transferido a la serie total de la que él, en cuanto una de las apariciones posibles, es miembro. En ese sentido, el dualismo tradicional de ser y aparecer se sustituye por una polaridad de finito e infinito tal que el infinito se coloca en el centro mismo de lo finito. Este tipo de "apertura" está en la base misma de todo acto perceptivo y caracteriza todo momento de nuestra experiencia cognoscitiva: cada fenómeno aparece así "habitado" por cierta *potencia*, "la potencia de ser desarrollado en una serie de apariciones reales y posibles". El problema de la relación del fenómeno con su fundamento ontológico se transforma, en una perspectiva de apertura perceptiva, en el problema de la relación del fenómeno con la plurivalencia de las percepciones que podemos tener de él.[15] Esta situación se acentúa en el pensamiento de Merleau-Ponty:

> ¿Cómo podrá, pues —se pregunta el filósofo—, una cosa *presentársenos* verdaderamente, puesto que la síntesis nunca se completa?... ¿Cómo puedo tener la experiencia del mundo como de un individuo existente en acto, dado que ninguna de las perspectivas de acuerdo con las cuales lo miro logra agotarlo y que los horizontes están siempre *abiertos*?... La creencia en la cosa y en el mundo no puede sino sobreentender la presunción de una síntesis completa y, sin embargo, esta plenitud se hace imposible por la naturaleza misma de las perspectivas a correlacionar, dado que cada una de ellas remite continuamente, a través de sus horizontes, a otras perspectivas... La contradicción que nosotros encontramos entre la realidad del mundo y su falta de plenitud es la contradicción misma entre la ubicuidad de la conciencia y su fijación en un campo de presencia... Esta ambigüedad no es una imperfección de la conciencia o de la existencia, sino su definición... La conciencia, que pasa por ser el lugar de la claridad, es, por el contrario, el lugar mismo del equívoco.[16]

Éstos son los problemas que la fenomenología propone a la base misma de nuestra situación de hombres en el mundo, proponiendo al artista, junto al filósofo y al psicólogo, afirmaciones que no pueden sino tener una función de estímulo para su actividad formativa: "Es, pues, esencial a la cosa y al mundo presentarse como 'cubiertos'... prometernos siempre 'algo más que ver' ".[17]

Bien podría pensarse que esta fuga de la necesidad segura y sólida y esta tendencia a lo ambiguo y a lo indeterminado reflejan una condición de crisis de nuestro tiempo; o bien, por el contrario, que esta poética, en armonía con la ciencia de hoy, expresa la posibilidad positiva de un hombre abierto a una renovación continua de los propios esquemas de vida y conocimiento, productivamente comprometido en un progreso de las propias facultades y de los propios horizontes. Permítasenos sustraernos a esta contraposición tan fácil y maniquea, y limitémonos en esta ocasión a señalar concordancias o, por lo menos, consonancias que indican una correspondencia de los problemas desde los más diversos sectores de la cultura contemporánea, indicando los elementos comunes de una nueva visión del mundo.

Se trata de una convergencia de problemas y exigencias que las formas del arte reflejan a través de las que podríamos definir como *analogías de estructura*, sin que, por lo demás, se deban o se puedan instaurar paralelos rigurosos.[18] Sucede así que fenómenos como los de las obras en movimiento reflejan al mismo tiempo situaciones epistemológicas que contrastan entre sí, contradictorias o aún no conciliadas. Ocurre, por ejemplo, que, mientras apertura y dinamismo de una obra reclaman las nociones de indeterminación y discontinuidad propias de la física quántica, al propio tiempo los mismos fenómenos aparecen como imágenes que sugieren algunas situaciones de la física einsteiniana.

El mundo multipolar de una composición serial [19] —donde el usuario, no condicionado por un centro absoluto, constituye su sistema de relaciones haciéndolo emerger de un continuo sonoro en el cual no existen puntos privilegiados, sino que todas las perspectivas son igualmente válidas y ricas de posibilidades— aparece como muy próximo al universo espacio-temporal imaginado por Einstein, en el cual

> todo lo que para cada uno de nosotros constituye el pasado, el presente, el futuro, se da en bloque, y todo el conjunto de los acontecimientos sucesivos (desde nuestro punto de vista) que constituye la existencia de una partícula material se representa por una línea, la línea de universo de la partícula... Cada observador, con el paso de su tiempo, descubre, por así decirlo, nuevas porciones de espacio-tiempo que se le aparecen como aspectos sucesivos del mundo material, si bien en realidad el conjunto de los acontecimientos que constituyen el espacio-tiempo existía ya antes de ser conocido.[20]

Lo que diferencia la visión einsteiniana de la epistemología quántica es en el fondo, precisamente, esta confianza en la totalidad del universo, un universo en el cual discontinuidad e indeterminación pueden desconcertarnos con su súbita aparición, pero que en realidad, para usar las palabras de Einstein, no presuponen un Dios que juega a los dados, sino el Dios de Spinoza que rige el mundo con leyes perfectas. En este universo, la relatividad está constituida por la infinita variabilidad de la experiencia, por la infinidad de medidas y perspectivas posibles, pero la objetividad del todo reside en la invariabilidad de las descripciones simples formales (de las ecuaciones diferenciales) que establecen precisamente la relatividad de las medidas empíricas. No es aquí donde debemos juzgar la validez científica de esta implícita metafísica einsteiniana; pero el hecho es que existe una sugestiva analogía entre este universo y el universo de la *obra en movimiento*. El Dios de Spinoza, que en la metafísica einsteiniana es sólo un dato de confianza extraexperimental, en la obra de arte se convierte en una realidad de hecho y coincide con la obra ordenadora del autor. Éste, en una poética de la *obra en movimiento*, puede muy bien producir en vista de una invitación a la libertad interpretativa, a la feliz indeterminación de los resultados, a la discontinua imprevisión de las elecciones sustraídas a la necesidad; pero esta *posibilidad* a la que se *abre* la obra es tal en el ámbito de un campo de relaciones. En la *obra en movimiento*, como en el universo einsteiniano, negar que haya una única experiencia privilegiada no implica el caos de las relaciones, sino la regla que permite la organización de las relaciones. La *obra en movimiento*, en suma, es posibilidad de una multiplicidad de intervenciones personales, pero no una invitación amorfa a la intervención indiscriminada: es la invitación no necesaria ni unívoca a la intervención orientada, a insertarnos libremente en un mundo que, sin embargo, es siempre el deseado por el autor.

El autor ofrece al usuario, en suma, una obra *por acabar*: no sabe exactamente de qué modo la obra podrá ser llevada a su término, pero sabe que la obra llevada a término será, no obstante, siempre *su obra*, no otra, y al finalizar el diálogo interpretativo se habrá concretado una forma que es *su* forma, aunque esté organizada por otro de un modo que él no podía prever completamente, puesto que él, en sustancia, había propuesto posibilidades ya racionalmente organizadas, orientadas y dotadas de exigencias orgánicas de desarrollo.

La *Sequenza* de Berio, ejecutada por dos flautistas distintos, el *Klavierstück XI* de Stockhausen o los *Mobiles* de Pousseur, ejecutados por diferentes pianistas (o dos veces por los mismos ejecutantes), no resultarán nunca iguales, pero nunca serán algo absolutamente gratuito. Se entenderán como realizaciones de hecho de una *formatividad* fuertemente individualizada cuyos supuestos estaban en los datos originales ofrecidos por el artista.

Esto ocurre en las obras musicales examinadas anteriormente, lo mismo que en las producciones plásticas que hemos tomado en consideración: en ellas, la mutación se orienta siempre en el ámbito de un gusto, de determinadas tendencias formales; y, por último, la permiten y orientan concretas articulaciones del material que se ofrece a la manipulación. En otro campo, el drama brechtiano, apelando a la libre respuesta del espectador, está construido, sin embargo (como aparato retórico y argumentación eficaz), de modo que estimule una respuesta orientada, presuponiendo por último —como resulta evidente en algunas páginas de la poética brechtiana— una lógica de tipo dialéctico marxista como fundamento de las posibles respuestas.

Todos los ejemplos de obras "abiertas" y *en movimiento* que hemos señalado nos revelan este aspecto fundamental por el cual aparecen siempre como "obras" y no como un amontonamiento de elementos casuales dispuestos a emerger del caos en que están para convertirse en una forma cualquiera.

El diccionario, que nos presenta miles de palabras con las cuales somos libres de componer poemas o tratados de física, cartas anónimas o listas de productos alimenticios, está absolutamente "abierto" a cualquier recomposición del material que muestra, pero no es una *obra*. La *apertura* y el dinamismo de una obra consisten, en cambio, en hacerse disponibles a diversas integraciones, concretos complementos productivos, canalizándolos a priori en el juego de una vitalidad estructural que la obra posee aunque no esté acabada y que resulta válida aun en vista de resultados diferentes y múltiples.

* * *

Subrayamos esto porque, cuando se habla de obra de arte, nuestra conciencia estética occidental exige que por "obra" se entienda una producción personal que, aun en la diversidad del placer estético que produzca, mantenga una fisonomía orgánica y evidencie, comoquiera que se entienda o prolongue, la huella personal en virtud de la cual existe, vale y comunica. Estas observaciones deben hacerse desde el punto de vista teórico de la estética, la cual considera la variedad en la poética, pero aspira por último a definiciones generales —no necesariamente dogmáticas y eternas— que permitan aplicar homogéneamente la categoría "obra de arte" a múltiples experiencias (que pueden ir desde la *Divina Comedia* hasta la composición electrónica basada en la permutación de estructuras sonoras). Exigencia válida que tiende a encontrar, aun en el cambio histórico de los gustos y las actitudes frente al arte, una constancia de estructuras fundamentales de los comportamientos humanos.

Hemos visto, pues, que: 1) las obras "abiertas" en cuanto *en movimiento* se caracterizan por la invitación a *hacer la obra* con el autor; 2) en una proyección más amplia (como *género* de la *especie* "obra en movimiento"), hemos considerado las obras que, aun siendo físicamente completas, están, sin embargo, "abiertas" a una germinación continua de relaciones internas que el usuario debe descubrir y escoger en el acto de percepción de la totalidad de los estímulos; 3) *toda* obra de arte, aunque se produzca siguiendo una explícita o implícita poética de la necesidad, está sustancialmente abierta a una serie virtualmente infinita de lecturas posibles, cada una de las cuales lleva a la obra a revivir según una perspectiva, un gusto, una *ejecución* personal.

Son tres niveles de intensidad en que se presenta un mismo problema. El tercer nivel es el que interesa a la estética como formulación de definiciones formales; y sobre este tipo de apertura, de *infinitud* de la obra acabada, la estética contemporánea ha insistido mucho. Véanse, por ejemplo, estas afirmaciones sacadas de las que consideramos como las más valiosas páginas de fenomenología de la interpretación:

> La obra de arte... es una forma, un movimiento concluso, que es como decir un infinito recogido en una concreción; su totalidad resulta de una conclusión y, por consiguiente, exige que se la considere no como el *hermetismo* de una realidad estática e inmóvil, sino como la apertura de un infinito que se ha completado recogiéndose en una

forma. La obra tiene por esto infinitos aspectos, que no son sólo "partes" suyas o fragmentos, porque cada uno de ellos contiene la obra entera y la revela en determinada perspectiva. La variedad de las ejecuciones tiene, pues, su fundamento en la compleja naturaleza, tanto de la persona del intérprete cuanto de la obra que debe ejecutarse... Los infinitos puntos de vista de los intérpretes y los infinitos aspectos de la obra se responden, se encuentran y se aclaran recíprocamente de tal modo que determinado punto de vista logra revelar la obra entera sólo si la toma en ese determinado aspecto, y un aspecto particular de la obra, que la revele entera bajo una nueva luz, debe esperar el punto de vista capaz de captarlo y proyectarlo.

Y esto permite, pues, afirmar que

todas las interpretaciones son definitivas en el sentido de que cada una de ellas es, para el intérprete, la obra misma, y provisionales en el sentido de que cada intérprete sabe que debe siempre profundizar la propia. En cuanto definitivas, las interpretaciones son paralelas, de modo que una excluye las otras, aun sin negarlas...[21]

Tales afirmaciones, hechas desde el punto de vista teorético de la estética, son aplicables a cada fenómeno del arte, a obras de todos los tiempos; pero no es inútil observar que no es casual el hecho de que precisamente en nuestros días la estética advierte y desarrolla una problemática de la "apertura". En cierto sentido, estas exigencias que la estética, desde su propio punto de vista, hace valer para todo tipo de obra de arte, son las mismas que la poética de la obra "abierta" manifiesta de modo más explícito y decidido. Esto, sin embargo, no significa que la existencia de obras "abiertas" y *obras en movimiento* no añada absolutamente nada a nuestra experiencia porque todo estaba ya presente en el todo, desde tiempos inmemoriales, así como todo descubrimiento parece que haya sido ya hecho por los chinos. Es menester distinguir aquí sutilmente el nivel teórico y definidor de la estética en cuanto disciplina filosófica del nivel operativo y comprometido de la poética en cuanto programa de producción. La estética, haciendo valer una exigencia particularmente viva en nuestra época, descubre las posibilidades de cierto tipo de experiencia en todo producto del arte, independientemente de los criterios operativos que los hayan presidido. La poética (y la práctica) de las *obras en movimiento* sienten esta posibilidad como vocación específica y, ligándose más abierta y conscientemente a persuasiones y tendencias de la ciencia contemporánea, traen a la actualidad programática, a evidencia tangible, aquella que la estética, reconoce como condición general de la interpretación. Esta poética advierte, pues, la "apertura" como *la* posibilidad fundamental del usuario y del artista contemporáneo. La estética, a su vez, deberá reconocer en estas experiencias una nueva confirmación de sus intuiciones, la realización extrema de una circunstancia de placer estético que puede realizarse en diferentes niveles de intensidad.

Pero esta nueva práctica del placer estético abre, en efecto, un capítulo de cultura mucho más vasto, y en esto no pertenece sólo a la problemática de la estética. La poética de la *obra en movimiento* (como, en parte, la poética de la obra "abierta") establece un nuevo tipo de relaciones entre artista y público, una nueva mecánica de la percepción estética, una diferente posición del producto artístico en la sociedad; abre una página de sociología y de pedagogía, además de una página de historia del arte. Plantea nuevos problemas prácticos creando situaciones comunicativas, establece una nueva relación entre *contemplación* y *uso* de la obra de arte.

Aclarada en sus supuestos históricos y en el juego de referencias y analogías que la manifiestan en diversos aspectos de la visión contemporánea del mundo, esta situación inédita del arte es ahora una situación en camino de desarrollo que, lejos de estar completamente explicada y catalogada, ofrece una problemática en muchos niveles. En resumen, es una situación abierta y en movimiento.

NOTAS

1. Aquí es necesario eliminar en seguida un posible equívoco: evidentemente, es distinta la operación práctica de un intérprete en cuanto "ejecutante" (el instrumentista que ejecuta un fragmento musical o el autor que recita un texto) y la de un intérprete en cuanto usuario (el que mira un cuadro o lee en silencio una poesía, o escucha un fragmento de música ejecutado por otros). Sin embargo, para los fines de un análisis estético, ambos casos se ven como manifestaciones diversas de una misma actitud interpretativa: toda "lectura", "contemplación", "goce" de una obra de arte representa una forma, aunque sólo sea tácita y privada de ejecución. La noción de *proceso interpretativo* cubre todas estas actitudes. Nos remitimos aquí al pensamiento de Luigi Pareyson, *Estetica - Teoria della formatività*, Turín, 1954, y, en particular, al cap. VIII. Naturalmente, se puede dar el caso de obras que se presentan "abiertas" al ejecutante (instrumentista, actor) y se dan al público como resultado ya unívoco de una elección definitiva; en otros casos, no obstante la elección del ejecutante, puede quedar una elección sucesiva a la que se invita al público.

2. Para este concepto de la interpretación, cf. Luigi Pareyson, *op. cit.* (particularmente, caps. V y VI); para una atención a la "disponibilidad" de la obra llevada a las últimas consecuencias, cf. Roland Barthes: "Esta disponibilidad no es una virtud menor; constituye, por el contrario, el ser mismo de la literatura, llevado a su paroxismo. Escribir quiere decir hacer vacilar el sentido del mundo, plantearle una interrogación *indirecta* a la cual el escritor, por una indeterminación última, se abstiene de responder. La respuesta la da cada uno de nosotros, al aportar su historia, su lenguaje, su libertad; sin embargo, ya ·que historia, lenguaje y libertad cambian hasta el infinito, la respuesta del mundo al escritor es infinita; nunca se deja de responder a lo que se ha escrito más allá de toda respuesta. Primero se afirma, después se entra en contradicción, se sustituyen los sentidos, pasan, subsiste la pregunta... Sin embargo, para que se cumpla el juego [...] es preciso respetar ciertas reglas; es necesario, por un lado, que la obra sea verdaderamente una forma, que designe un sentido incierto, no un sentido cerrado..." ("Avant-propos", *Sur Racine*, Seuil, París, 1963). Por consiguiente, en este sentido, la literatura (pero nosotros diríamos: cada mensaje artístico) *designaría de una manera cierta un objeto incierto*.

3. *La nuova sensibilità musicale*, en "Incontri musicali", 2 (mayo 1958), p. 25.

4. Paul Ricoeur, en *Structure et Herméneutique*, "Esprit" (nov. 1963), sugiere que la polisemia del símbolo medieval (que puede referirse indife-

rentemente a realidades opuestas; véase un catálogo de estas oscilaciones en Reau, *Iconographie de l'art chrétien*, París, 1953) no sea interpretable según la base de un repertorio abstracto (bestiario, apunte o lapidario), sino en el sistema de relaciones, en el *ordo* de un texto (de un contexto) referido al Libro sacro que orientaría en relación con las claves de la lectura. De ahí la actividad del intérprete medieval que, en relación con los demás libros o con el libro de la naturaleza, ejerce una actividad hermenéutica. Esto no obsta, sin embargo, para que los lapidarios, por ejemplo, dando las diversas posibilidades de interpretación de un mismo símbolo, no constituyan ya una base de descifrado y que el mismo Libro sacro no se entienda como "código" que instituye algunas orientaciones de lectura y excluye otras.

5.   Sobre el barroco como inquietud y manifestación de la sensibilidad moderna, véanse las páginas de Luciano Anceschi en *Barocco e Novecento*, Rusconi e Paolazzi, Milán, 1960. Sobre el valor estimulante de las investigaciones de Anceschi para una historia de la obra abierta, traté de decir algo en el n.º III (1960) de la "Rivista di Estetica".

6.   Para la evolución de las poéticas prerromántica y romántica, en ese sentido, vid. de nuevo L. Anceschi, *Autonomia ed eteronomia dell'arte*, Vallecchi, Florencia, 1959².

7.   Cf. W. Y. Tindall, *The Literary Symbol*, Columbia Univ. Press, Nueva York, 1955. Para un desarrollo actual de las ideas de Valéry, vid. Gerard Genette, *Figures*, Seuil, París, 1966 (particularmente "La littérature comme telle"). Para un análisis sobre el relieve estético de la noción de ambigüedad, cf. las importantes observaciones y las referencias bibliográficas en Gillo Dorfles, *Il divenire delle arti*, Einaudi, Turín, 1959, p. 51 y ss.

8.   Edmund Wilson, *Axel's Castle*, Scribner's Sons, Londres-Nueva York, 1931, p. 210 de la ed. de 1950.

9.   Pousseur, op. cit., p. 25.

10.   Vid. Bruno Zevi, *Una scuola da inventare ogni giorno*, "L'Espresso", 2 febr. 1958.

11.   Jacques Scherer, *Le "Livre" de Mallarmé (Premières recherches sur des documents inédits)*, Gallimard, París, 1957 (vid. en particular el cap. III, "Physique du Livre").

12.   Werner Heisemberg, *La imagen de la naturaleza en la física actual*, Seix Barral, Barcelona, 1957, cap. II, § 3.

13.   Niels Bohr, *Discussione epistemologica con Einstein*, en *Albert Einstein scienziato e filosofo*, Einaudi, Turín, 1958, p. 157. Justamente los epistemólogos ligados a la metodología quántica han puesto en guardia contra una ingenua trasposición de las categorías físicas en el campo ético y psicológico (identificación del indeterminismo con la libertad moral, etc.; vid., por ejemplo, Philipp Frank, *Present Role of Science*, relación introductoria al XII Cogr. Intern. de Filosofía, Venecia, sept. 1958). Por consiguiente, no sería legítimo entender la nuestra como una analogía entre las

estructuras de la obra de arte y las presuntas estructuras del mundo. Inde-terminación, complementariedad, no-casualidad no son *modos de ser* del mundo físico, sino *sistemas de descripción* útiles para operar en él. Por lo cual la relación que nos interesa no es aquella —presunta— entre una si-tuación "ontológica" y una cualidad morfológica de la obra, sino entre un modo de explicar operativamente los procesos de producción y frui-ción artísticas. Relación, por lo tanto, entre una *metodología científica* y una *poética* (explícita o implícita).

14. Edmund Husserl, *Cartesianische Meditationen*, La Haya, 1950, II, § 19. Hay en Husserl, vivísima, la noción de un objeto que es forma com-pleta, individual como tal y, sin embargo, "abierta": "El cubo, por ejem-plo, deja abierta una variedad de determinaciones, para los lados que no se ven en este momento, y no obstante se sabe que *es un cubo* específica-mente, con un color, áspero, etc., ya antes de ulteriores explicitaciones, y cada determinación en que es aprehendido deja siempre abiertas otras de-terminaciones particulares. Este "dejar abierto" es ya, incluso antes de las efectivas determinaciones ulteriores que quizá nunca tendrán lugar, un momento contenido en el relativo momento de conciencia misma, y es precisamente esto lo que constituye el *horizonte*".

15. J. P. Sartre, *L'être et le néant*, París, 1943. Sartre advierte al mismo tiempo la equivalencia entre esta situación perceptiva, constitutiva de todo nuestro conocimiento, y la relación cognoscitiva-interpretativa que mantenemos con la obra de arte: "El genio de Proust, aun reducido a las obras producidas, no equivale menos a la infinidad de puntos de vista po-sibles que se podrán asumir en torno a esta obra y que serán llamados 'la inagotabilidad de la obra proustiana' ".

16. M. Merleau-Ponty, *Phénoménologie de la perception*, Gallimard, Pa-rís, 1945, pp. 381-383.

17. Ibídem, p. 384.

18. Es indudable que resulta peligroso establecer unas analogías simples; pero es igualmente peligroso negarse a identificar unas relacio-nes por una fobia injustificada de las analogías, propia de los espíritus simples o de las inteligencias conservadoras. Querríamos recordar una frase de Roman Jakobson: "A los que se asustan fácilmente de las analo-gías arriesgadas, les responderé que yo detesto también hacer analogías peligrosas, aunque amo las analogías fecundas" (*Essais de linguistique générale*, Ed. de Minuit, París, 1963, p. 38). Una analogía deja de ser inde-bida cuando se sitúa como punto de partida de una verificación ulterior: el problema consiste ahora en reducir los diferentes fenómenos (estéticos y no estéticos) a unos *modelos estructurales* más rigurosos para identificar en ellos no ya unas analogías, sino unas *homologías* de estructura, unas seme-janzas estructurales. Somos conscientes del hecho de que las investigacio-nes de este libro se encuentran todavía del lado de acá de una formaliza-ción del género, que exige un método más riguroso, la renuncia a nume-rosos niveles de la obra, el coraje de empobrecer ulteriormente los fe-

nómenos para obtener de ellos un modelo más manejable. Continuamos pensando en estos ensayos como en una introducción general a este trabajo.

19. Sobre este "éclatement multidirectionnel des estructures", vid. también A. Boucourechliev, *Problèmes de la musique moderne*, NRF, dic. 1960 - enero 1961.

20. Louis de Broglie, *L'opera scientifica di A. Einstein*, en *A. Einstein scienziato e filosofo*, cit. p. 64.

21. Luigi Pareyson, *Estetica - Teoria della formatività*, ed. cit., p. 194 y ss., y en general todo el cap. VIII ("Lettura, interpretazione e critica").

ANÁLISIS DEL LENGUAJE POÉTICO

Desde las estructuras que *se mueven* hasta aquellas *en que* nosotros *nos movemos*, la poética contemporánea nos propone una gama de formas que apelan a la movilidad de las perspectivas, a la múltiple variedad de las interpretaciones. Pero hemos visto igualmente que ninguna obra de arte es de hecho "cerrada", sino que encierra, en su definición exterior, una infinidad de "lecturas" posibles.

Ahora bien, si se pretende proseguir una disertación sobre el tipo de "apertura" propuesto por la poética contemporánea, y sobre su característica de novedad respecto del desarrollo histórico de las ideas estéticas, será preciso distinguir más a fondo la diferencia entre la apertura programática de las actuales corrientes artísticas y esa apertura que hemos definido, en cambio, como característica típica de toda obra de arte.

Dicho en otros términos, trataremos ahora de ver en qué sentido es abierta toda obra de arte; en qué características estructurales se funda esta apertura; a qué diferencias de estructura corresponden los diferentes niveles de "apertura".

CROCE Y DEWEY

Toda obra de arte, desde las pinturas rupestres a *I promessi sposi* *, se propone como un objeto abierto a una infinidad de degustaciones. Y no porque una obra sea un

---

* *Los novios*, de Manzoni. *(N. de T.)*

105

mero pretexto para todos los ejercicios de la sensibilidad subjetiva que hace converger en ella los humores del momento, sino porque es típico de la obra de arte proponerse como fuente inagotable de experiencias que, centrándose en ella, hacen emerger siempre nuevos aspectos de la misma. La estética contemporánea ha insistido particularmente sobre este punto y ha hecho de él uno de sus temas.

En el fondo, el mismo concepto de universalidad con que se suele designar la experiencia estética se refiere a este fenómeno. Cuando digo que "la suma de los cuadrados construidos sobre los catetos es equivalente al cuadrado construido sobre la hipotenusa", afirmo algo que puede verificarse, también universal porque se propone como ley válida bajo cualquier latitud, pero referido a un único, determinado comportamiento de lo real, mientras que, cuando recito un verso o un poema entero, las palabras que digo no son inmediatamente traducibles a un *denotatum* real que agote sus posibilidades de significación, sino que implican una serie de significados que se profundizan a cada mirada, de tal modo que en esas palabras se me descubre, extractado y ejemplificado, todo el universo. Creemos, por lo menos, que podemos entender en este sentido la doctrina, por lo demás bastante equívoca, del carácter de totalidad de la expresión artística como nos la plantea Croce.

La representación del arte abraza el todo y refleja en sí el cosmos porque

> en ella lo individual palpita con la vida del todo y el todo está en la vida de lo individual; y toda estricta representación artística es ella misma y el universo, el universo en la forma individual, y la forma individual como el universo. En todo acento de poeta, en cualquier criatura de su fantasía, están todo el humano destino, todas las esperanzas, todas las ilusiones, los dolores y las alegrías, las grandezas y las miserias humanas, el drama entero de lo real, que deviene y crece perpetuamente sobre sí mismo, sufriendo y gozando.[1]

Éstas y otras frases de Croce protocolan, sin duda eficazmente, cierta confusa sensación que muchos han experimentado al saborear una poesía; pero, mientras registra el fenómeno, el filósofo, de hecho, no lo explica, no proporciona una base categórica capaz de fundamentarlo; y cuando afirma que "dar... al contenido sentimental la forma artística es darle al mismo tiempo la marca de la totalidad, el aliento cósmico",[2] Croce manifiesta una vez más la exigencia de una fundamentación rigurosa (por la cual se realice la ecuación forma artística = totalidad), pero no nos proporciona los instrumentos filosóficos adecuados para establecer el nexo que él sugiere, puesto que, afirmar que la forma artística es el resultado de la intuición lírica del sentimiento, tampoco nos lleva a nada, sino a afirmar que una intuición sentimental cualquiera se convierte en lírica cuando se organiza precisamente en forma artística y asume así el carácter de la totalidad.(terminando de tal manera la argumentación con una petición de principio que hace de la meditación estética una operación de sugestivo nominalismo, es decir, suministrando fascinantes tautologías para *indicar* fenómenos que, sin embargo, no se explican).

No es sólo Croce quien señala una condición de placer estético sin buscar las vías para explicar su mecanismo. Dewey habla, por ejemplo, del "sentido del todo inclusivo implícito" que invade toda experiencia ordinaria y señala cómo los simbolistas hicieron del arte el instrumento principal para la expresión de esta condición de nuestra relación con las cosas. "Alrededor de todo objeto explícito y focal hay una recesión en lo implícito que no se capta intelectualmente. En la reflexión la llamamos lo indistinto o lo vago." Pero Dewey es consciente del hecho de que lo indistinto y lo vago de la experiencia originaria —más acá de la rigidez categórica a que nos obliga la reflexión— son función de la situación total. ("En el crepúsculo, la caída de la tarde es una agradable cualidad del mundo entero. Es su manifestación. Se convierte en una característica particular y nociva cuando impide la percepción clara de algo particular que deseamos discernir.") Si la reflexión nos obliga a escoger y a sacar a colación sólo algunos elementos de la situación, "la indefinida cualidad que invade una experiencia es la que relaciona todos los elementos definidos, los objetos de los que somos focalmente conscientes, haciendo con ellos un todo". La reflexión no se funda, sino que está fundada, en su posibilidad de selección, en esta penetración originaria. Ahora bien, para Dewey lo propio del arte es exactamente evocar y acentuar "esta cualidad de ser un todo y de pertenecer a un todo más grande que lo incluye todo y es el universo en que vivimos".[3] Este hecho, que explicaría el sentimiento de conmoción religiosa que nos asalta en el acto de la contemplación estética, lo advierte Dewey con mucha claridad, igual por lo menos a la de Croce, si bien en otro contexto filosófico; y es éste uno de los rasgos más interesantes de su estética, la cual en una rápida ojeada, podría parecer, por sus fundamentos naturalistas, rígidamente positivista. Ello porque, en Dewey, naturalismo y positivismo son siempre, no obstante, de origen decimonónico y, en último análisis, romántico; y todo análisis, aunque se inspire en la ciencia, no deja de culminar en un momento de conmoción frente al misterio del cosmos (y no en vano su organicismo, si bien pasa a través de Darwin, proviene también de Coleridge y de Hegel, no importa hasta qué punto conscientemente);[4] por consiguiente, en el umbral del misterio cósmico, Dewey parece casi tener miedo de avanzar un paso más que le permita deshuesar esta típica experiencia de lo indefinido llevándola a sus coordenadas psicológicas, y declara inexplicablemente *forfait*: "No puedo ver ningún fundamento psicológico de semejantes propiedades de una experiencia, salvo en el caso de que, de algún modo, la obra de arte actúe profundizando y elevando a gran claridad la sensación de un todo indefinido que nos envuelve, que acompaña toda experiencia normal".[5] Un resultado semejante parece tanto más injustificable cuanto en la filosofía de Dewey existen los supuestos para un esbozo de esclarecimiento y estos supuestos se ofrecen una vez más en el mismo *Art as Experience*, precisamente un centenar de páginas antes de las observaciones citadas.

·Es decir, existe en Dewey una concepción *transactiva* del conocimiento que se vuelve inmediatamente rica en sugerencias cuando se pone en contacto con su noción del objeto estético como término de una experiencia organizadora en la que experiencias personales, hechos, valores y significados se incorporan a un material dado y hacen un todo con él, presentándose, como diría Baratono, "similados" en él (el arte es, en suma, "la capacidad de transformar una idea vaga y una emoción en los términos de un *medium* definido").[6] Ahora bien, la condición para que una obra pueda resultar expresiva a quien la percibe la da "la existencia de significados y valores extraídos de precedentes experiencias y arraigados de tal modo que se funden con las cualidades presentadas directamente en la obra de arte".[7] El material de otras experiencias del observador debe mezclarse con las cualidades de la poesía o de la pintura para que éstas no permanezcan como objetos extraños. Por consiguiente,

> la expresividad del objeto artístico se debe al hecho de que ésta ofrece una perfecta y completa compenetración de los materiales del momento pasivo y del activo, incluyendo en este último una reorganización completa del material conservado con nosotros de la pasada experiencia... La expresividad del objeto es el signo y la celebración de la fusión completa de lo que nosotros sufrimos y de lo que nuestra actividad de atenta percepción lleva en lo que recibimos por medio de los sentidos.[8]

En consecuencia, *tener forma* "distingue una manera de considerar, de sentir y de presentar la materia experimentada de modo que ella, pronta y eficazmente, se convierta en un material para la construcción de una adecuada experiencia para los que están menos dotados que el creador original".[9]

Ésta no es aún una explicación psicológica clara de cómo se verifica en la experiencia estética la presunción de "totalidad" que ha sido señalada por tantos críticos y filósofos, pero constituye indudablemente su premisa filosófica. Hasta tal punto que, de ésta como de otras afirmaciones deweyianas, ha tomado forma una metodología psicológica, la transaccionista, para la cual el proceso de conocimiento es precisamente un proceso de transacción, una fatigosa contratación; y, frente al estímulo originario, el sujeto interviene arrastrando en la percepción actual el recuerdo de sus pasadas percepciones, y sólo así concurre a dar forma a la experiencia en acto; la experiencia que no se limita así a señalar una *Gestalt* preexistente como autónoma configuración de lo real (y tampoco es, hablando en términos idealistas, un acto libre nuestro de posición del objeto), sino que aparece como el resultado situacional de nuestra inherencia en el proceso del mundo, pero el mundo como resultado final de esta inherencia activa.[10] Por consiguiente, la experiencia de la "totalidad" (que es experiencia del momento estético con momento "abierto" del conocimiento) permite una explicación psicológica, y el defecto de esta explicación contamina los protocolos de Croce y, en parte, los de Dewey.

Llevado al campo de la psicología, el problema abarcaría inmediatamente la condición general del conocer, y no sólo la experiencia estética, a menos que se quiera hacer de la experiencia estética la condición primordial de todo conocer, su fase primaria y esencial (lo que también es posible, pero no en este punto del discurso: como máximo, precisamente en resolución de la argumentación que estamos por hacer). Y la argumentación, puesto que deberá ser discusión sobre lo que acontece en el proceso de transacción entre individuo y estímulo estético, podrá organizarse de manera más simple y clara si se lleva a un fenómeno preciso como el del lenguaje. El lenguaje no es una organización de estímulos naturales como puede serlo el haz de fotones que nos impresiona como estímulo luminoso; es organización de estímulos realizada por el hombre, hecho artificial, como hecho artificial es la forma artística; y, por consiguiente, aun sin realizar una identificación arte-lenguaje, se podrá útilmente proceder por analogía transportando a un campo las observaciones que se han hecho posibles en el otro. Tal como comprendieron los lingüistas,[11] el lenguaje no es *un* medio de comunicación entre muchos; es "lo que está en la base de *toda* comunicación"; mejor aún, "el lenguaje es realmente el fundamento mismo de la cultura. Relacionados con el lenguaje, todos los demás sistemas de símbolos son accesorios o derivados".[12]

El análisis de nuestra reacción frente a una oración será el primer paso a dar para ver las modalidades de reacción distintas (o radicalmente iguales) que se configuren frente al estímulo lingüístico común y que comúnmente señalamos como estético; y, si la disertación nos lleva a reconocer dos esquemas de reacción diferentes frente a dos usos diferentes del lenguaje, podremos entonces identificar el *propio* del lenguaje estético.

ANÁLISIS DE TRES PROPOSICIONES

¿Qué significa arrastrar en una experiencia el recuerdo de experiencias pasadas? ¿Y cómo se da realidad a esta situación en la relación comunicativa que se establece entre un mensaje verbal y su receptor?[13]

Sabemos que un mensaje lingüístico puede aspirar a diferentes funciones: referencial, emotiva, conativa (o imperativa), fática (o de contacto), estética o metalingüística.[14] Sin embargo, una distribución de este género presupone una conciencia articulada de la estructura del lenguaje y (como se ve) presupone que se sepa qué distingue la función estética de las demás. En este aspecto, en cambio, es precisamente esta distinción la que nos urge aclarar a la luz de las argumentaciones anteriores. Por consiguiente, considerando el reparto indicado como el resultado de una indagación ya evolucionada, preferimos referirnos a una dicotomía puesta de moda hace unos cuantos decenios por los estudiosos de la semántica: la distinción entre mensajes de *función referencial* (el mensaje indica algo unívocamente definido y, en caso necesario, verificable) y mensajes de *función emotiva* (el mensaje mira de suscitar reacciones en el receptor, de estimular asociaciones, de promover comportamientos de respuesta que vayan más allá del simple reconocimiento de la cosa indicada).

Como veremos, si se nos permite tomar desde el punto de partida las definiciones insuficientes de Croce y de Dewey —que precisamente reducían la experiencia estética a una especie de emoción no mejor definida—, esta distinción no nos da plenamente razón del mensaje estético. Y advertiremos que la distinción entre *referencial* y *emotivo* nos obliga poco a poco a aceptar otra bipartición: la establecida entre función *denotativa* y función *connotativa* del signo lingüístico.[15] Se verá que el mensaje referencial puede entenderse como un mensaje de función denotativa, en tanto que las estimulaciones emotivas que el mensaje ejerce sobre el receptor (y que en ocasiones pueden ser respuestas pragmáticas puras y simples)[16] se perfilan en el mensaje estético como un sistema de connotaciones dirigido y controlado por la misma estructura del mensaje.[17]

1. *Proposiciones de función referencial*

Frente a una expresión como "Aquel hombre viene de Milán", se produce en nuestra mente una relación unívoca entre significante y significado: adjetivo, nombre, verbo y complemento de movimiento de lugar, representado por la partícula "de" y el nombre propio de ciudad, se refieren cada uno a algo muy concreto o a una acción inequívoca. Esto no significa que la expresión, en sí misma, posea todos los requisitos para significar en abstracto la situación que de hecho significa cuando yo la comprendo; la expresión es un puro montón de términos convencionales que requieren, para ser comprendidos, una colaboración por mi parte y exigen precisamente que yo haga converger sobre cada término una suma de experiencias pasadas que me permiten aclarar la experiencia en acto. Bastaría que nunca hubiera oído pronunciar el término "Milán" y no supiera que se refiere a una ciudad, para que la comunicación que recibo con él resultara infinitamente más pobre. Suponiendo, no obstante, que el receptor comprenda enteramente el significado exacto de todos los términos empleados, no se ha dicho aún que la suma de información que recibe sea igual a la de cualquier otro sujeto que conozca los mismos términos. Es obvio que, si yo espero comunicaciones importantes de Milán, la frase me dice más y me asalta con una violencia mayor que a quien no tenga las mismas motivaciones. Si, además, Milán está vinculada en mi mente a una suma de recuerdos, nostalgias, deseos, la misma frase me despertará una oleada de emociones que otro oyente no estará en disposición de compartir. En Giuseppe Mazzini, exiliado en Londres, una frase como "Ese hombre viene de Génova" habría despertado una intensa emoción que difícilmente estamos en situación de imaginar. Cada uno, pues, frente a una expresión rigurosamente referencial que exige un esquema de comprensión bastante uniforme, complica no obstante su comprensión con referencias conceptuales o emotivas que personalizan el esquema y le confieren un color particular. Sin embargo, es un hecho que, por muchos resultados "pragmáticos" que estas distintas comprensiones den, quien quiera reducir la comprensión de varios oyentes a un *pattern* unitario con el fin de controlarla, puede hacerlo fácilmente. La expresión "El rápido para Roma sale a las 17,45 de la Estación Central, andén 7" (dotada de la misma unívoca referencia que la expresión anterior) puede indudablemente provocar emociones diversas en diez oyentes que se interesen de distinta manera en emprender el viaje a Roma, según el tipo de viaje que cada uno de ellos deba hacer: un viaje de negocios, correr a la cabecera de un moribundo, ir a recibir una herencia, perseguir a una mujer infiel. Pero que subsiste un esquema de comprensión unitario, reducible a los términos mínimos, puede comprobarse precisamente sobre la base pragmática comprobando que hasta las 17,45 cada una de las diez personas, por caminos distintos, ha ocupado un sitio en el tren designado. La reacción pragmática de las diez personas establece una base de referencia común, la misma que percibiría un cerebro electrónico oportunamente instruido. Por otra parte, en torno a una expresión tan unívocamente susceptible de referencia, subsiste un halo de "apertura" —desconocido para el cerebro electrónico— que acompaña indudablemente todo acto de comunicación humana.

2. *Proposiciones de función sugestiva*

Examinemos ahora una frase como "Ese hombre viene de Basora". Dicha a un habitante del Iraq, produciría más o menos el mismo efecto que la frase sobre Milán dicha a un italiano. Dicha a una persona totalmente inculta y ayuna de geografía, podrá dejarla indiferente o, cuando más, curiosa ante este lugar de procedencia imprecisa que oye mencionar por primera vez y provoca en su mente una especie de vacío, un esquema de referencias truncado, un mosaico incompleto. Dicha, por último, a una tercera persona, la mención de Basora podría despertar inmediatamente el recuerdo, no de un lugar geográfico preciso, sino de un "lugar" de la fantasía conocido a través de la lectura de las *Mil y una noches*. En este caso, Basora no supondrá para ella un estímulo capaz de remitirla inmediatamente a un significado preciso, sino que le suscitará un "campo" de recuerdos y sentimientos, la sensación de una procedencia exótica, una emoción compleja y difusa en la cual unos conceptos imprecisos se mezclan a sensaciones de misterio, indolencia, magia, exotismo. Alí Babá, el hachís, la mágica alfombra voladora, las odaliscas, los perfumes y las especias, las frases memorables de mil califas, el sonido de instrumentos orientales, la circunspección oriental y la astucia asiática del mercader, Bagdad... Cuanto más imprecisa sea su cultura, o más ferviente su imaginación, tanto más fluida e indefinida será la reacción, y sus contornos imprecisos y diluidos. Recordemos lo que un letrero comercial como "Agendath Netaim" llega a suscitar en la mente monologante de Leopold Bloom, en el cuarto capítulo de *Ulises* (y cómo la *stream of consciousness* reconstruida por el narrador logra en éste, como en otros casos, constituirse en precioso documento psicológico): en estas aventuras de la mente que divaga frente al estímulo impreciso, la palabra "Basora" reverbera también su imprecisión sobre los términos precedentes, y una expresión como "ese hombre" remite ya a una referencia llena de misterio que merece mucho mayor interés; así como el verbo "viene" no indica ya sólo un movimiento de lugar, sino que evoca la idea de un viaje, la más densa y fascinante concepción del viaje que nunca hayamos elaborado, el viaje de quien viene de lejos y por caminos de fábula, el Viaje como arquetipo. El mensaje (la frase) se abre a una serie de *connotaciones* que van mucho más allá de lo que *denota*.

¿Qué diferencia separaba la frase "Ese hombre viene de Basora", dicha a un habitante del Iraq, de la misma frase dicha a nuestro imaginario oyente europeo? Formalmente, ninguna. La referencialidad distinta de la expresión no reside, pues, en la expresión misma, sino en quién la recibe. Y, sin embargo, la posibilidad de la variación no es del todo ajena a la oración en cuestión, porque la misma frase pronunciada por el empleado de una oficina de informaciones y por alguien que quiera hacernos interesante el personaje se convierte en realidad en *dos frases* diferentes. Evidentemente, el segundo, escogiendo decir "Basora", organiza su fórmula lingüística de acuerdo con una precisa intención sugestiva: la reacción imprecisa del oyente no es accidental respecto de su comunicación; constituye, por el contrario, el efecto deseado. Al decir "Basora", no quiere referirse sólo a determinada ciudad, sino a todo un mundo de recuerdos que él presume por parte del oyente. Quien comunica siguiendo esta intención sabe asimismo que el halo connotativo de un oyente no será igual al de otros eventualmente presentes, pero, escogiéndolos en idénticas condiciones psicológicas y culturales, pretende precisamente organizar una comunicación de efecto indefinido —y, además, delimitado— según lo que podemos llamar un "campo de sugerencia". El lugar, el momento en que pronuncia la frase, el auditorio al que se dirige, le garantizan cierta unidad de campo. Podemos, en efecto, prever que, pronunciada con las mismas intenciones pero en el despacho del presidente de una compañía petrolera, la frase no provocaría el mismo campo de sugerencia.

Quien la pronuncie con tales intenciones deberá, pues, prepararse contra las dispersiones del campo semántico, dirigir a sus oyentes en la dirección que desee; y, si la frase fuera rigurosamente referencial, la empresa sería fácil; pero, puesto que desea precisamente estimular una respuesta indefinida, abrirse a una rosa de connotaciones y, sin embargo, circunscrita dentro de cierto ámbito, una de las soluciones posibles será precisamente acentuar cierto orden de sugestiones, reiterar el estímulo recurriendo a referencias análogas.

3.   *La sugestión orientada*

"Ese hombre viene de Basora pasando por Bisha y Dam, Shibam, Tarib y Hofuf, Anaiza y Buraida, Medina y Khaibar, siguiendo el curso del Éufrates hasta Alepo": he aquí un modo de reiteración del efecto, realizado con medios un tanto primitivos, capaces sin embargo de complicar, con sugerencias fónicas, la imprecisión de las referencias, materializando la reacción fantástica a través de un hecho auditivo.

El hecho de sostener la referencia imprecisa y la llamada mnemónica con una apelación más directa a la sensibilidad a través del artificio fonético, nos lleva indudablemente a los límites de una operación comunicativa particular que podríamos señalar, de la manera más simple, como "estética". ¿Qué es lo que establece el paso a lo estético? El intento más decidido de unir un dato material, el sonido, a un dato conceptual, los significados puestos en juego; intento elemental y torpe, porque los términos siguen siendo sustituibles, el acoplamiento de sonido y significado es casi casual y, comoquiera que es convencional, apoyado en cierta costumbre, que se presume en los oyentes, a oír pronunciar nombres análogos con referencia a territorios de Arabia y Mesopotamia. Sea como quiera, el receptor se siente inducido, ante este mensaje, no sólo a identificar un significado para cada significante, sino a detenerse en el complejo de los significantes (en esta fase elemental: a saborearlos como hechos sonoros, a darles una intención como "materia grata"). Los significantes remiten también —por no decir principalmente— a sí mismos. El mensaje resulta *autorreflexivo*.[18]

Objeto de arte, efecto de construcción consciente, vehículo de cierta carga comunicativa, la expresión examinada nos lleva a comprender por qué vías se puede llegar a lo que entendemos como efecto estético, pero se detiene antes de llegar a cierto límite. Vayamos, pues, a un ejemplo más prometedor.

Hipólito decide dejar la patria para lanzarse a una vana búsqueda de Teseo; pero Teramenes sabe que ésa no es la verdadera razón de la partida del príncipe y adivina una aflicción más profunda: ¿Qué induce a Hipólito a dejar los lugares que ama desde su infancia? Hipólito responde: Esos lugares han perdido la antigua dulzura desde que han sido infestados por la presencia de una madrastra, Fedra. Fedra es malvada, está saturada de odio, pero su maldad no es sólo un dato caracterológico. Hay algo que hace de Fedra un personaje odioso, implacablemente enemigo, y es esto lo que Hipólito advierte; hay algo que constituye a Fedra como personaje trágico por esencia, y Racine debe decir esto a sus espectadores de modo que el "carácter" quede fijado desde el principio y cuanto sigue no parezca sino profundización de una necesidad fatal. Fedra es malvada porque su estirpe está maldita. Basta un simple enunciado genealógico para que el espectador sienta estremecimientos de horror: el padre es Minos, la madre, Pasifae. Dicha en una ventanilla del registro civil, la frase sería escrupulosamente referencial; dicha frente al público de la tragedia, su efecto es mucho más fuerte e indefinido. Minos y Pasifae son dos seres terribles, y las razones que los hicieron odiosos crean el efecto de repugnancia y terror que se siente simplemente al oír nombrarlos.

Terrible Minos por su connotación infernal, odiosa Pasifae por el acto bestial que la hizo famosa. Fedra, al comienzo de la tragedia, no es todavía nada, pero en torno a ella se establece un halo de odio precisamente por los múltiples sentimientos que evoca el solo nombre de sus padres, nombre que, además, adquiere tintes de leyenda y remite a las profundidades del mito. Hipólito y Teramenes hablan en un *décor* barroco, en elegantes alejandrinos del siglo XVII, pero la mención de los dos personajes míticos introduce ahora la imaginación a nuevas sugerencias. Todo el efecto, pues, residiría en esos dos nombres, si el autor se limitase a una comunicación genéricamente sugestiva, pero Racine está elaborando una *forma*, está predisponiendo un efecto estético. Es preciso que los dos nombres no se presenten bajo forma de comunicación casual, confiados simplemente a la fuerza de las sugerencias desordenadas que implican. Si la referencia genealógica debe establecer las coordenadas trágicas de lo que se devanará, la comunicación deberá imponerse al espectador de modo que la sugerencia actúe sin falla y que, una vez realizada, no se consuma en el juego de referencias a las que el oyente ha sido invitado. Es preciso que éste pueda volver cuando quiera y repetidas veces a la forma de la expresión propuesta para encontrar siempre en ella estímulo a nuevas sugerencias. Una expresión como "Ese hombre viene de Basora" produce un efecto la primera vez; luego pasa al repertorio de lo ya aprehendido; después de la primera sorpresa y la primera divagación, quien la oiga por segunda vez no se sentirá ya invitado a un nuevo itinerario imaginativo. Pero, si cada vez que vuelvo a la expresión encuentro motivos de placer y complacencia, si la invitación al itinerario mental me es ofrecida por una estructura material que se me propone bajo una apariencia agradable, si la fórmula de la proposición logra así asombrarme siempre por su eficacia, si encuentro en ella un milagro de equilibrio y necesidad organizadora, por lo que soy a partir de ahora incapaz de deslindar la referencia conceptual del estímulo sensible, entonces la sorpresa de este connubio será siempre para mí un estímulo a un juego complejo de la imaginación: capaz ahora de gozar la referencia indefinida pero, además, de gozar con ella el modo en que la indefinición me es estimulada, el modo definido y calibrado con que se me sugiere la precisión del mecanismo que me invita a lo impreciso. Entonces llevaré toda reacción connotativa, toda exploración por el terreno de lo vago y sugestivo, a la fórmula de origen para verificar si ésta la presupone y la contiene, y siempre podré descubrir en ella nuevas posibilidades de orientación para mi imaginación. Y, al mismo tiempo, la presencia de la fórmula de origen, rica en poder sugestivo y sin embargo rígida e inequívoca al proponerse a mi sensibilidad, se me constituirá como orientación del itinerario mental, delimitación del campo sugestivo.

Así, Racine compendia su genealogía en un solo verso, en un alejandrino que lleva al máximo virtuosismo su carácter incisivo y su naturaleza simétrica, distribuyendo los dos nombres en las dos mitades del verso, ocupando la segunda con el nombre de la madre, capaz de una sugestión más profunda y atroz:

> Depuis que sur ces bords les Dieux ont envoyé
> *La fille de Minos et de Pasiphaé.*

Ahora bien, el complejo de los significantes, con su acompañamiento de múltiples connotaciones, no se pertenece ya a sí mismo; y ni siquiera al espectador que pueda todavía, gracias a él, seguir imprecisas fantasías (de la apelación de Pasifae, pasar a consideraciones morbosas o moralistas sobre la unión bestial en general, sobre el poder de la pasión incontrolada, sobre la barbarie de la mitopoyética clásica o sobre su arquetípica sapiencia...). Ahora bien, la palabra pertenece al verso, a su medida indiscutible, al contexto de sonidos en que está inmersa, al ritmo ininterrumpible del lenguaje teatral, a la dialéctica imparable de la acción trágica. Las sugerencias son voluntarias, se estimulan, se reclaman explícitamente, pero dentro de los límites preordenados por el autor o, mejor dicho, de la máquina estética que él ha puesto en movimiento. La máquina estética no ignora las capacidades personales de reacción de los espectadores, por el contrario, las hace entrar en juego y hace de ellas condición necesaria de su subsistencia y su éxito; pero las dirige y las domina.

La emoción, simple razón pragmática que la pura eficacia denotativa de los dos nombres habría desencadenado, ahora se amplifica y precisa, se ordena e identifica con la forma en la que se originó y a la cual se acomoda; no se circunscribe a ella, sino que se amplía gracias a ella (se convierte en una de sus connotaciones); la forma tampoco queda marcada por una sola emoción, sino por la extensísima gama de emociones particulares que suscita y dirige, como posibles connotaciones del verso: el verso como forma articulada de significantes que significan sobre todo su articulación estructural.

Acerca de este punto podemos observar que una bipartición del lenguaje en *referencial* y *emotivo*, si bien nos sirve como útil aproximación al tema del uso estético del lenguaje, no resuelve el problema. Hemos visto sobre todo que la diferencia entre referencial y emotivo no toca tanto a la *estructura* de la expresión cuanto a su *uso* (y, por consiguiente, la situación en que se pronuncia). Hemos encontrado una serie de frases referenciales que, comunicadas a alguien en determinadas circunstancias, asumían valor emotivo; y podríamos igualmente encontrar cierto número de expresiones emotivas que en ciertas situaciones asumen un valor referencial. Pensemos en ciertas indicaciones en una carretera, como "¡Atención!", que indican sin equívocos la proximidad de un paso a nivel y, por lo tanto, de un tramo de velocidad reducida y con prohibición de adelantamiento. En realidad, el uso de una expresión para un fin determinado (referencial o emotivo) se vale siempre de ambas posibilidades comunicativas de la misma expresión, y nos parece típico el caso de ciertas comunicaciones sugestivas en las que el halo emotivo se establece precisamente porque el signo usado, en cuanto ambiguo, es recibido al mismo tiempo como referencia exacta de algo. El signo "Minos" prevé el significado cultural-mitológico a que el signo se refiere unívocamente, y al mismo tiempo prevé la oleada de emociones que se asocia al recuerdo del personaje y la instintiva reacción a las mismas sugerencias fónicas que éste provoca (que están permeadas y entremezcladas con referencias confusas y no claramente codificadas, hipótesis sobre connotaciones, connotaciones arbitrarias).[19]

Al llegar al umbral de la consecución estética, nos damos cuenta de que la esteticidad no está de la parte del discurso emotivo más de cuanto lo esté en la del discurso referencial; la teoría de la metáfora, por ejemplo, prevé un rico uso de referencias. El empleo estético del lenguaje (el lenguaje poético) implica, pues, un uso emotivo de las referencias y un uso referencial de las emociones, porque la reacción sentimental se manifiesta como realización de un campo de significados connotados. Todo esto se obtiene a través de una identificación de significante y significado, de "vehículo" y "tenor"; en otros términos, el signo estético es el que Morris llama *signo icónico*, en el cual la referencia semántica no se agota en la referencia al *denotatum*, sino que se enriquece continuamente, cada vez que es disfrutado, gozando su insustituible incorporación al material de que se estructura; el significado vuelve continuamente sobre el significante y se enriquece con nuevos ecos; [20] y todo esto no ocurre por un milagro inexplicable, sino por la misma naturaleza interactiva de la relación gnoseológica, como puede explicarse en términos psicológicos, es decir, entendiendo el signo lingüístico en términos de "campo de estímulos". El estímulo estético aparece así organizado de tal modo que, frente a él, el receptor no puede realizar la simple operación que le concede cualquier comunicación de uso puramente referencial: deslindar los componentes de la expresión para individuar su referente particular. En el estímulo estético, el receptor no puede aislar un significante para referirlo unívocamente a su significado denotativo: debe captar el *denotatum* global. Todo signo que aparece coligado a otro, y recibe de los otros su fisionomía completa, denota vagamente. Todo significado, que no puede ser aprehendido si no es vinculado a otros significados, debe ser percibido como *ambiguo*. [21]

En el campo de los estímulos estéticos, los signos aparecen vinculados por una necesidad que se remite a costumbres arraigadas en la sensibilidad del receptor (que es lo que después se llama gusto: una especie de código de sistematización histórica); vinculados por la rima, por el metro, por convenciones proporcionales, por relaciones establecidas a través de la referencia a lo real, a lo verosímil, al "según la opinión" o al "según el hábito estilístico'', los estímulos se presentan en un todo que el usuario advierte que no puede romper. Le es, por lo tanto, imposible aislar las referencias y debe captar el reenvío complejo que la expresión le impone. Ello hace que el referente sea multiforme y no unívoco y que la primera fase del proceso de comprensión deje al mismo tiempo saciados e insatisfechos por su misma variedad. De aquí que volvamos por segunda vez a la expresión originaria, ahora enriquecidos por un sistema de referencias complejas que inevitablemente han suscitado nuestro recuerdo de experiencias pasadas; el segundo acto de comprensión estará, por consiguiente, enriquecido por una serie de recuerdos que lo acompañan y que entran en acción con los significados provocados por el segundo contacto; significados que, a su vez, serán ya inicialmente diferentes de los del primer contacto, porque la complejidad del estímulo permitirá automáticamente que la nueva recepción tenga lugar siguiendo una perspectiva diversa, según una nueva jerarquía de estímulos. El receptor, dirigiendo de nuevo la atención al complejo de estímulos, llevará ahora al primer plano signos que antes había considerado de paso, y viceversa. En el acto de transacción en que se componen el bagage de recuerdos y el sistema de significados, surgido en la segunda fase, junto con el sistema de significados surgido de la primera (que interviene a título de recuerdo, de ''armónico'' de la segunda fase de comprensión), toma forma un significado más rico de la expresión originaria. Y cuanto más se complica la comprensión, tanto más el mensaje originario —tal como es, constituido por la materia que lo realiza—, en vez de agotarse, se renueva, dispuesto a ''lecturas'' más profundas. Se produce ahora una verdadera reacción en cadena típica de aquella organización de estímulos que acostumbramos a señalar como ''forma''. Esta reacción, en teoría, no puede detenerse y de hecho cesa cuando la forma deja de ser estimulante para el receptor; pero en este caso entra evidentemente en juego el relajamiento de la atención: una especie de hábito al estímulo por el cual, por una parte, los signos que lo componen, a fuerza de ser foco de la atención —como un objeto que se mira demasiado o una palabra cuyo significado nos hayamos representado una y mil veces obsesivamente—, generan una especie de saciedad y resultan obtusos (allá donde existe sólo un embotamiento temporal de nuestra sensibilidad); y, por otra parte, arrastrados por el mecanismo de la costumbre, los recuerdos que se unen en el acto de percepción, en vez de ser un producto fresco de la memoria excitada, se constituyen como esquemas obtenidos de los recuerdos reunidos precedentemente. Se interrumpe así el proceso de fruición estética y la forma, tal como se considera, se resuelve en un esquema convencional en el que nuestra sensibilidad, demasiado tiempo provocada, quiere descansar. Es lo que nos ocurre cuando nos damos cuenta de que estamos escuchando y apreciando desde hace demasiados años un fragmento musical; llega el momento en el cual el fragmento nos parece aún hermoso, pero sólo porque nos hemos habituado a considerarlo como tal, y, en realidad, lo que ahora gozamos al escucharlo es el recuerdo de las emociones que hemos experimentado en otro tiempo; de hecho, no experimentamos ya ninguna emoción, y nuestra sensibilidad, que ha dejado de verse estimulada, no arrastra ya nuestra imaginación ni nuestra inteligencia a nuevas aventuras de comprensión. La forma, para nosotros y por cierto período de tiempo, se ha agotado.[22] A menudo es necesario sanear la sensibilidad imponiéndole una larga cuarentena. Al dirigirnos al fragmento mucho tiempo después, nos redescubrimos de nuevo frescos y asombrados ante sus sugerencias; pero no es sólo que en el intervalo nos hayamos desacostumbrado al efecto de esos estímulos acústicos organizados en cierto modo, sino que, las más de las veces, en el intervalo, también nuestra inteligencia ha madurado, nuestra memoria se ha enriquecido, nuestra cultura se ha profundizado; esto basta para que la forma originaria pueda despertar zonas de la inteligencia o la sensibilidad que antes no existían y que ahora se reconocen en el estímulo de base y que éste provoca. Pero a veces puede ocurrir que ni una cuarentena nos restituya ya el asombro y el placer de un tiempo y que la forma haya muerto definitivamente para nosotros; y esto puede significar que nuestro crecimiento intelectual se ha atrofiado o bien que la obra, como organización de estímulos, se dirigía a un receptor distinto del que nosotros somos hoy; y, con nosotros, han cambiado también los demás receptores: señal, pues, de que la forma, nacida en un ámbito cultural, resulta de hecho inútil en otro ambiente, de que sus estímulos mantienen la capacidad de referencia y sugerencia para los hombres de otro período, mas ya no para nosotros. En este caso, somos los protagonistas de una aventura más amplia del gusto y de la cultura y estamos experimentando una de esas pérdidas de la posibilidad de congeniar entre la obra y el usuario que a menudo caracterizan una época cultural y obligan a escribir los capítulos críticos que se llaman "éxito de tal obra". En este caso, sería inexacto afirmar que la obra ha muerto o que los hijos de nuestro tiempo están muertos para la comprensión de la verdadera belleza: éstas son expresiones ingenuas y atolondradas que se fundan en la presunta objetividad e inmutabilidad del valor estético, como dato que subsiste independientemente del proceso de transacción. En realidad, para ese período dado de la historia de la humanidad (o de nuestra historia personal), se han bloqueado algunas posibilidades de transacción de la comprensión. En fenómenos relativamente simples como la comprensión de un alfabeto dado, estos bloqueos de posibilidades transactivas son fácilmente explicables: nosotros no entendemos hoy la lengua etrusca porque hemos perdido la clave de su alfabeto, la tablilla de comparación que nos permitió descubrir la clave de los jeroglíficos egipcios. En cambio, en fenómenos complejos como la comprensión de una forma estética, en la que entran en acción factores materiales y convenciones semánticas, referencias lingüísticas y culturales, actitudes de la sensibilidad y decisiones de la inteligencia, las razones son

mucho más complejas; tanto, que comúnmente se acepta
la imposibilidad de adaptación como un fenómeno miste-
rioso; o bien se trata de negarla a través de capciosos análisis críticos que pretenden demostrar la absoluta e intempo-
ral validez de la incomprensión (como hizo Bettinelli con
Dante). En realidad, se trata de fenómenos estéticos que la
estética —aunque pueda establecer en general sus posibilidades— [23] no puede explicar en particular. Es una tarea que
corresponde a la psicología, a la antropología, a la economía y a otras ciencias que estudian precisamente las transformaciones que tienen lugar en el interior de las diversas
culturas.

Toda esta disertación nos ha permitido aclarar que la
impresión de profundidad siempre nueva, de totalidad in-
clusiva, de "apertura" que nos parece reconocer siempre
en toda obra de arte, se funda en la doble naturaleza de la
organización comunicativa de una forma estética y en la
típica naturaleza de transacción del proceso de comprensión. La impresión de apertura y totalidad no está en el estímulo objetivo, que está de por sí materialmente determi-
nado, ni en el sujeto, que de por sí está dispuesto a todas
las aperturas y a ninguna, sino en la relación cognoscitiva
en el curso de la cual se realizan aperturas provocadas y dirigidas por los estímulos organizados de acuerdo con una
intención estética.

EL VALOR ESTÉTICO Y LAS DOS "APERTURAS"

La apertura es, por consiguiente, bajo este aspecto, la
condición de todo goce estético, y toda forma susceptible
de goce, en cuanto dotada de valor estético, es "abierta".
Lo es, como se ha visto, aun cuando el artista tienda a una
comunicación unívoca y no ambigua.

La búsqueda en las obras abiertas contemporáneamente ha sacado sin embargo a colación, en cierto tipo de
poética, una intención de apertura *explícita* y llevada a su

126

límite extremo; de una apertura que no se basa sólo en la naturaleza característica del resultado estético, sino en los elementos mismos que entran a componerse en resultado estético. En otras palabras, el hecho de que una frase del *Finnegans Wake* asuma una infinidad de significados no se explica en términos de logro estético, como ocurría en el caso del verso de Racine; Joyce tendía a algo más y distinto: organizaba estéticamente un aparato de significantes que ya por sí mismo era abierto y ambiguo. Y, por otra parte, la ambigüedad de los signos no puede separarse de su organización estética, sino que, por el contrario, los dos valores se sostienen y se motivan el uno al otro.

El problema se hará más claro parangonando dos fragmentos, uno de la *Divina Comedia* y otro del *Finnegans Wake*. En el primero, Dante quiere explicar la naturaleza de la Santísima Trinidad, comunicar, por consiguiente, el concepto más alto y más arduo de todo su poema, un concepto que, por lo demás, ya ha sido aclarado en forma bastante unívoca por la especulación teológica, sujeto pues, por lo menos según la ideología dantesca, a una sola interpretación que es la ortodoxa. El poeta, por lo tanto, usa palabras cada una de las cuales tiene un referente preciso determinado, y escribe:

> O Luce eterna, che sola in Te sidi,
> Sola t'intendi, e, da te intelletta
> Ed intendente te, ami ed arridi!

Como hemos dicho, la idea de la Trinidad se explica de modo unívoco en la teología católica y no son posibles interpretaciones distintas del concepto; Dante acepta una y sólo una interpretación y una y sólo una propone; sin embargo, planteando el concepto en una fórmula absolutamente original, ligando las ideas expresadas al material fónico y rítmico de modo que éste manifieste no sólo el concepto en cuestión, sino el sentimiento de gozosa contemplación que acompaña su comprensión (hasta tal punto que en él se funden valores de referencia y valores emotivos en una forma física ya indisociable), hace que la noción teológica se asocie al modo en que se expone en tal medida que, a partir de este momento, será imposible recordar de ella una formulación más eficaz y ceñida. Recíprocamente, cada vez que se relee el terceto, la idea del misterio trinitario se enriquece con nuevas emociones y nuevas sugerencias imaginativas y su significado, que no obstante es unívoco, parece profundizarse y enriquecerse a cada lectura.

Joyce, en cambio, en el quinto capítulo del *Finnegans Wake*, quiere describir la misteriosa carta que ha sido encontrada en un estercolero y cuyo significado es indescifrable, oscuro, porque es multiforme; la carta es el mismo *Finnegans* y, en definitiva, es una imagen del universo que el *Finnegans* refleja bajo especie lingüística. Definirla es, en el fondo, definir la naturaleza misma del cosmos; definirla es tan importante como para Dante definir la Trinidad. Pero de la Trinidad se da una sola noción, mientras que el "cosmos —*Finnegans Wake*— carta" es un "caosmos" y definirlo quiere decir indicar, sugerir su sustancial ambigüedad. El autor debe, pues, hablar de un objeto no unívoco y usar signos no unívocos, vinculados por relaciones no unívocas. La definición ocupa páginas y páginas del libro, pero en el fondo cada frase no hace sino reproducir en una perspectiva distinta la idea base, mejor dicho, el campo de ideas. Tomemos una al azar.

"From quiqui quinet to michemiche chelet and a jambebatiste to a brulobrulo! It is told in sounds in utter that, in signs so adds to, in universal, in polygluttural, in each ausiliary neutral idiom, sordomutics, florilingua, sheltafocal, flayflutter, a con's cubane, a pro's tutute, strassarab, ereperse and anythongue athall."

Lo caótico, lo polivalente, la posibilidad de ser interpretado de mil modos de este "caosmos" escrito en todos los idiomas, su reflexión de toda la historia (*Quinet, Michelet*) pero bajo la forma del ciclo viquiano (*jambebatiste*), la polivalencia de un glosario lleno de barbarismo (*polygluttural*), la referencia a Bruno quemado (*brulobrulo*), las dos alusiones obscenas que unen en una sola raíz el pecado y la enfermedad, he aquí una serie —sólo una serie que ha salido de una primera inspección interpretativa— de sugerencias que derivan de la ambigüedad misma de las raíces semánticas y del desorden de la construcción sintáctica. Este conjunto de direcciones semánticas sugeridas no determina aún el *valor estético*. Y, sin embargo, es precisamente la multiplicidad de los étimos la que provoca la audacia y la riqueza sugestiva de los fonemas; incluso a menudo se sugiere un nuevo étimo por la relación entre dos sonidos, de modo que el material auditivo y el repertorio de referencias se funden de una manera indisociable. Por lo tanto, la voluntad de comunicar de un modo ambiguo y abierto influye sobre la organización total del discurso determinando su plenitud sonora, su capacidad de provocación imaginativa; y la organización formal que este material sufre, en un calibrarse de relaciones sonoras y rítmicas, reverbera en el juego de las referencias y de las sugerencias enriqueciéndolo y permitiendo una afirmación orgánica, de modo que ya ni la raíz etimológica más pequeña puede eliminarse del conjunto.

Lo que ocurre en el terceto de Dante y en la frase de Joyce es en el fondo un procedimiento análogo a los fines de una definición de la estructura del efecto estético: un conjunto dado de significados denotativos y connotativos se funde con valores físicos para constituir una forma orgánica. Ambas formas, si se miran bajo su aspecto estético, se revelan *abiertas* en cuanto estímulo a un goce siempre renovado y cada vez más profundo. Sin embargo, en el caso de Dante, se goza de un modo siempre nuevo la comunicación de un mensaje *unívoco*; en el caso de Joyce, el autor quiere que se goce de un modo siempre diverso un mensaje que de por sí (y gracias a la forma que ha realizado) es *plurívoco*. Aquí se añade, a la riqueza típica del goce estético, una nueva forma de riqueza que el autor moderno se propone como valor a realizar.

Este valor que el arte contemporáneo persigue intencionadamente, que se ha tratado de identificar en Joyce, es el mismo que intenta realizar la música serial liberando al que escucha de los rieles obligados de la tonalidad y multiplicando los parámetros sobre los cuales se organiza y se gusta el material sonoro; es lo que persigue la pintura informal cuando trata de proponer no ya una, sino varias orientaciones en la lectura de un cuadro; es la finalidad de una novela cuando no nos narra ya un solo asunto y una sola trama, sino que trata de llevarnos, en un solo libro, a la identificación de varios asuntos y varias tramas.

Es un valor que no se identifica, teóricamente, con el valor estético, porque se trata de un *proyecto* comunicativo que debe incorporarse a una *forma* lograda para resultar eficaz; y que, sin embargo, de hecho, se realiza sólo si se apoya en esa fundamental apertura propia de toda forma artística lograda. Y, a la inversa, este valor, cuando se persigue y se realiza, caracteriza las formas que lo realizan de tal modo que su plasmación estética no puede ya ser gozada, valorada y explicada sino haciendo referencia a él (en otros términos, no puede apreciarse una composición tonal sino valorando el hecho de que ella quiere realizar una especie de apertura respecto de las relaciones de la gramática tonal y es válida sólo si lo logra absolutamente).

Este valor, esta especie de apertura de segundo grado a la que tiende el arte contemporáneo, podría definirse como aumento y multiplicación de los sentidos posibles de un mensaje; pero el término se presta a equívocos, puesto que muchos no estarían dispuestos a hablar de significado a propósito del tipo de comunicación que procura un signo pictórico no figurativo o una constelación de sonidos.

Definiremos, pues, esta especie de apertura como un aumento de *información*. Pero tal definición lleva nuestra investigación a otro plano y nos obligará a establecer las posibilidades del empleo, en el campo estético, de una "teoría de la información".

NOTAS

1. *Breviario de estetica*, Laterza, Bari, 1947⁹, p. 134.
2. Op. cit., p. 137.
3. John Dewey, *Art as Experience*, Nueva York, 1934, cap. IX.
4. Conocida la acusación de idealismo hecha a Dewey por S. C. Pepper (*Some Questions on Dewey's Aesthetics*, en *The Philosophy of J. D.*, Evanston y Chicago, 1939, p. 371 y ss.), para quien la estética del filósofo hace equivalentes los caracteres, incompatibles, de una tendencia *organistic* y de una tendencia pragmatistica.
5. Dewey, *op. cit.*, cap. IX.
6. *Op. cit.*, cap. IV.
7. *Op. cit.*, cap. V.
8. *Op. cit.*, cap. V. Para quien "el alcance de una obra de arte se mide por el número y por la variedad de los elementos que provienen de pasadas experiencias, orgánicamente absorbidos en la percepción habida aquí y ahora" (cap. VI).
9. *Op. cit.*, cap. VI. Así "el Partenón, o cualquier otra cosa, es universal porque puede continuamente inspirar nuevas realizaciones personales en la experiencia".
10. Para una serie de confirmaciones experimentales, vid. *Explorations in Transactional Psychology*, publicado bajo la dirección de F. P. Kilpatrick, Univ. Press, Nueva York, 1961.
11. Cf. Nicolas Ruwet, Prefacio a los *Essais de linguistique générale*, de Jakobson (*op. cit.*, p. 21).
12. R. Jakobson, *op. cit.*, p. 28.
13. El análisis presente da por sentada la subdivisión de la cadena de comunicación en cuatro factores: el *emisor*, el *receptor*, el *mensaje* y el *código* (que, como veremos, no consiste solamente en un repertorio de definiciones lógicas y abstractas, sino también en disposiciones emotivas, gustos, hábitos culturales; en una palabra, en un almacenamiento de representaciones prefabricadas, de posibilidades previstas y organizadas en sistema).
14. Cf. Roman Jakobson, *op. cit.*, p. 209 y ss. ("Linguistique et poétique").
15. Nos referimos aquí, como a útil resumen de las diferentes posturas esenciales, a Roland Barthes, *Éléments de sémiologie*, en "Communications", 4.
16. Nos referimos aquí a la subdivisión de Morris (C. Morris, *Foundations of the Theory of Signs*, en *Int. Encyclopedia of Unified Science*, 1, 2, Chi-

cago, 1938): el significado de un término puede estar indicado en los términos de la reacción psicológica de quien lo recibe y éste es el aspecto *pragmático*; el aspecto *semántico* se refiere a la relación entre signo y *denotatum*; finalmente, el aspecto *sintáctico* se relaciona con la organización interna de varios términos de un razonamiento.

17. En el curso de las páginas que siguen nos remitiremos, pues, como a instrumentos útiles de trabajo preliminar, a las nociones de uso *referencial* y uso *emotivo* del lenguaje propuestas por C. K. Ogden e I. A. Richards, *The Meaning of Meaning*, Londres, 1923. El uso referencial (o simbólico) del lenguaje prevé, según el conocido "triángulo" de Ogden-Richards, que: 1) el *símbolo* tenga un *referente* correspondiente que representa la cosa real indicada; 2) la correspondencia entre símbolo y referente sea indirecta, en cuanto en el proceso de significación viene a través de la *referencia*, es decir, del concepto, la imagen mental de la cosa indicada. Para reducir la función referencial a función denotativa e interpretar la función emotiva en términos de connotación, tendríamos que remitirnos a la bipartición de Saussure entre *significante* y *significado* (F. De Saussure, *Cours de linguistique générale*, París, 1915). Todavía está sujeta a discusión una correspondencia rigurosa entre las categorías de la semiología saussuriana y las de la semántica richardsiana (cf. Klaus Heger, *Les bases méthodologiques de l'onomasiologie et du classement par concepts*, en "Travaux de linguistique et de littérature", III, 1, 1965); aquí adoptaremos como provisionales las equivalencias siguientes: el *símbolo* de Richards se usará como equivalente de *significante*; la *referencia* como *sentido* o *significado*, pero en el sentido de *significado* denotativo; el proceso de significación que vincula el significante al significado podría entenderse, prosiguiendo la argumentación, como equivalente del *meaning*. En cuento al *referente* como "cosa" real, no tiene equivalentes en la semiología saussuriana.

18. "Dar una intención al mensaje en cuanto tal, el acento infundido por cuenta propia en el mensaje, es lo que caracteriza la función poética del mensaje" (Jakobson, *op. cit.*, p. 218).

19. Podemos corregir la rigidez de las primeras distinciones de Ogden y Richards con las conclusiones de Ch. Stevenson (*Ethics and Language*, Yale Univ. Press, 1944, cap. III, 8), para el cual, en el lenguaje, el aumento de disposiciones descriptivas (referenciales) y emotivas no representa dos procesos aislados: Stevenson examina el caso de la expresión metafórica en que los aspectos cognoscitivos influyen sobre los aspectos emotivos del discurso total. En consecuencia, significado descriptivo y emotivo son "*aspectos* distintos de una situación total, no *partes* de ella que pueden estudiarse aisladamente". E, identificando también un tipo de significado que no es ni descriptivo ni simplemente emotivo, sino que deriva de una forma de incoherencia gramatical y procura una especie de "perplejidad filosófica", el "significado confuso" (y nos sentimos tentados a pensar en los vocablos abiertos y ambiguos de Joyce), Stevenson concluye que "puede haber así un significado emotivo que dependa de un significado

descriptivo, como ya se ha visto; y también un significado emotivo que dependa de un significado confuso". Las investigaciones de los formalistas rusos han conducido a resultados análogos. En los años veinte, Sklovskij y Jakubinskij habían asimilado la poesía a la *función emotiva* del lenguaje. Pero pronto se corrigió este punto de vista, especialmente a través de una creciente formalización de la expresión poética. En 1925, Tomaševskij relegaba a un segundo plano la función comunicativa del lenguaje poético para conferir una autonomía absoluta a las *estructuras verbales* y a las *leyes inmanentes* de la poesía. Más tarde, alrededor de los años treinta, los estructuralistas de Praga trataban de ver en la obra poética una *estructura multidimensional* en que el nivel semántico resulta integrado con otros. "Los formalistas auténticos habían negado la presencia de ideas y emociones en la obra poética y se habían limitado a declarar dogmáticamente que es imposible sacar conclusión alguna de una obra literaria; los estructuralistas, en cambio, han acentuado la inevitable ambigüedad de la proposición poética que, de manera precaria, se sitúa en diferentes niveles semánticos" (Victor Erlich, *Il formalismo russo*, Bompiani, Milán, 1966).

20. Según Ch. Morris (*Signs, Language and Behaviour*, Prentice Hall, Nueva York, 1946), "un signo es *icónico* en la medida en que él mismo tiene las propiedades de sus *denotata*". La definición, aparentemente vaga, es en cambio bastante precisa porque de hecho Morris sugiere que un retrato no puede ser en rigor icónico "porque la tela pintada no tiene la estructura de la piel ni la facultad de hablar y de moverse que tiene la persona retratada". En realidad, Morris mismo corrige luego la restricción de la definición admitiendo que la iconicidad es una cuestión de grado: la onomatopeya aparece así como un excelente ejemplo de iconicidad realizada por el lenguaje; y se encuentran características icónicas en las manifestaciones de la poesía en que se adecúan, en definitiva, estilo y contenido, materia y forma. En ese caso, iconicidad se hace sinónimo de fusión orgánica de los elementos de la obra en el sentido que tratamos de aclarar. Morris tratará luego de definir la iconicidad propia del arte explicando que "el signo estético es un signo icónico que designa un valor" (*Science, Art and Technology*, en "Kenyon Rev.", I, 1939) en el sentido precisamente de que, lo que el usuario busca en el signo estético, es su forma sensible y el modo en que se plantea. En ese sentido, esta característica del signo estético queda subrayada por Wellek y Warren (*Theory of Literature*, Harcourt, Brace and Co., Nueva York, 1942, versión española, *Teoría literaria*, Ed. Gredos), cuando afirman que "la poesía organiza un único e irrepetible esquema de palabras cada una de las cuales es conjuntamente objeto y signo y es usada de modo que ningún sistema externo a la poesía podría prever"; y por Philip Wheelwright (*The Semantics of Poetry*, en "Kenyon Rev.", II, 1940), cuando define el signo estético como plurisigno, opuesto al monosigno referencial, y recuerda que el plurisigno "es semánticamente reflexivo en el sentido de que es una parte de lo que significa". Vid. también Galvano Della Volpe, *Crítica del gusto*, Feltrinelli, Mi-

lán, 1960; trad. cast.: *Crítica del gusto*, Seix Barral, Barcelona, 1965: el discurso poético es *plurisenso*, no *unívoco* como el discurso científico, precisamente por su naturaleza orgánica y contextual.

21. Stevenson (*op. cit.*, cap. III, 8) recuerda que no existe sólo una ambigüedad (él habla de *vagueness*) semántica, por ejemplo la de los términos éticos, sino también una ambigüedad de la construcción sintáctica de un discurso y en consecuencia una ambigüedad en el plano pragmático de la reacción psicológica. En términos estructuralistas, Jakobson afirma que "la ambigüedad es una propiedad intrínseca, inalienable de todo mensaje centrado en sí mismo; en resumen, es un corolario obligado de la poesía" (todo esto remite a Empson y a su concepción de la ambigüedad). "La supremacía de la función poética sobre la función referencial no hace desaparecer la referencia (la denotación), sino que la hace ambigua" (*Essais*, cit., p. 238). Sobre la palabra poética en cuanto acompañada de todos los sentidos posibles, cf. Roland Barthes, "Esiste una scrittura poetica?", en *Il grado zero della scrittura*, Lerici, Milán, 1960. Son los mismos problemas que planteaban los formalistas rusos cuando afirmaban que el fin de la poesía consiste en hacer perceptible la textura de una palabra en todos sus aspectos (cf. Ejchenbaum, *Lermontov*, Leningrado, 1924). Dicho en otras palabras, para ellos la esencia del discurso poético no consistía en la ausencia de sentido, sino en la multiplicidad del mismo.

22. Sobre el "agotamiento" de las formas, de las expresiones lingüísticas, vid. las diversas observaciones de Gillo Dorfles, por ejemplo, *Le oscillazioni del gusto* (cap. 18 y 19); *Il divenire delle arti*, cap. V, y el ensayo *Entropia e razionalità del linguaggio letterario*, en "Aut Aut", n.º 18.

23. Para una vasta fenomenología de la relación interpretativa con referencia a los fenómenos de posibilidad de congeniar, sobre los que se establecen las posibilidades y las dificultades de interpretación de una forma, acúdase a Luigi Pareyson, *Estetica* (en particular, § 16 del cap. "Lettura, interpretazione, critica").

APERTURA, INFORMACIÓN, COMUNICACIÓN

La poética contemporánea, al proponer estructuras artísticas que exigen un particular compromiso autónomo del usuario, a menudo una reconstrucción, siempre variable, del material propuesto, refleja una tendencia general de nuestra cultura hacia procesos en que, en vez de una secuencia unívoca y necesaria de acontecimientos, se establece, como un campo de probabilidad, una "ambigüedad" de situación capaz de estimular actitudes de acción o de interpretación siempre distintas.

Esta singular situación estética y la dificultad de definir exactamente la "apertura" a que aspira la poética actual en sus diversas expresiones, nos inducen aquí a examinar un sector de las metodologías científicas, el de la teoría de la información, en el cual creemos posible encontrar indicaciones interesantes para los fines de nuestra búsqueda. Indicaciones en dos sentidos: por una parte, consideramos que cierto tipo de poética refleja a su modo la misma situación cultural en la que se originaron las investigaciones sobre la información; por otra parte, consideramos que determinados instrumentos que nos ofrecen estas investigaciones pueden emplearse en el campo estético hechas las debidas trasposiciones (lo que otros, como se verá, ya han hecho). Pero prevemos la fácil objeción de que, entre las investigaciones de la ciencia y los procesos artísticos, no pueden existir vínculos efectivos, y que cualquier paralelo que se establezca es absolutamente gratuito. Para evitar, pues, trasposiciones inmediatas y superficiales, no será

135

inútil examinar en primer lugar los principios generales de la teoría de la información sin tratar de referirlos a la estética, y sólo a continuación ver si existen y cuáles son las conexiones y a qué precio los instrumentos de un campo pueden emplearse en el otro.

I

La teoría de la información

La teoría de la información tiende a computar la cantidad de información contenida en determinado mensaje. Si, por ejemplo, el boletín meteorológico del 4 de agosto me comunica: "Mañana no nevará", la información que recibo es muy escasa, porque se trata de un dato que ni lo que yo sé ni mis capacidades de predicción de los acontecimientos de mañana aumentan al serme comunicado. Pero si el 4 de agosto el boletín meteorológico me comunica: "Mañana, 5 de agosto, nevará", entonces yo recibo una notable cantidad de información, dada la improbabilidad del hecho que se me anuncia. La cantidad de información de un mensaje dado está delimitada por una serie de ideas que yo puedo tener acerca de la fiabilidad de una fuente: si a un agente inmobiliario que me vende una casa le pregunto si es muy húmeda y él me contesta "No", obtengo una escasa información y quedo igualmente inseguro sobre la naturaleza real del hecho. Pero si el mismo agente me responde "Sí", contra cualquier expectativa mía y contra su propio interés, entonces recibo una buena cantidad de información y paso a saber verdaderamente algo más sobre el asunto que me interesa.

La información es, pues, una cantidad *sumada*, es algo que se añade a lo que ya sé y se me presenta como adquisición original. Sin embargo, en los ejemplos anteriormente expuestos se hablaba de una información muy amplia y compleja, en que la cota de novedad dependía del sistema de expectativas del destinatario. En realidad, la información debe estar definida preliminarmente en el ámbito de situaciones bastante más simples en que la *cantidad* de información pueda ser medida con sistemas matemáticos y expresada en cifras, sin hacer referencia a los conocimientos de un posible receptor; tal es la función de la teoría de la información. Sus cálculos se adaptan a mensajes de todo género, a símbolos numéricos, a símbolos lingüísticos, a secuencias de sonidos, etc.

Para calcular la cantidad de información, es necesario tener en cuenta que el máximo de probabilidad de que ocurra un acontecimiento es 1; el mínimo es 0. La probabilidad matemática de un acontecimiento oscila, pues, de uno a cero. Una moneda lanzada al aire tiene iguales probabilidades de caer mostrando la cara que la cruz. La probabilidad de que salga cara es, pues, de 1/2. La probabilidad, en un dado, de que salga, digamos, tres es, en cambio, de 1/6. La probabilidad de que dos acontecimientos independientes tengan lugar al mismo tiempo viene dada por el producto de las probabilidades individuales; por consiguiente, la probabilidad, por ejemplo, de que dos dados den 1, uno de ellos, y 6, el otro, es de 1/36.

La relación que hay entre una serie de acontecimientos que pueden verificarse y la serie de las probabilidades relacionadas con estos acontecimientos se establece como relación entre una progresión aritmética y una progresión geométrica; relación que se expresa precisamente por un logaritmo, puesto que la segunda serie consistirá en el logaritmo de la primera. La expresión más llana de una cantidad de información se obtiene dando: "información" igual a

$$\log \frac{\text{probabilidad que tiene el receptor después de recibir el mensaje}}{\text{probabilidad que tenía el receptor antes de recibir el mensaje}}$$

En el caso de la moneda, si se me anuncia que la moneda dará cara, la expresión será:

$$\log \frac{1}{1/2} = 2;$$

y, por consiguiente, la expresión —dado que, a mensaje recibido, la probabilidad será siempre uno (puesto que falta el *ruido* de fondo, del que hablaremos)— se puede escribir así:

información = —log (probabilidad para el receptor antes de recibir el mensaje).

En el caso de la moneda:

$$-\log (1/2) = \log 2.$$

La teoría de la información, procediendo por elecciones binarias, usa logaritmos de base 2 y llama a la unidad de información *bit* (o *binit*), contrayendo las dos palabras *binary digit* (señal binaria). El uso del logaritmo de base 2 tiene esta ventaja: puesto que $\log_2 = 1$, un *bit* de información nos dice cuál de las dos posibilidades de un acontecimiento se ha producido.

Otro ejemplo: teniendo un tablero de 64 casillas en una de las cuales se va a poner un peón, si un informador me anuncia que el peón se encuentra en el cuadrado 48, la información que recibo puede medirse en la forma siguiente: puesto que inicialmente mis posibilidades de adivinar la casilla eran de 1/64, planteo la expresión $-\log_2(1/64) = \log_2 64 = 6$. He recibido, pues, una información computable en 6 *bit*.[1]

Por consiguiente, podemos decir que *la cantidad de información transmitida por un mensaje es el logaritmo binario del número de alternativas susceptibles de definir el mensaje sin ambigüedad*.[2]

138

Para medir la disminución o el aumento de la cantidad de información, los teóricos del problema recurren a un concepto tomado de la termodinámica y que ha pasado ya oficialmente a formar parte del bagaje terminológico de la teoría de la información; se trata del concepto de *entropía*. Suficientemente conocido para que todos hayan oído hablar de él, es, por tanto, bastante difuso para que cada uno lo entienda a su modo usándolo con mucha desenvoltura, por lo que convendrá examinarlo un momento a fin de despojarlo de los ecos en que lo envuelve su procedencia de la termodinámica, no siempre de manera legítima.

De acuerdo con el segundo principio de la termodinámica enunciado por Clausius, mientras que una cantidad de trabajo dada puede transformarse en calor (como dice el primer principio), siempre que el calor se transforma en trabajo nos encontramos frente a unos límites por los cuales el proceso no se lleva a cabo de modo completo y total, como en el caso del primer principio. Para obtener el cambio de una cantidad de calor en trabajo, una máquina debe tener intercambios de calor entre dos cuerpos a temperatura distinta: la fuente de calor y el refrigerante. La máquina absorbe una cantidad de calor de la fuente, pero no la transforma toda en trabajo, porque cede una parte de ella al refrigerante. El calor se transforma, por lo tanto, en trabajo Q_1 más el calor $Q - Q_1$ que se cede al refrigerante.

Dada, por consiguiente, una transformación de trabajo en calor (primer principio), cuando transformo de nuevo este calor en trabajo no obtengo ya la cantidad de trabajo de la cual había partido. Ha habido una degradación o, como se suele decir, un "consumo" de energía que no será ya recuperado. La energía se "consume". Algunos procesos naturales no son, pues, enteramente reversibles: "Estos procesos tienen una *dirección* única: con cada uno de ellos, el mundo da un paso adelante cuyas huellas no pueden borrarse de ningún modo".[3] Si se quiere encontrar una medida general de la irreversibilidad, es preciso pensar que la naturaleza demuestra, por así decirlo, una especie de preferencia por ciertos estados más que por otros (es decir, aquellos hacia los cuales evolucionan los procesos irreversibles); y será necesario encontrar una magnitud física que mida cuantitativamente la preferencia de la naturaleza por cierto estado; esta magnitud tendría la propiedad de crecer en todos los procesos irreversibles. Es la entropía.

El segundo principio de la termodinámica, con su afirmación del "consumo" de la energía, se ha convertido, por consiguiente, en el principio de la entropía, hasta tal punto que comúnmente se ha asociado la idea de la entropía a la idea de un "consumo", y a aquel corolario por el cual, contemplando la marcha de todo proceso natural en dirección a un consumo creciente y una progresiva degradación de energía, se preconiza la "muerte térmica" del universo. Pero es preciso subrayar de una vez por todas que la entropía, si bien en termodinámica se usa para definir un consumo (y si, por lo tanto, aquí se carga inevitablemente de una tonalidad pesimista, siempre que estemos autorizados a colorear emotivamente las reflexiones científicas), en realidad es una *medida estadística* y, por lo tanto, un instrumento matemáticamente neutro. En otras palabras, la entropía es la medida de un estado de mayor equiprobabilidad al que tienden los procesos naturales. En este sentido, se dice que la naturaleza *tiene preferencias*: la naturaleza prefiere un estado más uniforme a un estado menos uniforme, y el calor pasa de un cuerpo de temperatura más alta a un cuerpo de temperatura más baja porque el estado de igual distribución de la temperatura es más probable que un estado de distribución desigual. En otras palabras, la velocidad recíproca de las moléculas tiende a un estado de uniformidad más que al estado de diferenciación en el cual, moviéndose algunas más rápidamente que otras, se verifican variaciones térmicas. Las investigaciones de Boltzmann sobre la teoría cinética de los gases han aclarado cómo, de preferencia, la naturaleza tiende a un *desorden elemental* del que es medida la entropía.[4]

Sin embargo, es necesario insistir sobre el carácter puramente estadístico del concepto de entropía, así como puramente estadístico, es, a fin de cuentas, el mismo principio de irreversibilidad: como ya Boltzmann había demostrado, el proceso de reversión en un sistema cerrado no es imposible, es sólo improbable. La colisión de las moléculas de un gas está regida por leyes estadísticas que conducen a una igualdad media de las diferencias de velocidad. Cuando una molécula más veloz choca con una molécula más lenta, puede también suceder que la molécula más lenta transfiera parte de su velocidad a la más veloz, pero estadísticamente es más probable lo contrario, es decir, que la molécula veloz disminuya su carrera y uniformice su velocidad a la de la más lenta, realizando un estado de mayor uniformidad y, por consiguiente, un aumento de desorden elemental. "La ley del aumento de la entropía está garantizada, pues, por la ley de los grandes números, familiar a todo tipo de estadísticas; pero no pertenece al tipo de las leyes físicas estrictas, las cuales, como las leyes de la mecánica, no permiten excepciones."[5]

Cómo se puede pasar de la teoría del "consumo" de la energía a una utilización del concepto de entropía para la teoría de la información, nos lo aclara un razonamiento muy simple que nos propone Hans Reichenbach. La tendencia general al aumento de entropía, propia de los procesos físicos, no impide que puedan realizarse, como experimentamos día a día, unos procesos físicos en los que se verifican hechos de organización, es decir, una organización de acontecimientos según cierta *improbabilidad* (todos los procesos orgánicos son de este tipo) y, por consiguiente, según una *entropía decreciente*. Dada una curva universal de la entropía, estos momentos de disminución son los que Reichenbach llama *branch systems* —como de las desviaciones, de las ramificaciones de la curva—, en los cuales la interacción de algunos acontecimientos lleva a una organización de elementos. Pongamos un ejemplo: en la tendencia general al desorden y, por lo tanto, a la uniformidad de disposición que los vientos generan en los millares de granos de arena que constituyen una playa, el paso imprevisto de una criatura humana que imprime su pie sobre la superficie de la arena representa un complejo interactivo de acontecimientos que lleva a la configuración, estadísticamente improbable, de la huella de un pie. Esta configuración, que es una *forma*, un hecho de organización, tenderá evidentemente a desaparecer bajo la acción de los vientos; en otras palabras, si ella representaba una ramificación de la curva general de la entropía (en el ámbito de la cual la entropía misma disminuía, dejando el puesto a un *orden improbable*), este sistema lateral tenderá, sin embargo, a reabsorberse en la curva universal de la entropía creciente. En el ámbito de este sistema, no obstante, se han verificado, precisamente por la disminución del desorden elemental y la realización de un orden, unas relaciones de causa y efecto: la causa era el complejo de los hechos que intervinieron en la interacción con los granos de arena (leyes: pie humano), el efecto es la organización consecuente (leyes: huella).

La existencia de relaciones de causa y efecto en los sistemas organizados según entropía descendente establece la existencia del "recuerdo": físicamente hablando, un recuerdo es un registro, "es una organización cuyo orden queda intacto, un orden congelado, por así decirlo".[6] Ello nos ayuda a establecer las cadenas causales, a reconstruir un hecho. Sin embargo, puesto que la segunda ley de la termodinámica conduce a reconocer y fundar la existencia de recuerdos del pasado, y puesto que el recuerdo no es otra cosa que un almacenamiento de información, vemos *nacer de ello una estrecha relación entre entropía e información*.[7]

Por esto no nos asombramos si en los teóricos de la información encontramos ampliamente empleado el término "entropía": esto nos ayudará, por el contrario, a entender que medir la cantidad de información significa medir un orden o un desorden según el cual un mensaje dado está organizado.

142

Para Norbert Wiener, que se vale ampliamente de la teoría de la información en sus investigaciones de cibernética, para entender la posibilidad de control y comunicación en los seres humanos y en las máquinas, el contenido informativo de un mensaje viene dado por su grado de organización; la información es la medida de un orden y, en consecuencia, la medida del desorden; es decir, la entropía será lo opuesto a la información. O sea que la información de un mensaje viene dada por su capacidad de organizarse según un orden particular, escapando por tanto, a través de una organización improbable, a esa equiprobabilidad, a esa uniformidad, a ese desorden elemental al que los acontecimientos naturales tenderían preferentemente. Pongamos un ejemplo: si yo lanzo inopinadamente al aire una cantidad de cubos sobre cuyas superficies se han trazado letras del alfabeto, con toda probabilidad caerán dándome una secuencia carente en absoluto de significado; por ejemplo, AAASQMFLLNSUHOI, etc. Esta secuencia no me dice nada de particular; me diría algo si estuviera organizada de acuerdo con las reglas ortográficas de determinada lengua, sujeta a ciertos criterios ortográficos y gramaticales, si se basase, en suma, en un sistema previsto y organizado de combinaciones posibles, es decir, en un código. Una lengua es un hecho humano, es un típico *branch system* en el cual han intervenido numerosos hechos que actúan para producir un estado de orden, unas relaciones precisas. En cuanto organización —que escapa a la equiprobabilidad del desorden—, la lengua representa un hecho *improbable* con respecto a la curva general de la entropía. Sin embargo, esta organización, naturalmente improbable, funda ahora en el interior del sistema *una cadena propia de probabilidades*, las probabilidades que rigen precisamente la organización de un lenguaje, en virtud de la cual, por ejemplo, si en la mitad de una palabra italiana que desconozco en-

143

cuentro dos consonantes seguidas, puedo predecir con un porcentaje de probabilidades casi absoluto que la letra siguiente será una vocal. Un ejemplo típico de lengua, de *branch system*, de código, nos lo da en música el sistema tonal; es extremadamente improbable respecto de los hechos acústicos naturales (que se distribuyen bajo forma de sonidos blancos), pero, en el interior del sistema organizado que constituye, establece criterios de probabilidad por los que puedo predecir con cierta seguridad, por lo menos a grandes rasgos, la curva melódica de una secuencia de notas, previendo, por ejemplo, la llegada de la tónica en cierto punto de la sucesión.

La teoría de la información, al estudiar la transmisión de los mensajes, los entiende precisamente como sistemas organizados, regidos por leyes de probabilidades convenidas, en los cuales puede introducirse, bajo la forma de perturbación que proviene del exterior o de atenuación del mensaje mismo (elementos todos comprendidos bajo la categoría de "ruido"), una parte de desorden y, por consiguiente, de consumo de la comunicación, de aumento de entropía. Si el significado es la organización del mensaje de acuerdo con ciertas reglas de probabilidad (*reglas*, no la equiprobabilidad estadística que se mide positivamente por la entropía), entonces el desorden es el peligro que está al acecho para destruir el mensaje mismo, y la entropía es su medida. *La entropía será así la medida negativa del significado de un mensaje.*[8]

Para salvaguardar el mensaje de este consumo, para hacerlo tal que, por mucho ruido que se insinúe para perturbar la recepción, su significado (su orden) se mantenga inalterado en las líneas esenciales, deberé pues, por así decirlo, circundar el mensaje de reiteraciones del orden convencional, de una superabundancia de probabilidades bien determinadas. Esta superabundancia de tales probabilidades es la *redundancia*. Pongamos, por ejemplo, que hay que transmitir el mensaje: "Te oigo". Supongamos que se grite esta frase desde una cumbre a otra de dos montañas, o sea transmitida por un telegrafista inexperto en pulsar líneas y puntos en su transmisor, o dicha por teléfono en una línea llena de interrupciones, o escrita en una hoja de papel que habrá que abandonar en el mar dentro de la clásica botella, sometida a las infiltraciones del agua. Todos estos obstáculos y accidentes son, desde el punto de vista de la información, *ruido*. Para estar seguro de que el mensaje será recibido de manera correcta, de que un error del telegrafista no lo convertirá en "Te odio", o los silbidos del viento no lo harán incomprensible, yo puedo escribir: "te oigo, es decir, te siento". Para decirlo llanamente, por mal que vayan las cosas, quien reciba el mensaje tendrá la posibilidad, con base en los pocos e incompletos elementos recibidos, de reconstruirlo de la mejor forma posible.

En términos más rigurosos, en un sistema lingüístico dan la redundancia todo el conjunto de reglas sintácticas, ortográficas y gramaticales que van a constituir los puntos de paso obligados de una lengua. En este sentido, como sistema de probabilidades prefijadas al cual referirse, una lengua es un *código de comunicación*. El uso de los pronombres, de las partículas, de las flexiones en determinadas lenguas, constituye los elementos destinados a complicar la organización de los mensajes y a adaptarlos más a *ciertas* probabilidades que a otras. En el caso extremo, puede decirse que las mismas vocales intervienen en las palabras como elementos de redundancia casi para hacer más probable y comprensible la colocación de las consonantes (que determinan la palabra en cuestión). Un conjunto de consonantes como "cbll" puede sugerirme más la palabra "caballo" que las vocales "aao". Pero estas últimas se insertan entre las consonantes para darme la palabra completa y comprensible, casi como un aditamento de comprensibilidad. Cuando los teóricos de la información establecen que la redundancia de la lengua inglesa es del cincuenta por ciento, quieren decir que, cuando se habla inglés, el cincuenta por ciento de lo que se dice se debe a lo que se quiere comunicar, el otro cincuenta por ciento está determinado por la estructura de la lengua e interviene como aditamento aclaratorio. Un telegrama, en su estilo precisamente "telegráfico", es en el fondo un mensaje en el cual se ha eliminado una pequeña parte de redundancia (pronombres, artículos, adverbios), la suficiente para que, sin embargo, no se pierda el sentido. Por otra parte, en un telegrama, la redundancia perdida se compensa con la introducción de formas de expresión convencionales, de expresiones estereotipadas que permiten, por consiguiente, una fácil comprensión y constituyen una nueva forma de probabilidad y de orden.

Hasta tal punto las leyes de la probabilidad gobiernan la recurrencia de los elementos de una lengua, que, aplicando una investigación estadística del género a la estructura morfológica de las palabras, es posible predisponer un número X de letras, escogidas de acuerdo con criterios estadísticos de mayor recurrencia, de modo que se construyan al azar secuencias que, no obstante, tienen mucho en común con la lengua sobre la que se lleva a cabo el experimento.[9]

Todo esto nos lleva, sin embargo, a la conclusión de que el orden que regula la comprensibilidad de un mensaje fundamenta también su absoluta previsibilidad, en otras palabras, su *trivialidad*. Cuanto más ordenado y comprensible es un mensaje, tanto más *previsible* resulta: los mensajes de felicitaciones navideñas, o los de pésame, que siguen criterios de probabilidad muy limitados, son de significado muy claro, pero nos dicen poquísimo que no supiéramos ya.

DIFERENCIA ENTRE SIGNIFICADO E INFORMACIÓN

Todo esto lleva a considerar insatisfactoria la común opinión, acreditada por el tratamiento de Wiener, en virtud de la cual *significado* de un mensaje e *información* contenida en el mismo serían sinónimos, relacionándolos con las nociones de *orden* y *sistema de probabilidades* y opuestos ambos a las nociones de entropía y desorden.

Con todo, hemos observado ya que la información depende también de la fuente de que procede; es decir, es verdad que, si un mensaje de felicitaciones navideñas nos llegara del presidente del consejo de ministros de la URSS, lo imprevisible de la felicitación sería fuente de un aumento impensado de información; pero esto confirma de nuevo precisamente el hecho de que, como se decía al comienzo, la información en cuanto añadidura está vinculada a la *originalidad*, a la *no probabilidad*. ¿Cómo conciliar esto con el hecho de que un mensaje es tanto más *significativo* cuanto más *probable* es, previsible en cada paso de su estructura? Es claro que una frase como "Cada primavera brotan las flores" tiene un significado llano, absolutamente inequívoco, y posee el máximo de significado y comunicabilidad posible, pero no añade nada a lo que ya sabemos.

En los términos en que antes hemos hablado de información, *no nos informa de gran cosa*. ¿Debemos, pues, concluir que *información* y significado son dos cosas distintas?

Si leemos las páginas de Wiener, no tenemos motivo para llegar a tales conclusiones: para Wiener, información significa *orden*, y su contrario se mide con la entropía. Pero también es verdad que Wiener se sirve de la teoría de la información para estudiar las posibilidades de comunicación de un cerebro electrónico, y lo que le interesa es establecer los medios por los cuales una comunicación resulta comprensible. No señala, pues, ninguna diferencia entre información y significado. No obstante, en cierto punto hace una afirmación extremadamente importante: "Un fragmento de información, para contribuir a la información general de la comunidad, debe decir algo sustancialmente distinto del patrimonio de información ya a disposición de la comunidad"; y a este propósito cita el ejemplo de los grandes artistas, cuyo mérito está en haber planteado ciertas maneras de decir o de hacer de modo inusitado, y ve el consumo de sus obras como consecuencia del hecho de que el público se ha acostumbrado a considerar patrimonio general, y por lo tanto trivial, lo que en ellos aparecía en cambio por primera vez y a título de absoluta originalidad.[10]

Reflexionando sobre esto, nos damos cuenta de que la comunicación cotidiana está llena de expresiones que se oponen a las costumbres gramaticales o sintácticas y que precisamente por ello nos sacuden y nos comunican algo nuevo, aunque eludan las reglas según las cuales se transmite habitualmente un significado. Así pues, sucede que —dada una lengua como sistema de probabilidades— ciertos elementos particulares de *desorden* aumentan la información de un mensaje.

SIGNIFICADO E INFORMACIÓN EN EL MENSAJE POÉTICO

En el arte es donde, por excelencia, se verifica este hecho, y la palabra poética se considera comúnmente como aquella que, poniendo en una relación absolutamente nueva sonido y concepto, sonidos y palabras entre sí, uniendo frases de manera no común, comunica, al mismo tiempo que un significado dado, una emoción inusitada; hasta el punto de que la emoción surge incluso cuando el significado no está inmediatamente claro. Pensemos en un amante que quiera expresar el siguiente concepto y lo haga de acuerdo con todas las reglas de probabilidad que el discurso le impone:

> Ciertas veces, cuando trato de recordar algunos acontecimientos que me sucedieron hace mucho tiempo, me parece casi ver de nuevo un río. El agua que por él corría era fría y límpida. El recuerdo de esta agua me impresiona de modo particular porque, al borde de ella, iba a sentarse la mujer de la que entonces estaba enamorado y de la cual aún lo estoy. Tan enamorado estoy de esta mujer que, por una deformación típica de los enamorados, me siento impelido a considerar sólo a ella entre todos los seres huma-

nos de sexo femenino que existen en el mundo. Debo añadir, si se me permite la expresión, que aquel río, por el hecho de permanecer asociado en mi memoria al recuerdo de
la mujer que amo (y debo decir que esta mujer es muy hermosa), suscita en mi ánimo cierta dulzura; ahora bien, yo,
en virtud de otro procedimiento común a los enamorados,
transfiero esta dulzura al río por causa del cual la experimento: yo, pues, atribuyo la dulzura al río como si fuera
una cualidad suya. Esto es lo que quería decir; espero haberme explicado.

Así sonarían las frases de nuestro enamorado si éste,
preocupado por comunicar un significado indiscutible y
comprensible, se atuviera a todas las leyes de la redundancia. Nosotros comprenderemos lo que él dice, pero acaso,
después de algún tiempo, nos olvidemos de los hechos expuestos. Si el enamorado, en cambio, se llama Francesco
Petrarca, saltándose todas las reglas comunes de construcción, usando audaces traslaciones, eliminando pasajes
lógicos, olvidando incluso advertir que nos habla de un
hecho que rememora y dejándolo sólo entender a través
del uso de un pretérito, nos dirá: "Chiare, fresche e dolci
acque / dove le belle membra / pose colei che sola a me par
donna". Así, en no más de diecisiete palabras, logra incluso decirnos que por una parte recuerda y por otra ama
aún, y nos dice con cuánta intensidad ama con el movimiento mismo, vivacísimo, de este recuerdo que se expresa
en un grito, con la inmediatez de una visión presente.
Nunca como en este caso tocamos con la mano la violencia
y la dulzura de un amor, la cualidad sobrecogedora de un
recuerdo. Al recibir esta comunicación, hemos obtenido
una cantidad de información enorme acerca del amor de
Petrarca y de la esencia del amor en general. Ahora bien,
entre las dos exposiciones que señalamos no hay ninguna
diferencia de *significado*; así pues, en el segundo caso, sólo
la originalidad de organización, la imprevisibilidad *respecto
de un sistema de probabilidades*, la desorganización introdu-

cida en él, son el único elemento que determinaba un aumento de información.

Prevenimos aquí una fácil objeción: no es sólo el aumento de imprevisibilidad lo que produce la fascinación del discurso poético; en tal caso, deberían ser mucho más poéticos los versos de Burchiello que dicen: "Zanzaverata di peducci fritti / e belletti in brodetto senza agresto / disputavan con ira nel Digesto / ove parla de'broccoli sconfitti". Aquí se quiere sólo afirmar que *cierto modo* [11] de usar el lenguaje como no se usa habitualmente ha determinado el resultado poético; y que el uso de las probabilidades vistas desde el sistema lingüístico no nos habría dado nada. Esto, por lo menos, suponiendo que la novedad no hubiera estribado más que en las expresiones —o en un modo de revivir sentimientos habituales—, en las cosas dichas; y, en ese sentido, un boletín de radio que anuncia de acuerdo con cualquier regla de redundancia el lanzamiento de una bomba atómica sobre Roma estaría cargado de información. Pero este discurso nos lleva más allá de un examen de las estructuras de un sistema lingüístico (y nos lleva fuera de un discurso estético; signo éste de que en realidad la estética debe interesarse más en las *formas de decir* que en *lo que se dice*). Y, además, mientras que los versos de Petrarca llevan información a cualquiera que esté en la posibilidad de percibir su significado, incluso al mismo Petrarca, el boletín sobre el lanzamiento atómico no diría nada, en cambio, al piloto que efectúa el lanzamiento, ni diría tampoco nada a quien lo escuchara por segunda vez. Estamos, pues, examinando la posibilidad de dar una *información* que no sea "significado" habitual *a través de un empleo de las estructuras convencionales de un lenguaje, que se oponga a las leyes de probabilidad que lo regulan desde el interior*.

En tal caso, en consecuencia, la información se asociaría no al orden, sino al *desorden*, por lo menos a cierto tipo de *no-orden-habitual-previsible*. Se ha dicho que la medida positiva de tal información (en cuanto distinta del significado) es la entropía. Pero si la entropía es el desorden al grado máximo y, en el seno de la misma, la coexistencia de *todas* las probabilidades y de *ninguna*, entonces la información dada por un mensaje organizado intencionalmente (mensaje poético o común) aparecerá sólo como una forma particularísima de desorden: un desorden que resulta tal como parte de un orden preexistente. ¿Puede hablarse todavía de entropía a este propósito?

LA TRANSMISIÓN DE LA INFORMACIÓN

Volvamos por un momento al ejemplo clásico de la teoría cinética de los gases, a la imagen de un recipiente lleno de moléculas de gas que se mueven a velocidad uniforme. Estando regulado el movimiento de estas moléculas por leyes puramente estadísticas, la entropía del sistema es muy alta; y, si bien podemos predecir el comportamiento total del sistema, nos resulta difícil predecir la posición sucesiva de una molécula dada. En otros términos, la molécula puede comportarse de las formas más diversas, está, por así decirlo, cargada de todas las posibilidades; nosotros sabemos que podrá cubrir una gran cantidad de posiciones, pero no sabemos cuáles. Para poder determinar mejor el comportamiento de las moléculas individuales, sería necesario diferenciar su velocidad, introducir, en una palabra, un orden en el sistema y disminuir su entropía: de este modo habremos aumentado la posibilidad de que una molécula se comporte de un modo determinado, pero habremos limitado sus múltiples posibilidades iniciales (sometiéndolas a un *código*).

Así pues, si quiero saber algo sobre el comportamiento de una partícula aislada, entonces la información que busco *se opone* a la entropía. Pero, si quiero conocer todos los comportamientos posibles de que será capaz toda partícula, entonces *la información que busco será directamente proporcional a la entropía*; al poner orden en el sistema y disminuir la entropía, sabré mucho en cierto sentido y mucho menos en otro.

Lo mismo sucede con la transmisión de una información.

Tratemos de aclarar este punto remitiéndonos a la fórmula con la que normalmente se expresa el valor de una información:

$$I = N \log h,$$

en la que "h" representa el número de elementos entre los cuales se puede escoger y "N" el número de elecciones que se pueden hacer (en el caso de los dos dados, h = 6 y N = 2; en el caso del tablero de ajedrez, h = 64 y N = todos los posibles movimientos permitidos por las reglas del ajedrez).

Ahora bien, en un sistema de alta entropía (donde pueden realizarse todas las combinaciones), los valores de "N" y de "h" son altísimos; y, por lo tanto, es altísimo el valor de la información que *se podría* transmitir sobre el comportamiento de uno o más elementos del sistema. Pero es muy difícil comunicar tantas elecciones binarias como nos sirven para aislar el elemento elegido y definir sus combinaciones con otros elementos.

¿Cómo se puede comunicar fácilmente una información? Reduciendo el número de los elementos en juego y de las elecciones posibles; introduciendo un código, un sistema de reglas que contemple un número fijo de elementos dados, excluya ciertas combinaciones y permita sólo otras. En este caso, se podrá transmitir una información a través de un número razonable de elecciones binarias. Pero los valores de "N" y de "h" disminuyen, y así, en consecuencia, disminuye el valor de la información recibida.

Por consiguiente, *cuanto mayor es la información, tanto más difícil es comunicarla de algún modo; cuanto más claramente comunica un mensaje, tanto menos informa.*

Shannon y Weaver, en su clásico libro sobre la teoría de la información,[12] la consideran precisamente como directamente proporcional a la entropía. Que Shannon, uno de los fundadores de la teoría, no pierde de vista este aspecto de la información, es algo reconocido por otros estudiosos.[13] Todos ellos, no obstante, nos recuerdan que, entendida en ese sentido estrictamente estadístico, la información, que es medida de una posibilidad, no tiene nada que ver con el contenido verdadero o falso de un mensaje (con su "significado"). Todo esto se aclara mejor siguiendo algunas afirmaciones que Warren Weaver hace en un ensayo destinado a una mayor divulgación de la matemática de la información: [14]

> En esta nueva teoría, la palabra "información" se refiere no tanto a cuanto se dice como a cuanto se podría decir; o sea, la información es la medida de nuestra libertad de elección en la selección de un mensaje... Debemos recordar que, en la teoría matemática de la comunicación, nosotros no nos interesamos por el significado de los mensajes individuales, sino por la naturaleza estadística global de la fuente de información...
> El concepto de información desarrollado en esta teoría parece al principio extraño y no satisfactorio; no satisfactorio porque no tiene nada que ver con el significado y extraño porque no se refiere sólo a un mensaje individual, sino más bien al carácter estadístico de un conjunto de mensajes; extraño también porque, en esos términos estadísticos, las palabras "información" e "incertidumbre" están estrechamente ligadas entre sí.

Con esto hemos llevado la larga disertación sobre la teoría de la información al problema que más nos interesa, y no obstante debemos preguntarnos si es legítimo aplicar tales conceptos, a guisa de instrumentos de investigación, a las cuestiones de estética. Si no por otra cosa, porque es resultado claro de que el sentido *estadístico* de "información" es mucho más amplio que el *comunicativo*.

Estadísticamente, tengo información cuando —*más acá de todo orden*— cuento con la copresencia de todas las probabilidades *a nivel de fuente de información*.

En cambio, comunicativamente, tengo información

cuando: 1) en el seno del desorden originario confecciono y constituyo un orden como sistema de probabilidades, es decir, un código; 2) en el seno de este sistema, sin retornar al *más acá* (antes que él), introduzco —a través de la elaboración de un mensaje ambiguo con respecto a las reglas del código— elementos de desorden que se sitúan en tensión dialéctica con respecto al orden de fondo (el mensaje pone en crisis al código).

Hará falta, pues, examinar cómo se presenta este desorden que tiene como fin la comunicación dentro de un discurso poético, teniendo presente que no puede identificarse ya con la noción estadística de entropía *a no ser en sentido transferido*: el desorden que comunica es desorden-con-respecto-a-un-orden-precedente.

II

DISCURSO POÉTICO E INFORMACIÓN

El ejemplo de Petrarca se encuadraba extraordinariamente dentro de este contexto; por lo menos, nos sugería la idea de que, en el arte, uno de los elementos de la singularidad del discurso estético viene dado precisamente por el hecho de que se rompe el orden de probabilidades de la lengua, destinado a transmitir significados normales, precisamente para aumentar el número de significados posibles. Este tipo de información es típico de todo mensaje estético y coincide con la apertura fundamental de *toda* obra de arte, considerada en el capítulo anterior.

Pasamos ahora a considerar ejemplos de un arte moderno en el cual se pretenda voluntariamente aumentar el significado comúnmente entendido.

Siguiendo las leyes de la redundancia, si yo pronuncio el artículo "el", la posibilidad de que la palabra siguiente sea un pronombre o un nombre es sumamente elevada; y si digo "en el caso", es altísima la probabilidad de que las palabras siguientes sean "de que", y no "elefante". Esto es lo que ocurre en la conversación común y está bien que sea así. Weaver, qué da ejemplos del mismo estilo, concluye diciendo que, en cambio, es muy baja la probabilidad de una frase como: "En Constantinopla pescando un desagradable clavel"; esto, naturalmente, siguiendo las leyes estadísticas que rigen el lenguaje común; pero es impresionante hasta qué punto una frase de este estilo se asemeja a un ejemplo de escritura automática surrealista.

Leamos ahora *L'Isola* de Ungaretti:

> A una proda ove sera era perenne
> di anziane selve assorte, scese
> e s'inoltrò
> e lo richiamò rumore di penne
> ch'erasi sciolto dallo stridulo
> batticuore dell'acqua torrida...

Contrariaría al lector si lo llamara a seguir paso a paso las veces que se saltan las leyes de probabilidad, típicas de nuestro lenguaje, en estos pocos versos. Y lo contrariaría igualmente si iniciara una larga discusión crítica para demostrarle que leyendo esta poesía —absolutamente carente de "significado" en el sentido corriente del término—, recibo una arremolinada masa de información acerca de esta isla; incluso que, cada vez que releo la poesía, aprehendo algo más en torno a ella y su mensaje parece proliferar a cada mirada, abrirse a continuas perspectivas, como precisamente deseaba el poeta al escribir sus versos y como trataba de provocar en el lector teniendo en cuenta todas las asociaciones que la cercanía de dos palabras desacostumbradas podía establecer.

Y, si nos repugna la terminología técnica de la teoría de la información, digamos también que aquella que acumulamos no es "información", sino "significado poético, significado fantástico, sentido profundo de la palabra poética"; distinguiéndolo del significado ordinario, haremos en el fondo la misma cosa; y, si aquí seguimos hablando de información para indicar la riqueza de sentidos estéticos de un mensaje, se hará con el fin de señalar las analogías que nos interesan.[15]

Recordamos aún —para evitar equívocos— que, planteada la ecuación "información = opuesto del significado", esta ecuación no debe tener una función axiológica ni debe intervenir como parámetro de juicio: de lo contrario, como se decía, los versos de Burchiello serían más hermosos que los de Petrarca y cualquier *cadáver exquisito* surrealista (cualquier clavel desagradable de Constantinopla) sería más válido que los versos de Ungaretti. El concepto de información ayuda a entender una tendencia en la que se mueve el discurso estético y en la cual intervienen además otros factores de organización; es decir, cualquier ruptura de la organización banal presupone un nuevo tipo de organización, *que es desorden respecto de la organización precedente, pero es orden respecto de parámetros asumidos en el interior del nuevo discurso.* Sin embargo, no podemos ignorar que, mientras se realizaba el arte clásico oponiéndose al orden convencional *dentro de límites bien definidos*, el arte contemporáneo manifiesta entre sus características esenciales la de proponer continuamente un orden altamente "improbable" *respecto a aquel del que proviene*. En otras palabras, mientras el arte clásico introducía movimientos originales en el interior de un sistema lingüístico del que sustancialmente respetaba las reglas básicas, el arte contemporáneo realiza su originalidad al proponer un *nuevo sistema lingüístico* que tiene en sí mismo las nuevas leyes (a veces, obra por obra). En realidad, más que de instauración de un nuevo sistema, puede hablarse de un continuo movimiento pendular entre la negativa frente al sistema lingüístico tradicional y la conservación del mismo: de introducirse un sistema absolutamente nuevo, el discurso se disolvería en la incomunicación; la dialéctica entre *forma* y *posibilidad* de significados múltiples que nos parecía ya esencial en las obras "abiertas" se plasma en realidad precisamente en este movimiento pendular. El poeta contemporáneo propone un sistema que no es ya aquel de la lengua en que se expresa, pero no es tampoco el de una lengua inexistente: [16] introduce módulos de desorden organizado en el interior de un sistema para aumentar su posibilidad de información.

Está muy claro que en los versos de Petrarca que hemos citado hay una riqueza tal de significados como para no añorar ninguna poesía contemporánea: siempre podemos encontrar algo fresco y nuevo a cada lectura. Pero examinemos ahora otra lírica amorosa, una entre las más altas de todos los tiempos, a nuestro parecer: *Le front aux vitres...* de Éluard:

> Le front aux vitres comme font les veilleurs de chagrin
> Ciel dont j'ai dépassé la nuit
> Plaines toutes petites dans mes mains ouvertes
> Dans leur double horizon inerte indifférent
> Le front aux vitres comme font les veilleurs de chagrin
> Je te cherche per delà l'attente
> Je te cherche par delà moi-même
> Et je ne sais plus tant je t'aime
> Le quel de nous deux est absent.

Observamos cómo la situación emotiva es más o menos la misma de *Chiare, fresche, e dolci acque*; sin embargo, independientemente de la validez estética absoluta de los dos fragmentos poéticos, el procedimiento de comunicación es radicalmente distinto. En Petrarca, es la ruptura parcial de un orden de la lengua-código para instaurar, sin embargo, un orden unidireccional del mensaje en el cual, al mismo tiempo que una organización original de elementos fónicos, ritmos, soluciones sintácticas (que constituye la individualidad estética del discurso), se transmitiese conjuntamente un significado semántico de tipo común, comprensible de una sola manera; en Éluard, en cambio, es la intención abierta de hacer que la riqueza de los sentidos poéticos nazca precisamente de la ambigüedad del men-

157

saje: la situación de suspensión, de tensión emotiva, nace precisamente por el hecho de que el poeta sugiere al mismo tiempo muchos gestos y muchas emociones entre las cuales el lector puede escoger las que mejor lo introducen en la coparticipación del momento emotivo descrito, integrando las indicaciones con la contribución de las propias asociaciones mentales.

Todo esto significa solamente que el poeta contemporáneo construye su mensaje poético con medios y sistemas distintos de los del poeta medieval: los resultados no entran en la cuestión, y un análisis de la obra de arte en términos de información no da razón de su resultado estético, sino que se limita sólo a sacar a relucir algunas de sus características y posibilidades de comunicación.[17]

Pero de la comparación emergen dos *poéticas* distintas; la segunda tiende a una polaridad múltiple de la obra y tiene todas las características de una criatura de su propio tiempo, de un tiempo en el cual ciertas disciplinas matemáticas se interesan por la riqueza de contenidos posibles en mensajes de estructura ambigua, abiertos en múltiples direcciones.

APLICACIONES AL DISCURSO MUSICAL

Al querer pasar a hacer trasposiciones al plano musical, los ejemplos son intuitivos: una forma de sonata clásica representa un sistema de probabilidades en el ámbito del cual es fácil predecir la sucesión y superposición de los temas; el sistema tonal establece otras reglas de probabilidad basándose en las cuales mi placer y mi atención de oyente se producen precisamente por la espera de determinadas resoluciones del desarrollo musical sobre la tónica. En el interior de estos sistemas está claro que el artista introduce continuas rupturas del esquema probabilístico y varía hasta el infinito el esquema más elemental que está representado por la sucesión a escala de todos los sonidos de la gama. El sistema dodecafónico es, en el fondo, otro sistema de probabilidades. Cuando, en cambio, en una composición serial contemporánea, el músico escoge una constelación de sonidos que se pueden relacionar de múltiples modos, rompe el orden trivial de la probabilidad tonal e instituye cierto desorden que, respecto del orden de partida, es muy elevado; sin embargo, introduce nuevos módulos de organización que, al oponerse a los viejos, provocan una amplia disponibilidad de mensajes; por consiguiente, una gran información; y, no obstante, permiten la organización de nuevos tipos de discurso y, por tanto, nuevos significados. También aquí tenemos una poética que se propone la disponibilidad de la información y hace de esta disponibilidad un método de construcción. Esto no determina el resultado estético: mil desabridas constelaciones de sonidos desarticulados del sistema tonal me dirán menos (me informarán menos, me enriquecerán menos) que *Eine kleine Nachtmusik*. Sin embargo, se observa que la nueva música se mueve en determinada dirección constructiva, en búsqueda de estructuras de discurso en las cuales la posibilidad de resultados diversos aparezca como el fin primordial.

Hay una carta de Webern a Hildegard Jone [18] que dice así:

> He encontrado una *serie* [quiere decir doce sonidos] que contiene en sí misma una cantidad de relaciones internas [de los doce sonidos entre sí]. Cosa que quizá es semejante a un célebre dicho antiguo:
>
> S A T O R
> A R E P O
> T E N E T
> O P E R A
> R O T A S
>
> Para leerse una vez horizontalmente... luego verticalmente: de arriba abajo, arriba, abajo, etc.

Nos parece singular que Webern buscase para su constelación un paralelo de este estilo, porque esta conocidísima construcción que puede leerse en varios sentidos es la misma que dan como ejemplo los estudiosos de la información cuando examinan la técnica de construcción de las palabras cruzadas a fin de estudiar las posibilidades estadísticas que encierran dos o más secuencias de letras para combinarse en mensajes distintos. La imagen que Webern obtiene por analogía es la imagen de un ejemplo típico de la estadística, de la teoría de la probabilidad y de la matemática de la información. Singular coincidencia. Quedando claro que, para Webern, este hallazgo técnico era sólo *uno* de los medios de organización de su discurso musical, mientras que en la construcción de un *puzzle* semejante análisis combinatorio representa la meta de llegada.

Una constelación es un elemento de orden; por consiguiente, la poética de la apertura, si implica la búsqueda de una fuente de mensajes posibles dotada de cierto *desorden*, trata sin embargo de realizar esta condición sin renunciar a la transmisión de un mensaje organizado; oscilación pendular, se ha dicho, entre un sistema de probabilidades ya institucionalizado y el puro desorden: *organización original del desorden*. Esta oscilación, por la cual el aumento de significado supone pérdida de información y el aumento de información supone pérdida de significado, la tiene presente Weaver: "Se tiene la vaga sensación de que la información y el significado pueden ser algo análogo a un par de variables canónicamente conjugadas en la teoría de los quantos; es decir, de que la información y el significado pueden estar sujetos a alguna restricción combinada que implique el sacrificio de uno de ellos si se insiste en obtener demasiado del otro".[19]

LA INFORMACIÓN, EL ORDEN Y EL DESORDEN

Una aplicación comprometida de las investigaciones en torno a la información en la estética musical es la llevada a

cabo por Abraham Moles en numerosos estudios, resumidos todos ellos en su volumen *Théorie de l'information et perception esthétique*.[20] Moles acepta claramente una noción de información como directamente proporcional a la imprevisibilidad y netamente distinta del significado. El problema que se plantea es el de un mensaje rico de información por lo ambiguo y no obstante, precisamente por ello, difícil de decodificar. Es un problema que ya hemos aislado: tendiendo a un máximo de imprevisibilidad, se tiende a un máximo de desorden en que no sólo los más comunes, sino todos los significados posibles, resultan imposibles de organizar. Hay quien ve que este problema es, por excelencia, el de una música que tiende a la absorción de todos los sonidos posibles, a una ampliación de la gama utilizable, a una intervención del azar en el proceso de la composición. La polémica entre los defensores de la música de vanguardia y sus críticos [21] se desarrolla precisamente en torno a la comprensibilidad o imposibilidad de comprensión de un hecho sonoro cuya complejidad supere toda costumbre del oído y todo sistema de probabilidad como lengua institucionalizada. Y para nosotros el problema es siempre el de una dialéctica entre forma y apertura, entre libre multipolaridad y permanencia, en la variedad de los posibles, de una *obra*.

Para una teoría de la información, el mensaje más difícil de transmitir será el que, recurriendo a un área más amplia de sensibilidad del receptor, se valga de un canal más amplio, más dispuesto a dejar pasar gran número de elementos sin filtrarlos; este canal es vehículo de una amplia información, pero con el riesgo de una escasa posibilidad de inteligencia. Cuando el viejo Edgar Allan Poe, en su *Philosophy of Composition*, proponía límites a la extensión de un buen poema definiéndolo como el que pueda leerse en una sola sesión (puesto que el efecto total, para ser válido, no debe fragmentarse ni aplazarse), se planteaba en realidad un problema con respecto a la capacidad, por parte del lector, de recibir y asimilar la información poética. Y el problema de los límites de la obra, que aparece a menudo en la estética antigua, es menos peregrino de lo que parece y expresa la preocupación por la relación interactiva entre sujeto humano y masa objetiva de estímulos, organizados a modo de efectos comprensibles. En Moles, un problema por el estilo, enriquecido de conciencia psicológica y fenomenológica, se convierte en el problema de un "umbral perceptivo de la duración": dada una breve sucesión de hechos melódicos, repetida a velocidad siempre creciente, se llega a un momento en el cual el oído no percibe ya los distintos sonidos, sino que advierte sólo una masa sonora indiferenciada. Este umbral, susceptible de medición, señala límites insalvables. Pero todo esto significa precisamente cuanto se había ya dicho, es decir, que un puro desorden no preparado en vista de una relación con un sujeto acostumbrado a moverse entre sistemas de probabilidad no informa a nadie. La tendencia al desorden que caracteriza positivamente la poética de la apertura deberá ser tendencia al desorden *dominado*, a la *posibilidad* comprendida en un *campo*, a la libertad vigilada por *gérmenes de formatividad*, presentes en la forma que se ofrece abierta a las libres elecciones del usuario.

Entre el ofrecimiento de una pluralidad de mundos formales y el ofrecimiento del caos indiferenciado, desprovisto de cualquier posibilidad de placer estético, el paso es breve: sólo una dialéctica pendular puede salvar al compositor de una obra abierta.

El ejemplo típico de esta condición, nos parece, lo da el compositor electrónico que, teniendo a su disposición un reino ilimitado de sonidos y ruidos, puede verse superado y dominado por él: quiere ofrecer a su oyente un material sonoro de extrema y compleja libertad, pero habla siempre en términos de filtraje y montaje del material, introduce abscisas como para canalizar el desorden elemental en matrices de posibilidad orientada. En el fondo, como bien observa Moles, en última instancia la diferencia entre *perturbación* y *señal* no existe: se plantea sólo por un acto intencionado. En la composición electrónica, la diferencia entre *ruido* y *sonido* desaparece en el acto voluntario en el cual el creador *ofrece* al oyente su magma sonoro *para que lo interprete*. Pero, en esta tendencia al máximo desorden y la máxima información, él debe sacrificar (afortunadamente) algo de su libertad e introducir los módulos de orden que permitirán al oyente moverse en forma orientada en medio de un ruido que interpretará como señal porque se dará cuenta de que ha sido elegido y, en cierta medida, organizado.[22]

Moles cree poder señalar, como ha hecho Weaver, una especie de principio de indeterminación que limita la información con el aumento de la inteligibilidad; y, dando un paso adelante y considerando que esta indeterminación es una constante del mundo natural a cierto nivel, la expresa con una fórmula que, a su parecer, recuerda de cerca la que expresa la inseguridad de las observaciones en la física quántica. Pero, en este punto, si la metodología y la lógica de la indeterminación, como aparecen en las disciplinas científicas, representan frente a la experiencia artística un hecho cultural que influye en la formulación de la poética sin constituir, por lo demás, su rigurosa explicación que puede expresarse en fórmulas, este segundo tipo de indeterminación al nivel de la relación libertad-inteligibilidad nos parece, en cambio, que no es ya un resultado de las ciencias que más o menos de lejos influye en las artes, sino una condición misma de la dialéctica productiva y de la lucha continua *de l'ordre et de l'aventure*, como diría Apollinaire; la condición misma por la cual también la poética de la apertura es poética de la obra de arte.

Apostilla de 1966

Estos puntos exigen muy atenta aclaración. De hecho, se puede demostrar que el concepto matemático de información no es aplicable al mensaje poético ni a ningún mensaje en general, porque la información (como entropía y copresencia de *todas* las posibilidades) es una propiedad de la *fuente* de los mensajes: en el momento en que se filtra esta equiprobabilidad inicial, se tiene selección y, por tanto, orden y, por tanto, significado.

La argumentación es exacta, a lo menos dentro de los límites en que una teoría de la información es sólo un conjunto de reglas matemáticas capaces de medir las posibilidades de transmisión de determinado número de *bits* desde una fuente a un receptor. Pero, en el momento en que nos enfrentamos con el problema de la transmisión de información entre seres humanos, la teoría de la información se convierte en *teoría de la comunicación* y el problema consiste precisamente en ver de qué manera pueden aplicarse a la comunicación humana unos conceptos aportados por una técnica de medición cuantitativa de la información, a nivel de intercambio físico de señales consideradas independientemente de los significados que transmiten.

Una fuente de información se encuentra en una situación, altamente entrópica, de absoluta equidisponibilidad. La transmisión de un mensaje implica la selección de algunas informaciones y, por tanto, una organización y, por tanto, un "significado". En este aspecto, si el receptor de la información es una máquina (un homeostato, un cerebro electrónico que recibe las señales concernientes a cierta situación física y debe traducirlas a mensajes concernientes a una decisión de *feed-back*, es decir, mensajes rígidamente relacionables con un código dado, en que cada señal significa una sola y única cosa), el mensaje o posee un significado unívoco o se identifica con el ruido.

Sin embargo, cuando transmito informaciones al plano humano surgen (como se veía en el capítulo precedente) fenómenos de "connotación". Cada señal se rodea de ecos y evocaciones, un simple código que prescriba la transformación —término a término— entre significantes y significados no resulta suficiente. Y no es esto sólo, ya que, si el mensaje tiene finalidades estéticas, el autor se las ingenia

164

para estructurarlo de manera ambigua, es decir, de modo que ofenda aquel sistema de reglas y previsiones que es el código. Entonces nos encontramos frente a un mensaje que se refiere a un código en tanto —como se decía anteriormente— *orden como sistema de probabilidad* y que, por la manera de articularse, niega o pone en crisis este orden. Lo pone en crisis organizando de manera diferente tanto los significados como la naturaleza física de los significantes, sumiendo al receptor en un estado de excitación y tensión interpretativa. En consecuencia, el mensaje ambiguo *infunde desorden en el código*, es decir, en el orden superpuesto al desorden entrópico de la equiprobabilidad de partida, o sea, de la fuente. La actitud del receptor frente al mensaje hace de manera que el mensaje no permanezca ya como el punto final de un proceso de comunicación (como ocurriría en el caso de un receptor-máquina instruido en la recepción de mensajes como secuencia de señales aisladas). El mensaje *se convierte en la fuente de una nueva cadena de comunicación* y, por tanto, en una fuente de posible información. El mensaje es la fuente de una información que hay que filtrar a partir de un desorden inicial, el cual no es el orden en absoluto, sino *el desorden con respecto a un orden precedente*. El mensaje se hace *fuente* y, por tanto, posee aquellas cualidades de informatividad que eran propias de la fuente de una cadena informativa normal.

Es evidente que en este aspecto se asume la noción de información ampliando su ámbito, pero pensamos que no se trata tanto de analogía como de un procedimiento que se basa en una estructura homóloga presente en dos situaciones diferentes. El mensaje es un desorden de partida que exige un filtraje de significados para convertirse en un nuevo mensaje (es decir, para convertirse no en la obra a interpretar, sino en la obra interpretada; dicho en otras palabras: *I promessi sposi* constituye una fuente de posibles interpretaciones con respecto a las cuales *I promessi sposi* de Angelini, de Russo, de Flora y de Moravia ya son un mensaje interpretado, una incoatividad de información reducida a una coordinación de significados preseleccionados).

Es evidente que la información filtrada de este modo no es cuantitativamente computable, del mismo modo que tampoco es computable la capacidad informativa del mensaje-fuente. Por tanto, en este aspecto la teoría de la información se convierte en teoría de la comunicación; conserva un esquema de categorías de base y pierde el planteamiento algorítmico. En otras palabras, la teoría de la información aporta sólo un esquema de posibles relaciones (orden-desorden, información-significado, disyunción binaria, etc.) insertables en un contexto más amplio y continúa válida, dentro de su ámbito específico, únicamente como medición cuantitativa del número de señales transmisibles de una manera clara a lo largo de un canal. Una vez que un ser humano recibe las señales, la teoría de la información no tiene ya nada qué decir y cede el puesto a una semiología y una semántica, puesto que se entra en el universo del significado (que es el "significado" del cual se ocupa la semántica y que no coincide totalmente con la noción de "significado" como "trivialidad" de que se ocupa la teoría de la información).

No obstante, la existencia de obras abiertas (la existencia de una apertura connatural a toda obra de arte y, por tanto, la existencia de mensajes que se sitúan como fuente de posibles interpretaciones) es precisamente la que postula esta ampliación de ámbito de los conceptos informacionales. De hecho, es bastante sencillo demostrar que la teoría de la información no nació para dar razón del mensaje poético y que no es aplicable a procesos en los cuales entran en juego significados denotativos y connotativos; sencillo hasta tal punto que la demostración no puede encontrar el consenso general.

Sin embargo, precisamente porque la teoría de la información *no* es aplicable *tout court* al fenómeno estético, muchos estudiosos se las han ingeniado para utilizarla también en este ámbito. Precisamente porque *no* es aplicable a los procesos significativos, se ha querido utilizarla para explicar los fenómenos lingüísticos. Y precisamente porque, asumidos en su acepción originaria, estos conceptos no tienen nada que ver con la obra de arte, se ha querido ver en este ensayo en qué medida pueden serle aplicados. Si fuesen aplicables inicialmente, no valdría la pena perder tiempo para tratar de definir las posibilidades de aplicación. En cambio, la operación deriva de la persuasión de que la obra de arte puede investigarse en términos de comunicación; por lo cual su mecanismo (aquí está la verificación) *ha de poder* trasladarse a todos los comportamientos comunes a cualquier mecanismo de comunicación, incluso a los que se refieren a la simple transmisión a lo largo de un canal de unas señales desprovistas de significado connotativo, captables por una máquina que los entiende como órdenes para operaciones sucesivas basadas en un código previamente ordenado y capaz de instituir una correspondencia unívoca entre una señal dada y un comportamiento mecánico o electrónico dado.

Por otra parte, la objeción citada sería absolutamente inmovilizadora de no estar ya claros los hechos siguientes:

1) La aplicación de los conceptos informacionales a la estética no es la causa de la configuración de la idea de obra abierta, polivalente, ambigua. En cambio, realmente es la presencia de una cota de ambigüedad y polivalencia en toda obra de arte lo que impulsa a identificar las categorías informacionales como particularmente adaptadas a dar cuenta del fenómeno.

2) La aplicación de categorías informacionales a los fenómenos de la comunicación es ya un hecho aceptado por muchos investigadores desde Jakobson, quien aplica la idea de binarismo integral a los fenómenos del lenguaje, hasta Piaget y sus discípulos, quienes aplican el concepto de información a la percepción, y hasta Lévi-Strauss, Lacan, los semiólogos rusos, Max Bense, la nueva crítica brasileña y así sucesivamente. Cuando se llega a una coincidencia interdisciplinaria tan fecunda desde tendencias dife-

rentes y desde diversas partes del mundo, se está ante algo más que una moda arteramente difundida o una extrapolación arrebatada. Hay la presencia de un aparato categorial que resulta ser la llave indispensable para abrir muchas puertas.

3) Aun cuando nos encontrásemos frente a procedimientos analógicos, a extrapolaciones no controladas, habrá que reconocer que procede el conocimiento incluso para los esfuerzos de una imaginación hipotética que se arriesga por atajos inseguros. La acribología excesiva y la más honrada de las cautelas pueden disuadir de recorrer caminos indudablemente peligrosos pero que podrían conducir a altiplanicies desde las cuales el paisaje total resultaría más claro, con unos enlaces y unas vías principales que habían escapado a una primera inspección topográfica.

4) El aparato categorial de la teoría de la información resulta metodológicamente rentable sólo cuando se inserta en el contexto de una *semiología general* (aunque los investigadores lo advierten poco a poco y no desde hace muchos años). Antes de rechazar las nociones informacionales, es menester verificarlas a la luz de una relectura semiológica.

Una vez dicho esto, he de admitir que este horizonte semiológico falta en el ensayo que me ocupa, concebido en 1960 para el número 4 de "Incontri musicali". Las objeciones que he discutido brevemente en esta Apostilla (redactada seis años después) se remiten, en su forma más rigurosa, a Emilio Garroni *, quien dedicó a *Obra abierta* una de las escasísimas críticas verdaderamente profundas y científicamente dignas de consideración que me ha sido dado encontrar en el copioso material existente sobre el tema, cuando menos en Italia. Y resultaría superficial pretender haber contestado a estas objeciones simplemente con esta Apostilla. Ésta tiene una única función: dado que

---

* *La crisi semantica delle arti*, Officina Edizioni, Roma, 1964, cap. III.

el presente ensayo, aunque revisado a fondo, mantiene su estructura originaria, la Apostilla se limita a *anticipar las posibles respuestas* y demostrar que estas respuestas se encontraban implícitas en el tratamiento originario pese a que sólo me ha sido posible exponerlas a través de las observaciones hechas por Garroni. Por otra parte, debo a estas observaciones el haberme sentido impulsado a profundizar el problema durante estos últimos años, dentro del ámbito de las presentes investigaciones en tanto redacto esta nota.

III

INFORMACIÓN Y TRANSACCIÓN PSICOLÓGICA

Todas estas discusiones nos han mostrado que las investigaciones matemáticas sobre la información pueden ofrecer instrumentos de aclaración y una discusión sobre las estructuras estéticas; y que las rebuscas científicas expresan una tendencia a lo probable y a lo posible común a las artes.

Pero es evidente que la teoría de la información mide una *cantidad*, no una *calidad*. La cantidad de la información corresponde sólo a la probabilidad de los acontecimientos; es diferente el *valor* de la información, que corresponde, en cambio, a nuestro interés personal por ella.[23] Ahora bien, la *calidad* de la información nos parece precisamente relacionada con su *valor*. Es decir, para afirmar cuánto *vale* para nosotros una situación de imprevisibilidad (estadísticamente verificable, se trate de un boletín meteorológico, de Petrarca o de Éluard), de qué atributos particulares se carga, es necesario *tomar en consideración, junto con el hecho estructural, también nuestra atención al hecho estructural.*

El análisis estadístico de las posibilidades de información de una señal es en el fondo un análisis de tipo *sintáctico*: la dimensión *semántica* y *pragmática* intervienen sólo tangencialmente, una para definir en qué casos y en qué circunstancias un mensaje dado puede aportarme más información que otro, la segunda para señalar el comportamiento sucesivo que una información dada puede sugerirme.

La transmisión de señales concebidas de acuerdo con un código riguroso, haciendo uso de una rica redundancia, podía explicarse sin recurrir a una intervención interpretativa del receptor; la transmisión de una secuencia de señales de escasa redundancia, de alta dosis de improbabilidad, requiere que entre en el análisis la consideración de las actitudes y las estructuras mentales con las que el receptor selecciona el mensaje e introduce en él una probabilidad que en realidad está contenida en él lo mismo que muchas otras a título de libertad de elección.

Esto significa, ¿qué duda cabe?, introducir el punto de vista de la psicología en un análisis estructural de los fenómenos de la comunicación y esta operación parece contradecir los propósitos antipsicologistas que orientaron las diferentes metodologías formalistas aplicadas al lenguaje (desde Husserl a los formalistas rusos). Sin embargo, si se quiere examinar las posibilidades de significación de una estructura comunicativa, no se puede prescindir del polo "receptor". En este sentido, ocuparse del polo psicológico significa reconocer la posibilidad formal (indispensable para explicar la *estructura* y el *efecto* del mensaje) de una significatividad del mensaje sólo en cuanto está interpretado *por una situación dada* (una situación psicológica y, a través de ella, histórica, social, antropológica en sentido lato).[24]

Se hace necesario considerar, por tanto, la relación interactiva que se plantea, tanto a nivel de la percepción como de la inteligencia, entre los estímulos y el mundo del receptor: una relación de *transacción* que representa el proceso auténtico de formación de la percepción o de la comprensión intelectual. En nuestro caso, este examen no sólo constituye un paso metodológico obligado, sino que nos aporta también unas confirmaciones a cuanto se ha dicho hasta ahora con respecto a la posibilidad de una *fruición* "abierta" de la obra de arte. En efecto, nos parece un tema básico de las corrientes psicológicas más recientes el de la "apertura" fundamental de todo proceso de percepción e inteligencia.

Son perspectivas que nacen de una crítica a las posturas de la psicología de la forma. En efecto, para ella se habría captado inmediatamente en la percepción una *configuración* de estímulos dotada *ya* de una organización objetiva propia; el acto de percepción no haría otra cosa que reconocer esta configuración gracias a un isomorfismo fundamental entre estructuras del objeto y estructuras fisiopsicológicas del sujeto.[25]

Contra esta hipoteca metafísica que gravaba la teoría psicológica se levantaron las escuelas posteriores, precisamente para proponer la experiencia cognoscitiva, en sus diferentes niveles, como experiencia que se plasma en realidad *dentro de un proceso*. Un proceso en el cual no se agotan las posibilidades del objeto, pero donde se ponen de relieve aquellos aspectos que se prestan a interactuar con las disposiciones del perceptor.[26]

Fue, por un lado, la psicología transaccional americana, alimentada por el naturalismo deweyano (pero influida igualmente por corrientes francesas de las que hablaremos), la que afirmó que la percepción, si bien no es la recepción de sensaciones atómicas de las que hablaba el asociacionismo clásico, representa, sin embargo, una relación en la que mis recuerdos, mis convicciones inconscientes, la cultura que llevo asimilada (en una palabra, la *experiencia adquirida*), se integran con el juego de los estímulos para conferirles, junto con una *forma*, el *valor* que asumen *para mí* dados los fines que me propongo. Decir que "toda experiencia está invadida por un atributo de valor" significa, en cierta medida, decir que, en la realización de una experiencia perceptiva, entra una componente artística, un *hacer según propósitos formativos*. Como dijo R. S. Lillie:

La realidad psíquica, en su naturaleza esencial, prevé e interroga. Tiende a terminar y completar una experiencia incompleta. Reconocer la importancia especial de esta característica en el organismo vivo no significa ignorar ni subestimar las condiciones físicas estables que forman otra parte indispensable de la organización vital. En el sistema psicofísico constituido por el organismo, ambos factores deben considerarse como igualmente importantes y complementarios en la actividad de conjunto del sistema.[27]

En términos menos comprometidos, con un vocabulario biológico-naturalístico, diremos que: "Como seres humanos, nosotros captamos únicamente aquellos 'conjuntos' que para nosotros tienen un sentido como seres humanos. Hay otros infinitos 'conjuntos' sobre los cuales nunca sabremos nada. Es obvio que para nosotros es imposible experimentar todos los elementos posibles que hay en cada situación y todas sus posibles relaciones...". Por ello nos vemos obligados, situación por situación, a recurrir, como factor formativo de la percepción, a la experiencia adquirida:

El organismo, forzado siempre a "elegir" entre un número ilimitado de posibilidades que pueden vincularse a determinado *pattern* de la retina, reclama sus anteriores experiencias y asume que aquello que fue más probable en tiempo pasado puede serlo en la ocasión específica... Dicho en otras palabras, lo que vemos es, sin duda alguna, función de un término medio calibrado de otras experiencias pasadas nuestras. Parece así que pongamos en relación determinado *pattern* de estímulos con experiencias pasadas a través de una compleja integración de tipo probabilista... De ahí se sigue que las percepciones resultantes de tal operación no constituyen en absoluto revelaciones totales de "lo que queda fuera", sino que representan predicciones o probabilidades basadas en experiencias adquiridas.[28]

En otro contexto, Piaget ha hablado ampliamente de una naturaleza probabilística de la percepción y, entrando en polémica con los gestaltistas, ha tratado de ver la estructuración del dato sensorial como producto de una equilibración, resultado tanto de unos factores innatos como de factores externos que se interfieren de continuo entre sí.[29]

En Piaget, esta naturaleza procesual y "abierta" del proceso cognoscitivo se muestra más cumplidamente en el análisis que él lleva a cabo de la inteligencia.[30]

La inteligencia tiende a componer estructuras "reversibles" en que el equilibrio, la interrupción, la homeostasis, no son sino el estadio terminal de la operación, indispensable a fines de eficacia práctica. Sin embargo, la inteligencia muestra de por sí todas las características de lo que nosotros llamaremos una procesualidad abierta. El sujeto procede a través de una serie de hipótesis y tentativas, guiadas por la experiencia, que dan como resultado no las formas de los gestaltistas, estáticas y preformadas, sino estructuras móviles y reversibles (en que el sujeto, después de haber reunido los dos elementos de una relación, pueda disociarlos y volver a encontrarse en el punto de partida).

Piaget da el ejemplo de la relación $A + A' = B$, que puede asumir las formas variables de $A = B - A'$, o bien $A' = B - A$, o también $B - A = A'$, y así sucesivamente. En este juego de posibles relaciones no se tiene un proceso unívoco, como acostumbraría a ocurrir en la percepción, sino una posibilidad operatoria que permite diferentes reversiones (como sucede con una·serie dodecafónica que se presta precisamente a una múltiple variedad de manipulaciones).

Piaget recuerda que en la percepción de las formas se tienen unas regulaciones y unos recentramientos, unas modificaciones del estadio final, después de alcanzado, que nos permiten ver, por ejemplo, de diferentes modos las características siluetas ambiguas que encontramos nuevamente en los manuales de psicología. No obstante, en un sistema de razonamientos se tiene mucho más que un "recentramiento" (Umzentrierung): hay un descentramiento general que permite algo así como una disolución, un deshielo de las formas perceptivas estáticas en beneficio de la movilidad operativa; de ahí la posibilidad indefinida de nuevas estructuras.

Sin embargo, también a nivel de la percepción, si bien no se tiene la reversibilidad de las operaciones intelectuales, se tienen, sin embargo, unas regulaciones diferentes, influidas en parte precisamente por la aportación de la experiencia, que "esbozan o anuncian ya los mecanismos de composición que se harán operativos una vez sea posible la reversibilidad completa".[31] Dicho en otras palabras, si a nivel de la inteligencia hay construcción de estructuras móviles y variables, a nivel de la percepción hay igualmente procesos aleatorios y probabilísticos que concurren de todos modos a constituir *también la percepción* como un proceso abierto a muchos resultados posibles (a pesar de las constancias perceptivas que la experiencia no nos permite poner a discusión). De todas maneras, en ambos casos se tiene una actividad constructiva por parte del sujeto.[32]

Frente a esta procesualidad sustancial y esta "apertura" del conocimiento, podríamos seguir ahora dos líneas de desenvolvimiento, que corresponden a una distinción ya propuesta en el curso de este libro:

a) Interpretado en términos psicológicos, el placer estético —como se realiza frente a *toda* obra de arte— se basa en los mismos mecanismos de integración y completamiento que resultaron típicos de todo proceso cognoscitivo. Este tipo de actividad es esencial al goce estético de una forma: se trata de la que en otro lugar llamábamos *apertura de primer grado.*

b) El problema de las poéticas contemporáneas es el de dar énfasis a estos mecanismos y hacer consistir el goce estético no tanto en el reconocimiento final de la forma como en el reconocimiento de aquel proceso abierto continuamente y que permite aislar siempre nuevos *perfiles* y nuevas posibilidades de una forma. Se trata de la que llamábamos *apertura de segundo grado.*

Nos hemos dado cuenta de que sólo una psicología de tipo transaccional (más atenta a la génesis de las formas que a su estructura objetiva) nos permite comprender a fondo la segunda actitud, la segunda acepción de la noción de apertura.

TRANSACCIÓN Y APERTURA

Ante todo, vemos de qué manera el arte de todos los tiempos parece algo así como una provocación de experiencias voluntariamente incompletas, súbitamente interrumpidas a fin de suscitar, gracias a una *expectativa frustrada*, nuestra tendencia natural a la terminación.

Leonard Meyer, en su *Emotion and Meaning in Music*,[33] nos da un análisis satisfactorio de este mecanismo psicológico donde se lleva la argumentación sobre bases ampliamente gestálticas y que consiste en el examen de las estructuras musicales objetivas, vistas en relación con nuestros esquemas de reacción, es decir, un examen de un mensaje dotado de cierta carga informacional, pero que sólo adquiere valor respecto a la respuesta de un receptor y sólo en este punto se organiza realmente en *significado*.

Según Wertheimer, el proceso de pensamiento puede describirse del siguiente modo: dada la situación S_1 y la situación S_2, que representa la solución de S_1, el término *ad quem*, el proceso, es una transición de la primera situación a la segunda, transición en la que S_1 es estructuralmente incompleto, presenta una divergencia, una ambigüedad de estructura, que va sucesivamente definiéndose y resolviéndose hasta componerse en S_2. Meyer asume una noción semejante de proceso para el discurso musical: un estímulo se presenta a la atención del usuario como ambiguo, inconcluso y produce una *tendencia a obtener satisfacción*; en suma, plantea una crisis, de modo que el oyente tenga necesidad de encontrar un punto firme que le resuelva la ambigüedad. En tal caso surge una emoción, puesto que la tendencia a una respuesta queda súbitamente detenida o inhibida; si la tendencia fuera satisfecha, no habría alteración emotiva. Pero, puesto que una situación estructuralmente débil o de dudosa organización crea tendencias a la aclaración, cualquier dilación impuesta a la aclaración provocará un movimiento afectivo. Este juego de inhibiciones y reacciones emotivas interviene para proveer de significado al discurso musical: puesto que, mientras en la vida cotidiana se crean diversas situaciones de crisis que no se resuelven y se dispersan accidentalmente de la misma manera que surgen, en música la inhibición de una tendencia se hace significante en la medida en que la relación entre tendencia y solución se hace explícita y se concluye. Por el solo hecho de concluirse, el círculo *estímulo - crisis - tendencia que surge - satisfacción que llega - restablecimiento de un orden* adquiere significado. "En la música el mismo estímulo, la música, activa las tendencias, las inhibe y provee soluciones significantes."[34]

De qué manera surge una tendencia, de qué tipo es la crisis, qué tipo de soluciones puede llegar a satisfacer al oyente, todo esto se aclara remitiéndolo a la *Gestalttheorie*: esta dialéctica psicológica está presidida por las leyes de la forma, es decir, por las leyes de la preñez, de la *curva buena*, de la cercanía, de la igualdad, etc. En el oyente está presente la exigencia de que el proceso se concluya de acuerdo con la simetría y se organice en la forma *mejor* posible, en armonía con ciertos modelos psicológicos que la teoría de la forma reconoce presentes, tanto en las cosas como en nuestras estructuras psicológicas. Puesto que la emoción nace al interrumpirse la regularidad, la tendencia a la forma buena, el recuerdo de pasadas experiencias formales, intervienen en la acción de escuchar para crear, frente a la crisis que surge, unas *expectativas*: previsiones de la solución, prefiguraciones formales en las cuales se resuelve la tendencia inhibida. Como la inhibición perdura, emerge un placer de la espera, casi una sensación de impotencia ante lo desconocido; y, cuanto más inesperada es la solución, más intenso es el placer al verificarse. Por consiguiente, puesto que el placer lo da la crisis, resulta claro, por el discurso de Meyer, que las leyes de la forma, si son la base de la comprensión musical, rigen el discurso como todo, sólo con la condición de ser continuamente violentadas durante su desarrollo; y la espera del oyente no es la espera de resultados obvios, sino de resultados desacostumbrados, de violaciones de la regla que hagan más plena y conquistada la legalidad final del proceso. Ahora bien, para la teoría de la forma, "buena" resulta la configuración que adoptan necesariamente los datos naturales en su disposición en complejos unitarios. ¿Posee la forma musical las mismas características de estabilidad originaria?

En este punto, Meyer atempera su propio gestaltismo y afirma que la noción de *organización óptima* representa en la música un *dato de cultura*. Esto significa que la música no es un lenguaje universal, sino que la tendencia a ciertas soluciones más que a otras es fruto de una educación y una civilización musical históricamente determinada. Acontecimientos sonoros que para una cultura musical son elemento de crisis, para otra pueden ser ejemplos de legalidad que rozan la monotonía. La percepción de un todo no es inmediata y pasiva: es un hecho de organización que *se aprehende* y se aprehende en un contexto socio-cultural; en tal ámbito, las leyes de la percepción no son hechos de pura naturalidad, sino que se forman dentro de determinados *modelos de cultura* o, como se expresaría la teoría transaccionista, mundos de *formas asuntivas*, un sistema de preferencias y hábitos, una serie de persuasiones intelectuales y tendencias emotivas que se forman en nosotros como efecto de una educación fruto del ambiente natural, histórico, social.[35]

Meyer da el ejemplo de un conjunto de estímulos constituido por las letras TTRLSEE y propone distintos modos de agrupar y organizar estas letras de forma que resulten de ellas grupos formalmente satisfactorios: TT RLS EE, por ejemplo, obedece a ciertas leyes de contigüidad muy elementales y da un resultado de indudable simetría. Sin embargo, es un hecho que la organización que un lector inglés tenderá a preferir será la siguiente: LETTERS. En esta forma encontrará un significado y, por consiguiente, le resultará "buena" bajo cualquier aspecto. La organización se ha llevado a cabo, pues, según una experiencia adquirida: según los modos de una ortografía y una lengua. Lo mismo ocurre para un conjunto de estímulos musicales, frente a los cuales la dialéctica de las crisis, de las consideraciones, previsiones y soluciones satisfactorias, obedece a leyes que pueden situarse histórica y culturalmente. La civilización auditiva del mundo occidental, por lo menos hasta principios de siglo, era tonal; y es en este ámbito de una civilización tonal donde ciertas crisis serán crisis y ciertas soluciones serán soluciones; si pasamos a examinar cierta música primitiva u oriental, las conclusiones serán distintas.

Pero, aun cuando el análisis de Meyer se dirija a diversas civilizaciones musicales para identificar en ellas diversos modos de organización formal, parece implícita en su discurso esta afirmación: cada civilización musical elabora su sintaxis, y en el ámbito de la misma tiene lugar un modo de oír orientado, precisamente, de acuerdo con modelos de reacción educados por una tradición cultural; cada modelo de discurso tiene sus leyes, que son nuevamente las de la forma, y la dinámica de las crisis y de las soluciones obedece a cierta necesidad, a direcciones formativas fijas. En el oyente domina la tendencia a resolver la crisis en el reposo, la perturbación en la paz, la desviación en la vuelta a una polaridad definida por el hábito musical de una civilización. La crisis es válida en vista a la solución, pero la tendencia del oyente es tendencia a la solución, no a la crisis por la crisis. Por esto los ejemplos escogidos por Meyer se refieren todos a la música clásica tradicional, porque en el fondo su argumentación viene a sufragar una actitud conservadora de la música europea, es decir, se presenta como interpretación psicológico-estructural de la música *tonal*.

Este punto de vista permanece fundamentalmente inmóvil incluso cuando Meyer, en un artículo posterior suyo,[36] recoge estos problemas no ya desde un punto de vista psicológico, sino de acuerdo con la teoría de la información. La introducción de una incertidumbre, de una ambigüedad en una secuencia de probabilidades como es el discurso musical, le parece el elemento capaz de desencadenar la emoción. Un estilo es un *sistema de probabilidades* y la conciencia de la probabilidad se hace esperar latente en el espectador que aventura previsiones acerca de los consecuentes de un antecedente. Dar significado estético a un discurso musical significa hacer explícita la incertidumbre y gozarla como altamente deseable. Meyer afirma, pues, que "el significado musical surge cuando una situación antecedente, que requiere una apreciación de los modos probables de continuación del *pattern* musical, produce incertidumbre acerca de la naturaleza temporal tonal de lo que en consecuencia se espera. Cuanto mayor es la incertidumbre, mayor es la información. Un sistema que produce una secuencia de símbolos que concuerdan con cierta probabilidad se llama proceso estocástico, y el caso particular de un proceso tal en que las probabilidades dependen de acontecimientos precedentes se llama proceso o cadena de Markoff.[37] Señalando la música como un sistema de atracciones tonales, por consiguiente, un sistema en que la existencia de un acontecimiento musical impone cierta probabilidad a la sucesión de otro, cuando pasa inadvertido un acontecimiento musical porque sobreviene de acuerdo con cada expectativa natural del oído, disminuyen la incertidumbre y la emoción consiguientes (y, por tanto, la información). Dado que en una cadena de Markoff la incertidumbre tiende a disminuir a medida que se avanza, el compositor se encuentra obligado a introducir deliberadamente incertidumbre a cada paso para enriquecer de significado (leyes: información) el discurso musical. Es la situación de *suspense* típica del procedimiento tonal, obligado continuamente a romper el tedio de la probabilidad. La música, como la lengua, contiene cierta dosis de redundancia que el compositor tiende siempre a eliminar para aumentar el interés del oyente. Pero en este punto Meyer vuelve a una consideración acerca de la inalterabilidad del mundo que puede ser asumido y recuerda que una forma de *ruido* característico del discurso musical, y también del acústico, es el *cultural*; y el ruido cultural lo da la disparidad entre nuestro hábito de respuesta (es decir, nuestro mundo asumido) y el que requiere el estilo musical; y termina con una nota polémica hacia la música contemporánea, la cual, al eliminar excesivamente la redundancia, se reduce a una forma de ruido que nos impide dar realidad al significado del discurso musical escuchado.[38] En otros términos, él advierte, no como problema a resolver, sino como peligro a evitar, aquella oscilación entre desorden informativo e ininteligibilidad total que ya había preocupado a Moles. Distinguiendo entre incertidumbre deseable e incertidumbre indeseable, Meyer, que no obstante tiene clara la historicidad y la capacidad de evolución propia de cada mundo asuntivo, elimina la posibilidad, en el interior de un lenguaje musical, de una transformación de las formas de asumir de la sensibilidad que lleve a mundos asuntivos completamente nuevos. El lenguaje musical es, pues, un sistema de probabilidades en que la improbabilidad se introduce *con juicio.** En este punto se nos ocurre que, a la larga, la tabla de las posibles incertidumbres se vuelva tan normal que entre a formar parte del derecho de las probabilidades; y, tácitamente, la que un tiempo era información se convierta en redundancia, cosa que ocurre comúnmente con la peor música ligera, donde no hay ni sorpresa ni emoción, y una nueva canción de Claudio Villa resulta tan previsible como un mensaje de felicitación de tarifa fija, construido según reglas triviales y totalmente carente de nueva información.

Cada ser humano vive en el interior de un *modelo cultu-*

* En español en el original. (*N. de T.*)

ral dado e interpreta la experiencia basándose en el mundo de formas asuntivas que ha adquirido: la estabilidad de este mundo es esencial para poder moverse de modo razonable en medio de las provocaciones continuas del ambiente y poder organizar las propuestas constituidas por los acontecimientos externos en un conjunto de experiencias orgánicas. Mantener, pues, nuestro conjunto de asunciones sin someterlo a mutaciones indiscriminadas es una de las condiciones de nuestra existencia de seres razonables. Pero entre mantener *en condición de organicidad* el sistema de asunciones y mantenerlo *absolutamente inalterado* hay una gran diferencia. Otra condición de nuestra supervivencia en cuanto seres pensantes es precisamente la de saber hacer evolucionar nuestra inteligencia y nuestra sensibilidad de modo que cada experiencia adquirida enriquezca y modifique el sistema de nuestras asunciones. El mundo de las formas que podemos asumir debe mantenerse orgánico en el sentido de que debe aumentar armónicamente, sin sobresaltos ni deformaciones, pero *debe aumentar* y, aumentando, modificarse. En el fondo, es esta diferencia la que hace tan dinámico y progresivo el modelo cultural del hombre occidental respecto al de ciertos pueblos primitivos. Los pueblos primitivos son tales no porque el modelo cultural que habían elaborado orgánicamente fuese bárbaro e inservible (puesto que se adaptaba incluso a la situación para la que había sido ideado), sino porque este modelo no supo evolucionar y, ciñéndose a él estáticamente, los representantes de esa cultura no fueron ya capaces de interpretarla en todas sus posibilidades originarias y siguieron aceptando las asunciones originarias como fórmulas vacías, elementos de ritual, tabúes inviolables.

Tenemos pocas razones para considerar universalmente superior el modelo cultural occidental moderno, pero una de estas razones es precisamente el hecho de su plasticidad, de su capacidad de responder a los desafíos de las circunstancias elaborando continuamente nuevos módulos de

181

adaptación y nuevas justificaciones de la experiencia (a las que la sensibilidad individual y colectiva se adecúa con mayor o menor oportunidad).

Todo esto, de hecho, ha ocurrido también en las formas del arte, en el ámbito de la "tradición" que parece inmutable y no transformada, pero que en realidad no ha hecho sino establecer continuamente nuevas reglas y nuevos dogmas sobre la base de revoluciones continuas. Todo gran artista, en el interior de un sistema dado, violó continuamente sus reglas estableciendo nuevas posibilidades formales y nuevas exigencias de la sensibilidad: después de Beethoven, lo que podía esperarse de quien escuchaba una sinfonía de Brahms era indudablemente distinto y más amplio de lo que se tenía antes de Beethoven, después de la lección de Haydn.

Sin embargo, la poética de la nueva música (y, con ella, el arte contemporáneo en general y, por último, todos los que consideran que el arte contemporáneo expresa imprescindibles exigencias de nuestra cultura) reprocha a la tradición clásica el hecho de que también estas novedades y estas expectativas de la sensibilidad se organizasen inmediatamente en el interior de un nuevo mundo de formas asuntivas que elegían como valor preferente el acabamiento, la satisfacción final de la expectación, estimulando y celebrando lo que Henri Pousseur llama una *inercia psicológica*. La tonalidad crea una polaridad a través de la cual rueda toda la composición sin apartarse sino breves momentos; se introducen, por tanto, las crisis para secundar la inercia auditiva conduciéndola nuevamente al polo de atracción. Pousseur observa que la introducción misma de una nueva tonalidad en el desarrollo de un fragmento exige un artificio destinado a vencer fatigosamente esta inercia: la *modulación*. Pero la modulación, derribando el conjunto jerárquico, introduce a su vez un nuevo polo de atracción, una nueva tonalidad, un nuevo sistema de inercia.

Todo esto no ocurría por casualidad: las exigencias formales y psicológicas del arte reflejaban las exigencias religiosas, políticas, culturales de una sociedad fundada en el orden jerárquico, en la noción absoluta de autoridad, en la presunción misma de una verdad inmutable y unívoca de la cual la organización social refleja la necesidad y las formas del arte celebran y reproducen al propio nivel.[39]

Las experiencias de las poéticas contemporáneas (y, si el discurso se ha desarrollado en su mayor parte sobre las formas musicales, sabemos muy bien que la situación comprende todo el arte actual) nos dicen, en cambio, que la situación ha cambiado.

La búsqueda de una apertura de segundo grado, de la ambigüedad y de la información como valor primario de la obra representan la repulsa de una *inercia psicológica* como contemplación del *orden reencontrado*.

Ahora se sitúa el acento en el proceso, en la posibilidad de identificar *muchos órdenes*. La recepción de un mensaje estructurado de manera abierta hace que la *expectativa* de que se hablaba no implique tanto una *previsión de lo esperado* como una *espera de lo imprevisto*. Y, así, el valor de una experiencia estética tiende a aparecer no cuando se cierra una crisis después de haberse abierto, de acuerdo con las costumbres estilísticas adquiridas, sino cuando —sumiéndonos en una serie de crisis continuas, en un proceso donde domina la improbabilidad— nosotros ejercemos una libertad de elección. Entonces, en el interior de este desorden, instauramos sistemas de probabilidad puramente provisionales e intentos complementarios de otros que —contemporáneamente o en una segunda fase— podremos asumir a su vez, gozando de la equiprobabilidad de todos y de la disponibilidad abierta de todo el proceso en su conjunto.

Se ha dicho que sólo una psicología atenta al momento genético de las estructuras nos puede permitir justificar estas tendencias del arte contemporáneo. Y, verdaderamente, la psicología parece profundizar hoy su discurso en la misma dirección en que lo profundizan las poéticas de la obra abierta.

La misma temática informacional ha venido a converger en la investigación psicológica abriéndole caminos muy fructuosos. Al examinar el acostumbrado problema de una percepción que en el fondo sea una *deformación* del objeto (en el sentido de que hay variación del objeto según la disposición de quien lo percibe), Ombredane [40] reconoce, como otros estudiosos que ya hemos citado, que al final se inmoviliza el proceso de exploración por efecto de una decisión y da origen a una forma que se cristaliza y se impone. Sin embargo, a la pregunta: "¿De dónde vienen estas formas?", Ombredane se niega a dar la respuesta gestaltista inspirada en los principios del isomorfismo para examinar, en cambio, la génesis del fenómeno estructural a la luz del factor experiencial:

> Si se comparan los diferentes puntos de vista... se comprueba que un carácter fundamental de la percepción viene dado por el hecho de que es resultado de un proceso *fluctuante* que implica cambios incesantes entre la disposición del sujeto y las posibles configuraciones del objeto, y que estas configuraciones del objeto son más o menos *estables* o *inestables* en el interior de un sistema espacio-temporal más o menos *aislado*, característico del *episodio comportamental*... La percepción puede expresarse en términos de probabilidad sobre el modelo de lo que se ve en la termodinámica o en la teoría de la información.

De hecho, lo percibido se presentaría como la configuración sensible, momentáneamente estabilizada, bajo la cual se manifiesta la reagrupación más o menos redundante de las informaciones útiles que recoge el receptor en el campo de estímulos durante la operación de la percepción. Y ello porque el mismo campo de estímulos ofrece la posibilidad de extraer de él un número indeterminado de modelos de redundancia variable, pero también porque aquello que los gestaltistas llaman "forma buena" es en realidad, entre todos los modelos, el que "exige una información mínima e implica una redundancia máxima". Así pues, la forma buena correspondería "al estado de probabilidad máxima de un conjunto fluctuante de percepciones".

Advertimos entonces que, traducida en términos de probabilidad estadística, la noción de forma buena pierde toda connotación de necesidad ontológica y ya no implica, como su correspectivo, una estructura prefijada de los procesos de percepción, un código definitivo de la percepción.

El campo de estímulos de que habla Ombredane, el cual ofrece diversas posibilidades de reagrupación redundante gracias a su indeterminación, no se opone a la buena forma como un informe no perceptible se opondría a lo percibido. En un campo de estímulos, el sujeto aísla la forma más redundante cuando se ve empujado a ello por particulares propósitos, pero puede también renunciar a la buena forma en favor de otros modelos de coordinación que quedan como posibles destacando en el fondo.

Tanto desde un punto de vista operativo como tipológico, Ombredane considera que cabría caracterizar diferentes tipos de exploración del campo de estímulos:

> Se podría distinguir el individuo que abrevia su exploración y decide explotar una estructura percibida antes de haber utilizado todos los elementos de información que habría podido recoger; el individuo que prolonga su exploración y se prohíbe adoptar las estructuras que se presentan; el individuo que pone de acuerdo las dos actitudes tanto para confrontar varias decisiones posibles como para integrarlas de la mejor manera posible dentro de algo percibido unitariamente y progresivamente construido. Cabría añadir el individuo que resbala de una estructura a otra sin advertir unas incompatibilidades que pueden existir entre ellas, como se ve en el caso del onirismo. Si la percepción es un "compromiso", hay diferentes maneras de comprometerse o de evitar comprometerse en la dirección de una investigación de informaciones útiles.

185

Esta rápida reseña tipológica va desde los límites de lo morboso a los de la cotidianidad, si bien permite un amplio espacio de posibilidades perceptivas y las justifica todas. No es éste el caso de subrayar qué valor puedan tener hipótesis psicológicas de este género por lo que a nuestro discurso estético se refiere. Habrá que añadir sólo que, sentadas estas premisas, el psicólogo deberá preguntarse francamente en qué medida un *apprentissage* basado en ejercicios perceptivos y operaciones intelectuales de tipo inédito modificará a fondo los esquemas de reacciones habituales (es decir, en qué medida el ejercicio de la información hará que lo que ofende a códigos y sistemas de expectativas se convierta en el elemento de un nuevo código y un nuevo sistema de expectativas). Se trata de un problema que la estética y la fenomenología del gusto han verificado a través de siglos de experiencia (incluso al nivel de las macroestructuras perceptivas), mostrando que unos nuevos ejercicios formativos modifican el sentido de las formas, nuestras expectativas con respecto a las formas, nuestra manera de reconocer la misma realidad.[41]

Precisamente la poética de la obra abierta nos presenta una posibilidad histórica de este tipo: la afirmación de una cultura por la que se admita, frente al universo de las formas perceptibles y de las operaciones interpretativas, la complementariedad de revisiones y soluciones diversas; la justificación de una discontinuidad de la experiencia, asumida como valor en lugar de una continuidad convencionalizada; la organización de diferentes decisiones exploratorias reducidas a unidad por una ley que no prescriba un resultado absolutamente idéntico, sino que, por el contrario, las vea como válidas precisamente en cuanto se contradicen y se completan, entran en oposición dialéctica generando de este modo nuevas perspectivas e informaciones más amplias.

En el fondo, uno de los elementos de crisis para la civilización burguesa contemporánea viene dado por la incapacidad del hombre medio de sustraerse a sistemas de formas adquiridas que le son aportadas desde el exterior, que él no se gana a través de una exploración personal de la realidad. Enfermedades sociales como el conformismo o la hétero-dirección, el gregarismo y la masificación, son precisamente fruto de una adquisición pasiva de normas de comprensión y juicio que se identifican con la "buena forma" tanto en moral como en política, en dietética como en el campo de la moda, a nivel de gustos estéticos o de principios pedagógicos. Las persuasiones ocultas y las excitaciones subliminares de todo género, desde la política a la publicidad comercial, hacen palanca sobre la pacífica y pasiva adquisición de "buenas formas" en cuya redundancia, sin esfuerzo alguno, se apoya el hombre medio.

Se nos pregunta, pues, si el arte contemporáneo, al educar en la ruptura continua de modelos y esquemas —eligiendo como modelo y como esquema el deterioro de los modelos y los esquemas y la necesidad de su alternancia no sólo de obra a obra, sino en el interior de una misma obra—, no puede representar un instrumento pedagógico con función de liberación, en cuyo caso su discurso superaría el nivel del gusto y de las estructuras estéticas para insertarse en un contexto más amplio e indicar al hombre moderno una posibilidad de recuperación y de autonomía.

NOTAS

1. Vid. el exhaustivo tratado de Stanford Goldman, *Information Theory*, Prentice-Hall, Nueva York, 1953. También nos hemos basado en A. A. Moles, *Théorie de l'information et perception esthétique*, Flammarion, París, 1958.

2. Esta definición puede llevarse al principio adoptado en lingüística en virtud del cual todo rasgo distintivo o fonema, situado en el interior de una unidad semántica, implica una elección entre dos términos de una oposición (vid. N. S. Trubeckoj, *Principes de phonologie*, París, 1949, p. 15 y p. 33 y ss.; Jakobson, *Essais*, cit., p. 104; siempre sobre la naturaleza informacional de las oposiciones fonológicas, vid. G. T. Guilbaud, *La Cybernétique*, P.U.F., 1954, p. 103). De la misma manera, también la elección de

una forma gramatical por parte del locutor sitúa al receptor en presencia de un número dado de *bits* de información. Así pues, Boas demostró que una expresión como "the man killed the bull" obliga al receptor, para dar un significado al mensaje, a elaborar elecciones entre un número dado de alternativas. Los lingüistas han recurrido a la teoría de la información como a un instrumento privilegiado: la dialéctica informacional entre *redundancia* e *improbabilidad* (sobre la cual hablaremos) se ha puesto así en relación con la dialéctica lingüística entre *base de comparación* y *variantes*, entre *rasgos distintivos* y *rasgos redundantes*. Jakobson habla de lenguaje de *estructura granular* y, por consiguiente, susceptible de cuantificación.

3. Vid. Max Planck, *La conoscenza del mondo fisico*, Einaudi, Turín, 1954, p. 19 y, en general, todo el cap. primero.

4. Vid. Planck, *op. cit.*, cap. I.

5. Vid. Hans Reichenbach, *The Direction of Time*, Univ. of California Press, 1956, p. 55. De distinta opinión es Planck, quien se inclina a considerar la entropía como una realidad natural que excluye a priori hechos que se consideran imposibles por parte de la experiencia (*op. cit.*, p. 30).

6. Vid. Reichenbach, *op. cit*, p. 151.

7. *Op. cit.*, p. 167.

8. Vid. Norbert Wiener, *The Human Use of Human Beings*, Boston, 1950, I. Resumiendo: existe una equiprobabilidad del desorden, respecto a la cual un orden es un hecho improbable porque es la elección de *una sola* cadena de probabilidad. Una vez llevado a la realidad, un orden constituye un sistema de probabilidad con respecto al cual aparece como improbable toda desviación.

9. Por ejemplo, alineando una secuencia de letras obtenidas extravendo al azar algunos de los trigramas estadísticamente más frecuentes en la lengua de Tito Livio, se tiene un conjunto de pseudopalabras indudablemente provistas de cierta "latinidad": IBUS, CENT, IPITIA, VETIS, IPSE, CUM, VIVIUS, SE, ACETITI, DEDENTUR (cf. G. T. Guilbaud, *La cybernétique*, París, Presses Universitaires, 1954, p. 82).

10. Vid. Wiener, *op. cit*. Al respecto, vid. también Gillo Dorfles, *Entropia e relazionalità del linguaggio letterario*, en "Aut Aut", n.º 18, e *Il divenire delle arti*, Turín, 1959, p. 92 y ss.

11. "Cierto modo." ¿Cuál? El que la estética define como característico de la forma artística lograda, provista de valor estético. Aquél, por último, analizado y definido en el ensayo precedente, *Análisis del lenguaje poético*, en el § "El estímulo estético".

12. R. Shannon y W. Weaver, *The Mathematical Theory of Communication*, Univ. Press, Illinois, 1949.

13. Vid. Goldman, *op. cit.*, pp. 330-331, y Guilbaud, op. cit., p. 65.

14. Warren Weaver, *La matematica dell'informazione*, en el vol. *Controllo Automatico*, Martello, Milán, 1956.

15. Es el problema que se habían planteado los formalistas rusos, sin pensarlo en términos de información, cuando habían teorizado el efecto

de *extrañamiento* (priëm ostrannenija). Resulta sorprendente pensar que el artículo de Sklovskij, *Iskusstvo kak priëm* (El arte como artificio) —que es de 1917— anticipase todas las posibles aplicaciones estéticas de una teoría de la información que todavía no existía. El extrañamiento era para él una desviación de la norma, una manera de impresionar al lector con un artificio que se opusiese a sus sistemas de expectativas y fijase la atención en el elemento poético que se le proponía. Sklovskij hace el análisis de ciertas soluciones estilísticas de Tolstoi, donde el autor finge no reconocer ciertos objetcs y los describe como si los viese por primera vez. Se manifiesta la misma preocupación en el análisis que Sklovskij hace de *Tristram Shandy*: también aquí se ponen en evidencia las continuas violaciones a la norma por la que se rige la novela. Vid. Erlich, *op. cit.*, y —para una traducción francesa del texto de Sklovskij— vid. la antología (a cargo de S. Todorov) *Théorie de la littérature*, Seuil, París, 1966 (donde, sin embargo, se traduce el término "ostrannenija" por "singularización", expresión que no reproduce en absoluto el concepto).

16. Así hacían, en cambio, ciertos dadaístas, y Hugo Ball, en el "Cabaret Voltaire" de Zurich, en 1916, recitaba versos en una especie de *jargon* fantástico; y lo mismo hace cierta vanguardia musical, confiándose *únicamente* a la felicidad del azar. Pero éstos son precisamente ejemplos límite cuyo valor experimental consiste precisamente en fijar fronteras.

17. En otras palabras, el hecho de que una obra de arte dé cierto tipo de información contribuye sin duda a determinar su valor estético y también el modo en que la "leemos" y la apreciamos. Una cantidad de información dada constituye un elemento que entra en juego en la relación formal total e impone a la forma sus propias condiciones. Sin embargo, creer que un análisis en términos de información puede agotar el problema de la valoración de una obra de arte puede conducir a ingenuidades de distintos estilos, como nos parecen manifiestas en el *symposium* sobre *Information Theory and the Arts*, que apareció en el "Journal of Aesthetics and Art Criticism", junio 1959.

18. Vid. *Briefe an Hildegard Jone und Josef Hunnplik*, Viena, 1959.

19. W. Weaver, *op. cit.*, p. 141.

20. Flammarion, París, 1958. Artículos precedentes sobre el mismo tema aparecieron en varios números de los *Cahiers d'études de Radio-Télévision*.

21. Vid., en "Incontri musicali", III, 1959, la polémica entre Henri Pousseur y Nicolas Ruwet.

22. Vid. Moles, *op. cit.*, p. 88. "Si la matière sonore du bruit blanc est informe, quel est le caractère d'ordre minimum qu'il faut lui apporter pour lui conférer une identité, quel est le minimum de forme spectrale qu'il faut lui fournir pour lui donner cette individualité?" Éste es precisamente el problema compositivo del músico electrónico.

23. Goldman, *op. cit.*, p. 69.

24. Si la teoría de la información corresponde a un estudio estadís-

tico de los fenómenos del mundo físico (vistos como "mensajes"), el paso que damos ahora nos lleva a una *teoría de la comunicación* que se aplica específicamente al mensaje humano. La noción de "mensaje" puede funcionar igualmente en los dos niveles; sin embargo, no olvidamos la objeción que hace Jakobson a muchos estudiosos de la comunicación: "Las investigaciones que han intentado construir un modelo de lenguaje sin ninguna relación con el locutor y el oyente, y que hipostatizan de este modo un código separado de la comunicación efectiva, corren el riesgo de reducir el lenguaje a una ficción de tipo escolar" (op. cit., p. 95).

25. "El conocimiento no crea la organización de su objeto, sino que lo imita en la medida en que se trata de un conocimiento auténtico y eficaz. No es la razón la que dicta sus leyes al universo, sino que existe más bien una armonía natural entre razón y universo porque éstos obedecen a las mismas leyes generales de organización" (P. Guillaume, *La psychologie de la forme*, Flammarion, París, 1937, p. 204).

26. "Numerosos hechos demuestran que las interpretaciones de la percepción de los datos sensoriales primarios poseen una notable plasticidad y que un mismo material suscita, según las circunstancias, percepciones muy diferentes" (H. Pieron, Informe al simposio *La perception*, P.U.F., Lovaina-París, 1955, p. 11).

27. *Randomness and Directiveness in Evolution and Activity in Living Organism*, en "American Naturalist", 82 (1948), p. 17. Para una aplicación de los principios transaccionistas a la experiencia estética, vid. Angiola Massucco-Costa, *Il contributo della psicologia transazionale all'estetica*, en *Atti del III Congresso Int. di Est.*, Venecia, 1956.

28. J. P. Kilpatrick, "The Nature of Perception" en *Explorations in Transactional Psychology*, Univ. Press, Nueva York, 1961, pp. 41-49.

29. "En el dominio de la percepción, como en el de la inteligencia, nada se explica basándolo únicamente en la experiencia —esto es indudable—, pero tampoco se explica nada sin una participación, más o menos importante según las situaciones, de la experiencia actual o anterior" (Informe al simposio *La perception*, cit., p. 21). Vid. también *Les mécanismes perceptifs*, P.U.F., 1961: "La razón de las interacciones entre objeto y sujeto nos parece totalmente diferente de aquella que los fundadores de la teoría de la forma tomaron en préstamo de la fenomenología. La noción de equilibrio perceptivo que parecen sugerirnos los hechos no es la de un campo físico en que se contrapesen exacta y automáticamente las fuerzas en juego, sino la de una compensación activa por parte del sujeto que tiende a moderar las perturbaciones exteriores... De una manera más general, la interacción entre objeto y sujeto no se debe al hecho de que formas de organización independientes del desenvolvimiento e ignorantes de toda génesis reúnan en las mismas totalidades el sujeto y el objeto, sino, por el contrario, al hecho de que el sujeto construye inacabablemente nuevos esquemas durante su desarrollo y asimila a ellos los objetos percibidos, sin fronteras delimitables entre las propiedades del objeto asimi-

lado y las estructuras del sujeto que asimila. Como decíamos... conviene, pues, oponer al genetismo sin estructura del empirismo y al estructuralismo sin génesis de la fenomenología gestaltista, un estructuralismo genético tal que cada estructura sea el producto de una génesis y cada génesis constituya el paso de una estructura menos evolucionada a una estructura más compleja" (pp. 450-451).

30. *La psicologia dell'intelligenza*, Florencia, caps. I y III.

31. *La perception*, cit., p. 28.

32. Vid. *La psicologia dell'intelligenza*, cit., cap. III. Para el estudio probabilista de la percepción, vid. *Les mécanismes perceptifs*, cit., donde —aun distinguiendo los procesos operativos de la inteligencia de los procesos de la percepción— Piaget afirma que entre los dos "se encuentra efectivamente una serie ininterrumpida de intermediarios" (p. 13). Por consiguiente, se plantea la misma experiencia como "una estructuración progresiva y no una simple lectura" (p. 443). Mejor aún: "Ya se trate de exploración, que comienza a partir de la misma elección de los puntos de centraje, como de transposición o de anticipación, etcétera, el sujeto no sufre la determinación del objeto, sino que dirige sus esfuerzos encaminándolos a la solución de un problema (p. 449).

33. The Univ. of Chicago Press, 1959.

34. Esta teoría de las emociones es declaradamente deweyana, y deweyano es el concepto de un *círculo* de estímulos y respuestas, crisis y soluciones, perfectamente *fulfilled*; y es el concepto de *experiencia* (vid., en Meyer, las pp. 32-37).

35. Vid., en particular, H. Cantril, *The "Why" of Man's Experience*, The Macmillan Co., Nueva York, 1950.

36. Leonard B. Meyer, *Meaning in Music and Information Theory*, en "Journal of Aesthetics and Art Criticism", junio 1957; *Some Remarks on Value and Greatness in Music*, ib., junio 1959.

37. Se tiene una cadena de Markoff cuando la probabilidad de un acontecimiento j no es independiente (pj), sino que depende del acontecimiento que lo precede: $pij = pj f(pi)$. Un ejemplo de laboratorio de cadena de Markoff es el siguiente: Se copian en varias hojas de papel unos trigramas, repitiendo cada uno según la frecuencia con que se ha verificado estadísticamente que son recurrentes en un lenguaje dado. Los trigramas se reúnen en varias cajas según sus dos letras iniciales. Tendremos así, en una caja, BUR, BUS, BUT, BUM, en otra, IBA, IBL, IBU, IBR, etc. Extrayendo al azar un trigrama, se leen sus dos últimas letras (si se extrae, IBU, serán BU) y se extrae un segundo trigrama de la caja de los BU. Si sale BUS, se buscará un trigrama que empiece por US, y así sucesivamente. La secuencia se regirá por las leyes de probabilidades antes mencionadas.

38. En la polémica con Pousseur, suscitada en "Incontri musicali", cit., Nicolas Ruwet (al analizar con gran sutileza, a la luz de la metodología lingüística, la noción musical de *grupo*, y tratando de identificar unas

unidades distintivas en el interior del *grupo* sonoro) observa que ciertos sistemas de oposiciones aparecen en todas las lenguas porque poseen propiedades estructurales que los hacen particularmente aptos al uso. Esto lo lleva a preguntarse si, en música, el sistema tonal no posee precisamente estas características privilegiadas. La tragedia de Webern consistiría entonces en el hecho de que él era consciente de moverse en un terreno estructuralmente inestable, sin poseer *bases de comparación* suficientemente sólidas ni *sistemas de oposiciones* suficientes.

39. "La música clásica proporciona una representación del mundo, y de las relaciones de éste con el hombre, sensiblemente abstracta y en algunos aspectos concretamente general. Basada esencialmente en una estética de la repetición, de la individuación actual de lo que es actual en lo que es diferente, de lo inmóvil en lo fugaz, se reentronca en cada una de sus manifestaciones, incluso la más insignificante, con los viejos mitos del Eterno Retorno, con una concepción cíclica, periódica del tiempo, como un continuo replegarse del devenir sobre sí mismo. En esta música, cada dinamismo temporal es al fin siempre recompuesto, siempre reabsorbido en un elemento de base perfectamente estático, todos los elementos se jerarquizan inexorablemente, integralmente subordinados, en definitiva, a un único origen, a un único fin, a un único centro absoluto con el cual se identifica, por otra parte, el yo del oyente, cuya conciencia se asimila así a la de un dios... La audición de música clásica refleja la sumisión total; la subordinación incondicionada del oyente a un orden autoritario y absoluto cuyo carácter tiránico se veía ulteriormente acentuado, en la época clásica propiamente dicha, por el hecho de que la audición musical constituía a menudo también un encuentro mundano al cual los miembros de la sociedad iluminada podían difícilmente sustraerse" (H. Pousseur, *La nuova sensibilità musicale*, en "Incontri musicali", mayo 1958; vid. también *Forma e pratica musicale*, ibid., agosto 1959).

40. Intervención en el simposio *La perception*, cit., pp. 95-98.

41. En respuesta a la crítica de Ruwet, citada en la nota 38, diremos entonces que únicamente podrá juzgarse más estable que otros un *sistema de oposiciones* en la medida en que pueda demostrarse que corresponde a unos *patterns* fijos y privilegiados del sistema nervioso. Si, por el contrario, estos procesos pueden adaptarse y modificarse en función de la evolución de la situación antropológica en su conjunto, ¿no se romperá entonces aquella cadena isomórfica ideal que se supone une las estructuras de una lengua a las estructuras de la percepción y la inteligencia (mejor dicho: a las presuntas estructuras de una presunta constancia de la mente humana)? ¿Y no se establecerá entonces, entre estructuras de la lengua y estructuras de la mente, una relación dialéctica en el curso de la cual resultará muy difícil establecer quién modifica y quién resulta modificado?

LA OBRA ABIERTA
EN LAS ARTES VISUALES

Hablar de una poética de lo Informal como típica de la pintura contemporánea implica una generalización: "informal", como categoría crítica, se convierte en una calificación de una tendencia general de la cultura de un período, de modo que comprende al mismo tiempo figuras como Wols o Bryen, los *tachistes* propiamente dichos, los maestros de la *action painting*, *l'art brut*, *l'art autre*, etc. Así, la categoría de informal entra bajo la definición más amplia de *poética de la obra abierta.**

*   Gillo Dorfles, en su *Ultime tendenze dell'arte d'oggi* (Feltrinelli, Milán, 1961), limita la definición de "informal" a "aquellas formas de abstractismo en las que no sólo falte todo deseo y todo intento de figuración, sino que falte igualmente todo deseo sígnico y semántico" (p. 53). Sin embargo, en este ensayo nuestro, en el que se trata de aquellas formas "abiertas" del arte de hoy, cuyos parámetros orgánicos a veces no parecen encuadrarse en la noción tradicional de "forma", consideramos oportuno hablar de "informal" en sentido más amplio. Éste es el criterio seguido en el número único de "Il Verri" dedicado a lo informal (junio 1961), en el cual aparecen, además de una nutrida serie de intervenciones de filósofos, críticos y pintores, tres densos ensayos originales de G. C. Argan, R. Barilli y E. Crispolti. El presente escrito, aparecido en el mismo número junto con los trabajos citados, no tiene en cuenta estas importantes contribuciones a la discusión en torno a lo informal y remite a las mismas para una ampliación del horizonte y un complemento de los temas. (Añádase a esto que este ensayo se escribió antes de que, terminado ya el "período" de lo informal, las diferentes experiencias antitéticas aquí citadas —arte cinético, etc.— se caracterizasen como tales y fuesen etiquetadas con términos como "op art" y parecidos. Consideramos, por otra parte, que los análisis de este escrito permanecen válidos también para muchas indagaciones del arte postinformal y que, en cualquier caso, sirven para definir las características históricamente sobresalientes de la experiencia informal [1966].)

Obra abierta como proposición de un "campo" de posibilidades interpretativas, como configuración de estímulos dotados de una sustancial indeterminación, de modo que el usuario se vea inducido a una serie de "lecturas" siempre variables; estructura, por último, como "constelación" de elementos que se prestan a varias relaciones recíprocas. En tal sentido, lo informal en pintura se vincula a las estructuras musicales abiertas de la música postweberniana y a la poesía "novísima" que de informal ha aceptado ya, por admisión de sus representantes, la definición.

Lo informal pictórico podría verse como el último eslabón de una cadena de experimentos dirigidos a introducir cierto "movimiento" en el interior de la obra. Pero el término "movimiento" puede tener distintas acepciones, y es también búsqueda del movimiento aquella que va al mismo paso que la evolución de las artes plásticas y que encontramos ya en las pinturas rupestres o en la Nike de Samotracia (búsqueda, por lo tanto, de una representación, en el rasgo fijo e inmóvil, de un movimiento propio de los objetos reales representados). Otra forma de movimiento la tenemos en la repetición de una misma figura, en el intento de representar un personaje o todo un suceso en momentos sucesivos de su desarrollo: es la técnica adoptada en el tímpano del portal de Souillac con la historia del clérigo Teófilo, o la de la *Tapisserie de la Reine Mathilde*, de Bayeux, verdadera narración "fílmica" hecha con multitud de fotogramas yuxtapuestos. Se trataba, no obstante, de una representación del movimiento gracias a estructuras sustancialmente fijas; el movimiento no involucraba la estructura de la obra, la naturaleza misma del signo.

Actuar sobre la estructura quiere decir, en cambio, moverse en la dirección de Magnasco o de Tintoretto, o mejor aún de los impresionistas: el signo se hace preciso y ambiguo en el intento de dar una impresión de animación interna. Pero la ambigüedad del signo no hace indeterminada la visión de las formas representadas, sino que sugiere cierta connatural vibratilidad, un contacto más íntimo con el ambiente, pone en crisis los contornos, las distinciones rígidas entre forma y forma, entre formas y luz, entre formas y fondo. El ojo, no obstante, está siempre determinado a reconocer aquellas —y no otras— formas (si bien se ha visto inducido ya a dudar de la posibilidad de una disolución eventual, de la promesa de una fecunda indeterminación, asistiendo a una crisis de las configuraciones tradicionales, a una apelación a lo informe como se manifiesta en las catedrales del último Monet).

La ampliación dinámica de las formas futuristas y la descomposición cubista sugieren, sin duda, otras posibilidades de movilidad de las configuraciones; pero, en última instancia, se permite la movilidad precisamente por la estabilidad de las formas asumidas como punto de partida, confirmadas de nuevo en el momento en que se niegan a través de la deformación o la descomposición.

En la escultura encontramos otra decisión de *apertura de la obra*: las formas plásticas de un Gabo o de un Lippold invitan al usuario a una intervención activa, a una decisión motriz en favor de una poliedricidad del punto de partida. La forma está construida de modo que resulte ambigua y visible desde perspectivas diversas en distintos modos.[1] Cuando el usuario se mueve alrededor de la forma, ésta le parece varias formas. Es lo que ya había ocurrido en parte con el edificio barroco y con el abandono de una perspectiva formal privilegiada. Es obvio que la posibilidad de ser vista desde puntos de perspectiva distintos pertenece a cualquier obra de escultura, y el Apolo de Belvedere visto de costado resulta diferente del que se presenta visto de frente. Pero, dejando aparte el caso en que la obra está construida de modo que exige la visión frontal exclusiva (pensemos en las estatuas-columnas de las catedrales góticas), la forma vista desde varias perspectivas tiende siempre a hacer converger la atención sobre el resultado total, respecto del cual los aspectos distintos de la perspectiva son complementarios y permiten que se los considere acumulativamente. El Apolo visto desde la parte posterior deja adivinar el Apolo total, la visión frontal reconfirma la precedente, una induce a desear la otra como complemento, aunque sea imaginativo. La forma completa se reconstruye poco a poco en la memoria y en la imaginación.

La obra de Gabo vista desde abajo, en cambio, nos hace intuir la coexistencia de perspectivas variables que se excluyen entre sí. Nos contenta con nuestra perspectiva del momento y nos desorienta y llena de curiosidad ante la sospecha de que se pueda imaginar globalmente la totalidad de las perspectivas (lo que, de hecho, es prácticamente imposible).[2]

Calder da un paso adelante: ahora la forma se mueve ante nuestros ojos y la obra se convierte en "obra en movimiento". Su movimiento se compone con el del espectador. En rigor, no deberían existir nunca dos momentos, en el tiempo, en que la posición recíproca de la obra y del espectador puedan reproducirse de igual modo. El campo de las elecciones no es ya una sugerencia, es una realidad, y la obra es un campo de posibilidades. Los *vetrini* de Munari, las obras en movimiento de la vanguardia más joven, llevan a sus consecuencias extremas estas premisas.[3]

Y he aquí que, junto a estas orientaciones formativas, tenemos las de lo Informal, entendido en el sentido llano que ya hemos definido. No ya obra en movimiento, porque el cuadro está ahí, ante nuestros ojos, definido de una vez por todas, físicamente, en los signos pictóricos que lo componen; ni obra que exige el movimiento del usuario más de cuanto puede exigirlo cualquier cuadro que debe ser contemplado teniendo en cuenta las varias incidencias de la luz sobre las asperezas de la materia, sobre los relieves del color. Y, sin embargo, obra abierta con pleno derecho —de un modo más evolucionado y radical— porque aquí verdaderamente los signos se componen como constelaciones en que la relación estructural no está determinada, desde el inicio, de modo unívoco, en que la ambigüedad del signo no es llevada de nuevo (como en los impresionistas) a una confirmación final de la distinción entre forma y

196

fondo, sino que el fondo mismo se convierte en tema del cuadro (el tema del cuadro se convierte en el fondo como posibilidad de metamorfosis continua).[4]

De aquí la posibilidad —por parte del usuario— de escoger las propias orientaciones y los propios vínculos, las perspectivas privilegiadas por elección, y entrever, en el fondo de la configuración individual, las demás identificaciones posibles que se excluyen pero subsisten contemporáneamente en continua exclusión-implicación recíproca. De esto se originan dos problemas implicados no sólo por una poética de lo Informal, sino por toda poética de la obra abierta: 1) las razones históricas, el *background* cultural de una decisión formativa semejante, la visión del mundo que ella supone; 2) las posibilidades de "lectura" de tales obras, las condiciones de comunicación a las que se someten, las garantías de una relación de comunicación que no degenere en el caos, la tensión entre una masa de información puesta intencionadamente a disposición del usuario y un mínimo de comprensión garantizada, la adecuación entre voluntad del creador y respuesta del consumidor. Como se ve, en ninguno de ambos problemas se plantea la cuestión del valor estético, y de la "belleza" de las obras en discusión. El primer punto presume que las obras, para manifestar de modo acuciante una visión implícita del mundo y los vínculos con toda una situación de la cultura contemporánea, deben satisfacer, por lo menos en parte, las condiciones indispensables del particular discurso comunicativo que se suele definir como "estético". El segundo punto examina las condiciones de comunicación elementales sobre cuya base se puede luego plantear una comunicatividad más rica y profunda, caracterizada por una fusión orgánica de múltiples elementos que es propia del valor estético. Una discusión sobre las posibilidades estéticas de lo Informal constituirá, por consiguiente, la tercera fase del discurso que se pretende acometer.

En el primer aspecto, lo Informal se conecta decididamente con una condición general de todas las obras abiertas. Se trata de estructuras que aparecen como *metáforas epistemológicas*, resoluciones estructurales de una difusa conciencia teórica (no de una teoría determinada, sino de una persuasión cultural asimilada): representan la repercusión, en la actividad formativa, de determinadas adquisiciones de las metodologías científicas contemporáneas, la confirmación, en el arte, de las categorías de indeterminación, de distribución estadística, que regulan la interpretación de los hechos naturales. Lo Informal pone así a discusión, con los medios que le son propios, las categorías de la causalidad, las lógicas de los valores, las relaciones de la univocidad, el principio del tercero excluido.

No es ésta una indicación del filósofo que quiere ver a toda costa un mensaje conceptual implícito en la actitud de las formas del arte. Es un acto de autoconciencia de los mismos artistas que traicionan, en el mismo vocabulario que utilizan para las declaraciones de su poética, las influencias culturales ante las cuales reaccionan. Muchas veces el uso acrítico de la categoría científica para caracterizar un comportamiento formativo es muy peligroso; llevar un término propio de la ciencia al discurso filosófico o al discurso crítico impone una serie de verificaciones y delimitaciones de su significado, de modo que se pueda determinar en qué medida el empleo del término tiene valor sugestivo y metafórico. Es muy cierto que quien se escandaliza y teme por la pureza del discurso filosófico, cuando se encuentra frente al uso, en estética o en otra disciplina cualquiera, de términos como "indeterminación", "distribución estadística", "información", "entropía", etc., olvida que la filosofía y la estética tradicionales se han valido siempre de términos como "forma", "potencia", "germen", y así sucesivamente, que no eran en su origen sino términos físicocosmológicos pasados a otro campo. Pero también es verdad que, precisamente por causa de estas mescolanzas terminológicas, la filosofía tradicional ha podido discutirse con actitudes analíticas más rigurosas; por lo que, teniendo esto en cuenta, al encontrar un artista que emplea determinados términos de la metodología científica para designar sus intenciones formativas, no nos aventuraremos a imaginar que las estructuras de este arte reflejen las presuntas estructuras del universo real, sino que señalaremos sólo que la circulación cultural de determinadas nociones ha influido particularmente al artista en cuestión, de modo que su arte quiere ser y debe verse como la reacción imaginativa, la metaforización estructural de cierta visión de las cosas (que las adquisiciones de la ciencia han hecho familiar al hombre contemporáneo). Así, nuestra búsqueda no tendrá el carácter de inspección ontológica, sino de una más modesta contribución a la *historia de las ideas*.

Los ejemplos son múltiples y se podrían entresacar de los diversos programas de exposiciones o artículos de la crítica.[5] Como ejemplo particularmente evidente, nos referimos al artículo de George Mathieu, *D'Aristote à l'abstraction lyrique*,[6] en que el pintor trata de delinear el paso progresivo, en la civilización occidental, de lo *ideal* a lo *real*, de lo *real* a lo *abstracto* y de lo *abstracto* a lo *posible*. Es una historia genética de las poéticas de lo Informal y de la abstracción lírica, y de formas nuevas que la vanguardia descubre antes que la conciencia común haya integrado. La evolución de las formas aparece en Mathieu paralela a la de los conceptos científicos:

> Si asistimos al derrumbamiento de todos los valores clásicos en el dominio del arte, una revolución paralela igualmente profunda tiene lugar en el sector de las ciencias, donde el jaque reciente a los conceptos sobre el espacio, la materia, la paridad, la gravitación, el resurgir de las nociones de indeterminismo y probabilidad, de contradicción, de entropía, plantean por todas partes el despertar de un misticismo y las posibilidades de un nuevo exceso.

Estamos de acuerdo en que, en el plano metodológico, una noción como la de indeterminación no plantea ninguna posibilidad mística, sino que permite solamente describir con la cautela debida algunos acontecimientos microfísicos; y que, en el plano filosófico, no debe admitirse asumirla con demasiada desenvoltura. Pero si el pintor, Mathieu en este caso, la acoge de este modo y si hace de ella un estímulo imaginativo, no podemos dudar sobre su derecho a hacerlo. Será preciso examinar, en cambio, si del estímulo a la estructuración de signos pictóricos se conserva cierta analogía entre la visión de las cosas, implícita en la noción metodológica, y la que manifiestan las nuevas formas. Como ya hemos dicho en otro lugar, la poética del barroco reacciona en el fondo ante una nueva visión del cosmos introducida por la revolución copernicana, sugerida casi en términos figurativos por el descubrimiento de la elipticidad de las órbitas planetarias realizado por Kepler, descubrimiento que pone en crisis la posición privilegiada del círculo como símbolo clásico de perfección cósmica. Y, así como la posibilidad múltiple de perspectivas del edificio barroco deja entrever esta concepción —ya no geocéntrica y, por tanto, ya no antropocéntrica— de un universo ampliado en dirección al infinito, también hoy, como hace el mismo Mathieu procediendo adelante en su artículo, es posible en teoría establecer paralelos entre el advenimiento de nuevas geometrías no euclidianas y el abandono de las formas geométricas clásicas llevado a cabo por los *fauves* y por el cubismo; entre la aparición en el escenario de las matemáticas de los números imaginarios y transfinitos y de la teoría de los conjuntos y la aparición de la pintura abstracta; entre los intentos de axiomatización de la geometría de Hilbert y los primeros intentos del neoplasticismo y del constructivismo:

Finalmente, la "teoría de los juegos" de Von Neumann y Morgenstern, uno de los acontecimientos científicos más importantes de este siglo, se ha comprobado particularmente fecunda en sus aplicaciones al arte actual, como Toni del Renzio demostró magistralmente a propósito de la *action-painting*. En este vasto dominio que va de lo posible a lo probable, en esta nueva aventura del indeterminismo que rige las leyes de la materia inanimada, viviente o psíquica, los problemas planteados desde Cavalier de Mère a Pascal, hace tres siglos, han sido tan superados como las nociones de *hasard-objectif* de Dalí o de *meta-ironía* de Duchamp. Las nuevas relaciones de lo casual con la causalidad, la introducción de lo anticasual positivo y negativo, son una confirmación más de la ruptura de nuestra civilización con el racionalismo cartesiano.

Pase por alto el indulgente lector las aventuradas afirmaciones científicas del citado pintor y su persuasión metafísica de que el indeterminismo rige las leyes de la materia inanimada, viviente y psíquica. Pero no puede pretenderse que la ciencia introduzca cautamente unos conceptos válidos en un preciso ámbito metodológico y que toda la cultura de un período, captando su revolucionario significado, renuncie a adueñarse de ella con la salvaje violencia de la reacción sentimental e imaginativa. Verdad es que el principio de indeterminación y la metodología quántica no nos dicen nada sobre la estructura del mundo, sino sólo sobre cierto modo de describir determinados aspectos del mundo; pero nos dice, en cambio, que algunos valores que se consideraban absolutos, válidos como armazones metafísicos del mundo (el principio de causalidad o el del tercero excluido), tienen el mismo valor convencional que los nuevos principios metodológicos asumidos y, sea como fuere, no son ya indispensables para explicar el mundo o para fundamentar otro. Por ello en las formas del arte, no tanto la instauración rigurosa de equivalentes de los nuevos conceptos como la negación de los antiguos. Y al mismo tiempo el intento de sugerir, junto a una nueva actitud metodológica frente a una probable estructura de las cosas, una imagen posible de este mundo nuevo, una imagen que la sensibilidad no ha hecho aún suya, porque la sensibilidad lleva siempre un retraso respecto de las adquisiciones de la inteligencia y aún hoy tendemos ancestralmente a pensar que "el sol se levanta", pese a que haga tres siglos y medio que nuestros antepasados aprendieron en la escuela que el sol no se mueve.

De aquí la función de un arte abierto como metáfora epistemológica: en un mundo en el cual la discontinuidad de los fenómenos puso en crisis la posibilidad de una imagen unitaria y definitiva, ésta sugiere un modo de ver aquello en que se *vive*, y, y, viéndolo, aceptarlo, integrarlo a la propia sensibilidad. Una obra abierta afronta de lleno la tarea de darnos una imagen de la discontinuidad: no la narra, *es ella*. A través de la categoría abstracta de la metodología científica y la materia viva de nuestra sensibilidad, ésta aparece como una especie de esquema trascendental que nos permite comprender nuevos aspectos del mundo.

En esta clave hay que interpretar los emocionados protocolos de lectura que la crítica nos da frente a obras informales, entusiasmándose casi por las nuevas e imprevistas libertades en que se admite la imaginación ante un campo de estímulos tan abierto y ambiguo:

> Dubuffet se ocupa de las realidades primordiales y del "mana", de las corrientes mágicas que ligan los sujetos humanos a los objetos que los rodean. Pero su arte es mucho más complejo que cualquier tipo de arte primitivo. Ya he aludido a sus múltiples ambigüedades y zonas de significado. Muchas de éstas fueron creadas por la compleja organización espacial de la tela, por la buscada confusión de las escalas, por la costumbre del artista de ver y representar simultáneamente las cosas bajo distintos ángulos... Se trata de una experiencia óptica muy compleja porque no sólo no cesa de variar nunca nuestro punto de vista y no sólo hay una gran cantidad de *impasses* ópticos, de perspectivas que evocan una calle que termina en medio de un llano o al borde de una escollera, sino que estamos además aferrados constantemente al cuadro, a una superficie constantemente llana en la cual no se ha utilizado ninguna de las técnicas

tradicionales. Pero esta visión múltiple es enteramente normal: así se ven las cosas en un paseo por el campo, mientras se escalan montículos o se siguen caminos sinuosos. Esta tendencia a ver las cosas colocándose alternativa o sucesivamente en diversos puntos del espacio indica también, evidentemente, una relatividad o una presencia simultánea del tiempo.[7]

Fautrier nos pinta una caja como si el concepto de caja no existiera aún; y, más que un objeto, una lucha entre sueño y materia, un andar a tientas hacia la caja, en la zona de la incertidumbre donde se rozan lo posible y lo real... El artista tiene la sensación precisa de que las cosas podrían ser de otro modo... [8]

La materia de Fautrier... es una materia que no se simplifica, sino que va siempre hacia delante, complicándose, captando y asimilando significaciones posibles, incorporándose aspectos o momentos de lo real, saturándose de experiencia vivida... [9]

Bien distintos y asimismo precisos los atributos que es necesario asegurar a la representación [de Dubuffet]: en primer lugar, los atributos de la in-finitud, de la in-distinción, de la in-discreción (tomando los términos en su significado etimológico). Mirar de acuerdo con la óptica de la materia significa, en efecto, ver cómo se rompen los perfiles de las nociones, cómo se disuelven y desaparecen aspectos de cosas y personas; o, si aún subsisten corpúsculos, huellas, presencias provistas de una definición formal cualquiera, discernibles a la vista, semejante óptica impone una crisis, una inflación multiplicándolos, confundiéndolos en un corro de proyecciones y desdoblamientos.[10]

El "lector" se excita, por tanto, frente a una libertad de la obra, a su posibilidad activa e infinita de proliferación, frente a la riqueza de sus aditamentos internos, de las proyecciones inconscientes que involucra, de la invitación que le hace la tela a no dejarse determinar por los nexos causales y por las tentaciones de lo unívoco, comprometiéndose en una transacción rica en descubrimientos cada vez más imprevisibles.

De estos "protocolos de lectura", quizá el más rico y que más puede preocuparnos es el que se debe a Audiberti cuando nos cuenta qué ve en la pintura de Camille Bryen:

> Finalement, il n'y a plus d'*abstrait* que de *figuratif*. L'intime semoule du fémur des ibis, et même des plombiers, recèle, comme un album, comme un abhomme de famille, toute sorte de carte postale, dôme des Invalides, grand hôtel New-grand à Yokohama. La réfraction atmosphérique répercute dans le tissu minéral les mirages les mieux composés. Des hordes de staphylococques submédulliers s'allignent pour dessiner la silhouette du tribunal de commerce de Menton [...] L'infini de la peinture de Bryen me paraît plus qualifié que s'il se bornait à illustrer l'habituel rapport de l'immobile peinture courante avec ce qui précède et ce qui suivra. Je répète, il le faut, qu'à mes yeux elle a ceci, pour elle, qu'elle bouge vraiment. Elle bouge dans tous les appels de l'espace, du côté du passé, du côté de l'avenir. Elle plonge sur la végétation poisonneuse du fond ou, au contraire, hors des abîmes de la carie dentaire des moucherons, elle monte vers le clin de notre oeil et la poignée de nos mains. Les molécules qui la composent, de substance chimique picturale et d'énergie visionnaire à la fois, palpitent et s'adjustent sous la douche horizontale du regard. On prend ici sur le fait le phénomène de la création continue, ou de la révélation continue. Une "plume", une peinture de Bryen n'atteste pas, comme tout autre, comme toute chose ici-bas, la jonction permanente des ordres de Bourse, de l'exocuticule des araignées et des bois crieur des cobalts, non... Alors qu'achevée, présentable et signée, amenée à sa proportion sociale et commerciale, elle attend l'attention ou la contemplation de celui qui la voit et dont elle fait un voyant, les formes ou les non-formes qu'elle propose au premier abord se modifient dans l'espace en avant de la toile et de la feuille et en avant, aussi, de l'âme de ce voyant, en avant! Elles accouchent, petit à petit l'astre fait son nid, de décors et de profils secondaires tour à tour

> prépondérants. En couches transparentes ils se placquent
> sur l'image foncière. Au niveau de la peinture, une cyber-
> nétique, comme on dit vulgairement, se manifeste. Nous
> auront enfin vu l'oeuvre d'art s'abhumaniser, se délacer de
> la signature de l'homme, accéder à une mouvementation
> autonome, que même les compteurs d'electrons, pour peu
> qu'on sût au juste où les brancher, se feraient un jeu de
> mésurer.[11]

En este "protocolo" tenemos conjuntamente los límites y las posibilidades de una obra abierta. Aun si la mitad de las reacciones anotadas no tienen nada que ver con un efecto estético, y son puras divagaciones personales sugeridas por los signos, este hecho debe, sin embargo, tenerse presente: ¿es éste un límite del "lector" en cuestión, más interesado en los libres juegos de la propia imaginación, o un límite de la obra que asume aquí la función que pueda tener, para otro sujeto, la mescalina? Pero, fuera de esos problemas extremos, hemos señalado aquí, elevadas al grado más alto, las posibilidades de una libre inspección, de una inagotable revelación de contrastes y oposiciones que proliferan a cada paso. Hasta tal punto que, así como el lector escapa al control de la obra, en cierto momento parece que la obra escapa al control de cualquiera, incluso del autor, y discurre *sponte sua*, como un cerebro electrónico enloquecido. No queda ya entonces un campo de posibilidad, sino lo indistinto, lo originario, lo indeterminado en el estado bruto, el todo y la nada.

Audiberti habla de libertad cibernética y la palabra nos introduce en lo vivo de la cuestión; la cual puede aclararse precisamente mediante un análisis de las capacidades de comunicación de la obra en términos de teoría de la información.

La teoría de la información, en sus formulaciones a nivel matemático (no en sus aplicaciones prácticas a la técnica cibernética),[12] nos habla de una diferencia radical entre "significado" e "información". El significado de un mensaje (y es mensaje comunicativo también la configuración pictórica que precisamente no comunica referencias semánticas, sino una suma dada de relaciones formales perceptibles entre sus elementos) se establece en proporción al orden, a lo convencional y, por tanto, a la "redundancia" de la estructura. El significado es tanto más claro e inequívoco cuanto más me atengo a reglas de probabilidad, a leyes de organización prefijadas y reiteradas a través de la repetición de los elementos previsibles. Recíprocamente, cuanto más improbable se hace la estructura, ambigua, imprevisible, desordenada, tanto más aumenta la *información*. Información entendida, por tanto, como posibilidad informativa, incoatividad de órdenes posibles.

En ciertas condiciones de comunicación se persiguen el *significado*, el *orden*, la *obviedad*; es el caso de la comunicación de uso práctico, desde la letra al símbolo visual de señalización de tráfico, que apuntan a ser comprendidos unívocamente sin posibilidad de equívocos ni interpretaciones personales. En otros casos, en cambio, se persigue el valor *información*, la riqueza no reducida de posibles significados. Es éste el caso de la comunicación artística y del efecto estético, que una búsqueda en clave de información ayuda a explicar, sin fundamentarlo, por lo demás, definitivamente.

Se ha dicho ya que cualquier forma de arte, aun si adopta las convenciones de un discurso común o unos símbolos figurativos aceptados por la tradición, funda su propio valor en una novedad de organización del material dado que constituye en cada caso un aumento de información para el usuario. Pero, a través de arranques originales y de rupturas provisionales del orden de las previsiones, un arte "clásico" tiende en el fondo a reconfirmar las estructuras aceptadas por la sensibilidad común a la que se dirige, oponiéndose sólo a determinadas leyes de redundancia para reconfirmarlas de nuevo, aun cuando sea de modo original. En cambio, el arte contemporáneo parece que persigue como valor primario una ruptura intencionada de las leyes de probabilidad que rigen el discurso común poniendo en crisis sus supuestos en el momento mismo en que se vale de ellos para deformarlo. El poeta que dice:"Fe es sustancia de cosas esperadas", adopta las leyes gramaticales y sintácticas del lenguaje de su tiempo para comunicar un concepto ya aceptado por la teología corriente; lo comunica de un modo particularmente acuciante, puesto que organiza términos escogidos cuidadosamente de acuerdo con leyes inesperadas y relaciones originales, fundiendo así estrecha y genialmente el contenido semántico con los sonidos y con el ritmo general de la frase, para hacerla nueva, intraducible, vivaz y persuasiva (capaz, por consiguiente, de dar al oyente gran cantidad de información que, sin embargo, no es una información semántica como para enriquecer la conciencia de los referentes externos implicados, sino información estética, información que se vierte sobre la riqueza de esa forma dada, sobre el mensaje como acto de comunicación dirigido principalmente a indicarse a sí mismo).

En cambio, el poeta contemporáneo que dice "Ciel dont j'ai dépassé la nuit", si bien realiza la misma operación que el poeta antiguo (organizando en una particular relación contenidos semánticos, material sonoro, ritmos), persigue evidentemente una intención distinta: no reconfirmar de un modo "bello", de un modo "agradable", una lengua aceptada ni unas ideas adquiridas, sino romper las convenciones de la lengua aceptada y los módulos habituales de concatenación de las ideas para proponer un uso inopinado de la lengua y una lógica no habitual de las imágenes que dé al lector un tipo de información, una posibilidad de interpretaciones, una serie de sugerencias, que están en el polo opuesto del significado como comunicación de un mensaje unívoco.

Ahora bien, la exposición que hacemos sobre la información lleva precisamente a este aspecto de la comunicación artística, independientemente de las demás connotaciones estéticas de un mensaje. Se trata de determinar hasta qué punto esta voluntad de novedad informativa se concilia con las posibilidades de comunicación entre autor y usuario. Consideremos una serie de ejemplos musicales. En esta frase de un pequeño minué de Bach (del *Notenbüchlein für Anna Magdalena Bach*):

podemos notar inmediatamente que la adhesión a una convención probabilística y cierta redundancia concurren a hacer claro y unívoco el significado del mensaje musical. La regla de probabilidad es la de la gramática tonal, en la cual está habitualmente educada la sensibilidad del oyente occidental postmedieval; en ella, los intervalos no constituyen simples diferencias de frecuencia, sino que implican la realización de relaciones orgánicas en el contexto. El oído escogerá siempre el camino más simple para aprehender estas relaciones, de acuerdo con un "índice de racionalidad" basado no sólo en los datos llamados "objetivos" de la percepción, sino sobre todo en el supuesto de.las convenciones lingüísticas asimiladas. En los dos primeros tiempos del primer compás se tocan los grados del acuerdo perfecto de *fa mayor*; en el tercer tiempo, el *sol* y el *mi* implican una armonía dominante que tiene el fin evidente de reconfirmar la tónica con el más elemental de los movimientos de cadencia; en el segundo compás, en efecto, la tónica es puntualmente reafirmada. Si esto no ocurriera —en este comienzo de minué—, cabría pensar solamente en un error

de impresión. Todo es tan claro y lingüísticamente consecuente, que un oyente también puede inferir, a partir de
esta línea melódica, las eventuales relaciones armónicas, es
decir, cómo sería el "basso" de esta frase. Otra cosa muy
distinta sucede con una composición serial de Webern: se
presentan una serie de sonidos como una constelación en
la cual no existen tendencias privilegiadas, invitaciones
unívocas al oído. Lo que falta es la presencia de una regla,
de un centro tonal que obligue a prever el desarrollo de la
composición en una sola dirección. En este punto, los resultados son ambiguos: a una secuencia de notas puede seguir otra cualquiera que la sensibilidad no sabe prever,
sino, como máximo —si está educada—, aceptar cuando le
sea comunicada:

> Desde el punto de vista armónico, ante todo (con el que
> nosotros entendemos las relaciones de altura en todos los
> sentidos, simultáneos y sucesivos) se comprobará que cada
> sonido, en la música de Webern, tiene inmediatamenre
> próximo, o casi próximo, uno de los sonidos, o incluso los
> dos, que forman con él un intervalo cromático. Las más de
> las veces, sin embargo, este intervalo no se presenta como
> un semitono, como segunda menor (la cual, en general, si-
> gue siendo conductora, melódica, un "concatenamiento",
> y reclama siempre la deformación elástica de un mismo
> campo armónico antes descrito), sino bajo la forma ensan-
> chada de la séptima mayor y de la novena menor. Conside-
> rados y tratados como hilos elementales del tejido de rela-
> ción, estos intervalos impiden la valoración sensible y auto-
> mática de las octavas (operación siempre al alcance del
> oído, dada su simplicidad), hacen desviar el sentido de la
> instauración de las relaciones de frecuencia, se oponen a la
> imagen de un espacio auditivo rectilíneo...[13]

Si este tipo de mensaje es más ambiguo que el precedente —e involucra, con un significado menos unívoco,
mayor riqueza de información—, una composición electrónica dará un paso más, ya que no sólo nos presenta un

conjunto de sonidos fusionado en un "grupo" en el cual le es imposible al oído distinguir las relaciones de frecuencia (ni el compositor pretende que se identifiquen, sino que se aprehenda el conjunto en todo su contenido y ambigüedad), sino que los mismos sonidos presentados constan de frecuencias inéditas que no tienen ya el aspecto familiar de la *nota* musical, y así nos transportan netamente fuera del mundo habitual en que la presencia de probabilidades recurrentes nos lleva a menudo, casi pasivamente, por el camino de los resultados previsibles y adquiridos. Aquí, el campo de los significados se hace más denso, el mensaje se abre a resultados diversos, la información aumenta considerablemente. Pero tratemos ahora de llevar esta imprecisión —y esta información— más allá de su límite extremo: exasperemos la presencia de todos los sonidos, hagamos más densa la trama. Tendremos el *sonido blanco*, la suma indiferenciada de todas las frecuencias. Ahora bien, el sonido blanco, que siguiendo la lógica debería darnos el máximo posible de información, *no informa ya en absoluto*. Nuestro oído, encontrándose carente de cualquier indicación, no es ya siquiera capaz de "escoger". Asiste pasivo e impotente al espectáculo del magma originario. Hay, pues, un umbral más allá del cual la riqueza de información se hace "ruido".

Tengamos en cuenta también que el ruido puede convertirse en un signo. En el fondo, la música concreta y ciertos ejemplos de música electrónica no son sino una organización de ruidos que los evidencia como signos. Pero el problema de la transmisión de un mensaje de tal género consiste precisamente en esto: el problema de la coloración de los ruidos blancos es el problema del mínimo de orden que se aporta al ruido para conferirle una identidad, un mínimo de forma espectral.[14]

Un hecho similar se produce también en el campo de los signos figurativos. Un ejemplo de comunicación redundante de acuerdo con módulos clásicos, que se presta singularmente a un discurso en términos de información, nos lo da un mosaico. En un mosaico, cada una de las teselas puede valorarse como una unidad de información, un *bit*, y la información total nos la da la suma de las unidades individuales. Ahora bien, las relaciones que se establecen entre las teselas respectivas de un mosaico tradicional (tomemos como ejemplo *El cortejo de la emperatriz Teodora*, en San Vitale de Ravena) no son en absoluto casuales y obedecen a reglas precisas de probabilidad. La primera entre todas es la convención figurativa, para la cual el hecho pictórico debe reproducir el cuerpo humano y la naturaleza real, convención implícita hasta tal punto basada en nuestros esquemas habituales de percepción que induce inmediatamente el ojo a ordenar las respectivas teselas de acuerdo con las líneas de delimitación de los cuerpos, mientras que, por su parte, las teselas que delimitan los contornos se caracterizan por una unidad cromática. Las teselas no indican la presencia de un cuerpo; a través de una distribución altamente redundante, por medio de repeticiones en cadena, *insisten* en determinado contorno sin posibilidad de equívocos. Si un signo negro representa la pupila, una serie de otros signos dispuestos ordenadamente, que reclaman la presencia de las cejas y de los párpados, reitera la comunicación en cuestión e induce a identificar, sin ambigüedad ninguna, la presencia del ojo. Que luego los ojos sean dos, simétricamente, representa otro elemento de redundancia; tampoco ha de parecer peregrina la observación, porque en el dibujo de un pintor moderno a veces puede bastar un solo ojo para sugerir un rostro visto frontalmente; que aquí los ojos sean siempre y rigurosamente dos significa que se asumen y se siguen determinadas convenciones figurativas; las cuales, en términos de teoría de la información, son leyes de probabilidad en el interior de un sistema dado. Tenemos pues, aquí, un mensaje figurativo dotado de un significado unívoco y de una tasa de información limitada.

Tomemos ahora una hoja de papel blanco, doblémosla por la mitad y salpiquemos una de las mitades con una serie de pequeñas manchas de tinta. La configuración que resultará de ello será casual, enteramente desordenada. Volvamos ahora a doblar la hoja de modo que la superficie de la mitad manchada coincida con la superficie de la mitad aún blanca. Al volver a abrir la hoja, nos encontramos frente a una configuración que ha recibido ya cierto orden a través de la forma más simple de disposición de acuerdo con las leyes de la probabilidad, de acuerdo con la forma más elemental de redundancia, que es la repetición simétrica de los elementos. Ahora bien, el ojo, que también se encuentra frente a una configuración altamente ambigua, posee unos puntos de referencia, aunque sean de los más obvios: encuentra unas indicaciones de dirección, unas sugerencias de relaciones. Es libre, muchísimo más que ante el mosaico de Ravena, y, sin embargo, uno se siente inducido a reconocer unas figuras más que otras. Son figuras distintas, para cuyo reconocimiento convoca sus tendencias inconscientes, y la variedad de las respuestas posibles es signo de la libertad, de la ambigüedad, de la potencia de información propia de la configuración propuesta. Sin embargo, existen algunas normas interpretativas, hasta el punto de que el psicólogo que propone el *test* se sentirá desorientado y preocupado si la respuesta del paciente se aparta mucho de un campo de respuestas probables.

Aquellas unidades de información que eran las teselas de un mosaico o las manchitas de tinta se convierten ahora en los minúsculos pedacitos de grava que, distribuidos uniformemente, llevados a un punto de gran cohesión y presionados fuertemente con un rodillo compresor, constituyen la pavimentación llamada "macadam". El que mira una calle así pavimentada aprehende la presencia de innumerables elementos distribuidos casi estadísticamente; ningún orden rige su unión; la configuración es extremadamente abierta y, en el límite, posee el máximo de información posible, puesto que tenemos la posibilidad de vincular con líneas ideales cualquier elemento a otro sin que ninguna sugerencia nos obligue en sentido distinto. Pero aquí nos encontramos en la misma situación del ruido blanco que antes mencionábamos: el máximo de equiprobabilidad estadística en la distribución, en vez de aumentar las posibilidades de información, las niega. Es decir, las mantiene en un plano matemático, pero las niega en el plano de una relación comunicativa. El ojo no encuentra ya indicaciones de orden.

También aquí la posibilidad de una comunicación tanto más rica cuanto más abierta estriba en el delicado equilibrio de un mínimo de orden permisible con un máximo de desorden. Este equilibrio marca el umbral entre lo indistinto de todas las posibilidades y el campo de posibilidad.

Éste es, pues, el problema de una pintura que acepte la riqueza de las ambigüedades, la fecundidad de lo informe, el desafío de lo indeterminado, que quiera ofrecer a los ojos la más libre de las aventuras y, no obstante, constituir de cualquier modo un hecho comunicativo, la comunicación del máximo *ruido*, aunque marcado por una intención que lo califique como signo. Si no, tanto valdría para el ojo inspeccionar libremente un pavimento y unas manchas en las paredes sin tener que llevar dentro del marco de una tela estas posibilidades libres de mensaje que la naturaleza y la casualidad ponen a nuestra disposición. Tengamos bien en cuenta que vale la simple atención para marcar el ruido como signo; la simple trasposición de una tela de saco al ámbito de un cuadro sirve para marcar la materia bruta como artefacto. Pero en este punto intervienen las modalidades del indicio, la persuasión de las sugerencias del indicio frente a la libertad del ojo.

A menudo la modalidad del indicio puede ser puramente mecánica, equivalente a aquel artificio metalingüístico que son las comillas; yo, que marco con un cuadrado de yeso una hendidura en un muro, la escojo y la propongo como configuración dotada de alguna sugerencia, y en ese rasgo la creo como hecho de comunicación y como obra artificial. Incluso hago más en ese momento, la caracterizo de acuerdo con una dirección casi unívoca de "lectura". Pero otras veces la modalidad puede ser mucho más compleja, interna a la configuración misma; las indicaciones de orden que inserto en la figuración pueden tender a conservar el máximo de indeterminación posible y, sin embargo, orientar al usuario a lo largo de determinada serie de posibilidades, excluyendo otras. Y el pintor se compromete en una intención del género incluso cuando dispone la más casual de sus configuraciones, incluso cuando distribuye sus signos de modo casi estadístico. Creo que Dubuffet, ofreciendo al público sus más recientes *Matériologies*, en las que la alusión a pavimentos o a terrenos no tocados por intentos de orden es bastante evidente —y que, por tanto, quieren poner al usuario frente a todas las sugerencias de una materia informe y libre de asumir cualquier determinación—, quedaría, sin embargo, asombrado si alguien reconociera en su cuadro el retrato de Enrique V o de Juana de Arco y atribuyera esta improbabilísima forma de ordenación de sus signos a disposiciones de ánimo que rozan lo patológico.

Herbert Read, en una titubeante disertación sobre el *tachisme* titulada *Un arte sismográfico*,[15] se pregunta si el juego de reacciones libres que se experimenta frente a la mancha en el muro sigue siendo una reacción estética. Una cosa es un objeto imaginativo, dice, y otra un objeto que evoca imágenes; en el segundo caso, el artista no es ya el pintor, sino el espectador. Falta, pues, en una mancha el elemento de control, la forma introducida para guiar la visión. El arte *tachiste*, pues, al renunciar a la forma-control, renunciaría a la belleza tendiendo, en cambio, al valor *vitalidad*.

Confesamos que, si se estableciese la dicotomía, la lucha entre el valor de la vitalidad y el de la belleza, el problema podría dejarnos indiferentes; si, en el ámbito de nuestra civilización, el valor vitalidad, en cuanto negación de la forma, resultara preferido de hecho (y, por consiguiente, preferible de acuerdo con la necesidad irracional de las vicisitudes del gusto) al valor belleza, no habría nada de malo en renunciar a la belleza.

Pero aquí el problema es distinto: está en juego la posibilidad de la comunicación de un acto de vitalidad; la provocación internacional de cierto juego de reacciones libres. Nosotros vivimos en una civilización que no ha elegido aún la vitalidad incondicionada del sabio Zen, que contempla embelesado las libres posibilidades del mundo circundante, el juego de las nubes, los reflejos en el agua, la trama del suelo, los reflejos del sol en las hojas mojadas, aprehendiendo en ellas la confirmación de un triunfo incesante y proteiforme del Todo. Nosotros vivimos en una civilización para la cual la invitación a la libertad de las asociaciones visuales e imaginativas sigue provocándose a través de la disposición artificial de una manufactura de acuerdo con determinadas intenciones sugestivas. Y en las que se pide al usuario no sólo que siga libremente las asociaciones que el complejo de estímulos artificiales le sugiere, sino también que juzgue, en el momento mismo en que goza de ellas (y después, reflexionando sobre tal goce y verificándolo en segunda instancia), el objeto artificial que le provocó esa determinada experiencia de fruición. En otros términos, se establece aún una dialéctica entre la obra propuesta y la experiencia que tengo de ella, y se pide pues, implícitamente, calificar la obra sobre la base de mi experiencia y controlar mi experiencia sobre la base de la obra. Y, en el punto extremo, encontrar las razones de mi experiencia en la manera particular en que la obra fue hecha: juzgando el *cómo*, los medios usados, los resultados obtenidos, las intenciones adecuadas, las pretensiones no realizadas. Y el único instrumento que tengo para juzgar la obra es precisamente la adecuación entre mis posibilidades de goce y las intenciones implícitamente manifestadas, al formarla, por el autor.

Por tanto, incluso en la afirmación de un arte de la *vitalidad*, de la *acción*, del *gesto*, de la materia triunfante, de la plena casualidad, se establece una dialéctica irrefrenable entre obra y apertura de sus lecturas. Una *obra* es *abierta* mientras es *obra*; más allá de este límite se tiene la apertura como *ruido*.

No corresponde a la estética establecer cuál es el "umbral", sino al acto crítico formulado en su momento sobre el cuadro, el acto crítico que reconoce hasta qué punto la plena apertura de varias posibilidades de goce sigue, sin embargo, intencionadamente vinculada a un campo que orienta la lectura y dirige las elecciones. Un campo que hace comunicativa la relación y no la disuelve en el diálogo absurdo entre un signo que no es signo, sino ruido, y una recepción que no es recepción, sino desvarío solipsístico.[16]

FORMA Y APERTURA

Encontramos un típico ejemplo de tentación de la vitalidad en un ensayo de André Pieyre de Mandiargues dedicado a Dubuffet:[17] en *Mirobolus, Macadam & C.* —dice él—, el pintor ha alcanzado su punto extremo. Lo que señala a nuestra atención son secciones de terreno en el estado elemental, vistas perpendicularmente; no se trata ya de ninguna abstracción, sino sólo de la presencia inmediata de la materia para que nosotros podamos gozarla en toda su concreción. Aquí contemplamos el infinito en estado de polvo:

> Dubuffet, poco antes de la exposición, me escribía que sus *texturologies* llevan el arte a un punto peligroso donde las diferencias se hacen sutiles e inciertas entre el objeto susceptible de funcionar como máquina para pensar, como pantalla de meditaciones y videncias, y el objeto más vil y desprovisto de interés. Se comprende fácilmente que las personas interesadas en el arte se alarmen cuando se lleva éste a un punto límite en que la distinción entre lo que es arte y lo que no es ya nada corre el riesgo de hacerse embarazosa.

Pero si el pintor identifica la divisoria de un equilibrio precario, el usuario puede aún comprometerse en el reconocimiento de un mensaje intencional o bien abandonarse al flujo vital e incontrolado de sus imponderables reacciones. Y este segundo camino es el que escoge Mandiargues cuando sitúa en el mismo plano las sensaciones que experimenta frente a las *texturologies* y las experimentadas ante el curso fangoso y riquísimo del Nilo; y cuando nos llama al goce concreto de quien hunde las manos en la arena de una playa y contempla el fluir de los minúsculos granos entre los dedos, las palmas acariciadas por la tibieza de la materia. Llegados a este punto, ¿por qué nos dirigimos entonces al cuadro, tanto más pobre de posibilidades que la arena verdadera, el infinito de la materia natural a nuestra disposición? Evidentemente, porque sólo es el cuadro el que organiza la materia bruta, subrayándola como bruta pero delimitándola como campo de posibles sugerencias; es el cuadro el que, más que un campo de *elecciones a realizar*, es un campo de *elecciones realizadas*; hasta el punto de que el crítico, antes de iniciar su himno a la vitalidad, inicia su discurso sobre el pintor, sobre lo que éste le propone; y llega a la incontrolada asociación sólo después de que su sensibilidad ha sido dirigida, controlada, canalizada por la presencia de signos que, aun siendo libres y casuales, no son sino fruto de una intención y, por tanto, una *obra*.

Nos resultará, pues, más a tono con una conciencia occidental de la comunicación artística la inspección crítica que tiende a identificar, en lo vivo de lo accidental y de lo fortuito de que la obra se alimenta, los elementos de "ejercicio" y "práctica" a través de los cuales el artista sabrá sacar las fuerzas de lo casual en el momento justo, haciendo de su obra una *chance domestiquée*, "una especie de pareja motriz cuyos polos no se agotan entrando en contacto, sino que dejan subsistir intacta la diferencia de potencial".[18] Podrán ser en Dubuffet las aspiraciones geométricas con las que se pasa a cortar la *texturologie*, para imponerle un freno y una dirección; por lo que será siempre el pintor quien hará "jouer sur le clavier des évocations et des références".[19] Podrá ser la presencia del dibujo de Fautrier, que integra y corrige la libertad del color, en una dialéctica de límite y de no límite,[20] en la cual "el signo reprime la dilatación de la materia".

Y hasta en las más libres explosiones de la *action painting*, el pulular de las formas, que asalta al espectador permitiéndole una máxima libertad de reconocimientos, no queda como el registro de un acontecimiento telúrico casual: es el registro de un *gesto*. Y un gesto es un trazo que tiene una dirección espacial y temporal, del que es reflejo el signo pictórico. Podemos, a la inversa, recorrer el signo en todas direcciones, pero el signo es el campo de direcciones reversibles que el gesto —irreversible una vez trazado— nos ha impuesto, a través del cual el gesto original nos dirige en una búsqueda del gesto perdido, búsqueda que termina en el encuentro del gesto y, en él, de la intención comunicativa.[21] Pintura que tiene la libertad de la naturaleza, pero una naturaleza en cuyos signos podemos reconocer la mano del creador, una naturaleza pictórica que, como la naturaleza del metafísico medieval, habla continuamente del acto original. Y, por consiguiente, comunicación humana, paso de una *intención* a una *recepción*; y si bien la recepción es abierta —pero porque era abierta la intención, intención no de comunicar un *unicum*, sino una pluralidad de conclusiones—, ésta es fin de una relación comunicativa que, como todo acto de información, se rige por la disposición, por la organización de cierta forma. Por tanto, en este sentido, Informal quiere decir negación de las formas clásicas de dirección unívoca, no abandono de la forma como condición base de la comunicación. El ejemplo de lo Informal, como de toda obra abierta, nos llevará, pues, no a decretar la muerte de la forma, sino a una noción más articulada del concepto de forma, *la forma como campo de posibilidades*.

Descubrimos en este punto que este arte de la vitalidad y de lo casual no sólo se somete a las categorías básicas de la comunicación (estableciendo su informatividad sobre la posibilidad de una formatividad), sino que, encontrando de nuevo en sí mismo las connotaciones de la organización formal, nos da las claves para encontrar la misma posibilidad de un reconocimiento estético. Miremos un cuadro de Pollock: el desorden de los signos, la desintegración de los perfiles, la explosión de las configuraciones nos invitan al juego personal de las relaciones que pueden establecerse; no obstante, el gesto original, fijado en el signo, nos orienta en direcciones dadas, nos conduce de nuevo a la intención del autor. Ahora bien, esto se lleva a cabo por sí solo y precisamente porque el gesto no permanece como algo extraño al signo, un referente al que el signo remite convencionalmente (no es el jeroglífico de la vitalidad que, frío y reproducible en serie, nos llama convencionalmente a la noción de "libre explosión de la vitalidad"): gesto y signo han encontrado aquí un equilibrio particular, irreproducible, hecho de una feliz adhesión de los materiales inmóviles en la energía formadora, de un relacionarse recíproco de los signos, hasta el punto de llevarnos a especificar la atención sobre ciertas relaciones que son relaciones formales, de signos, pero al mismo tiempo relaciones de gestos, relaciones de intenciones. Tenemos una fusión de elementos; como en la palabra poética del versificador tradicional, se alcanza, en los momentos privilegiados, la fusión entre sonido y significado, entre valor convencional del sonido y emoción, acento de pronunciación. Este tipo particular de fusión es el que reconoce la cultura occidental como característica del arte, *resultado estético*. Y el intérprete que, en el momento mismo en que se abandona al juego de las relaciones libres sugeridas, vuelve continuamente al objeto para encontrar en él las razones de la sugerencia, la maestría de la provocación, en ese momento no goza ya sólo la propia aventura personal, sino que goza la calidad propia de la obra, su calidad estética. Y el libre juego de las asociaciones, una vez que se reconoce como originado por la disposición de los signos, pasa a formar parte de aquellos contenidos que presenta la obra fundidos en su unidad, fuente de todos los dinamismos imaginativos consiguientes. Se goza entonces (y se describe, al igual que hace cualquier intérprete de una obra informal) la calidad de una forma, de una obra, que es *abierta* precisamente porque es *obra*.

Así nos damos cuenta de cómo se estableció, sobre la base de una información cuantitativa, un tipo más rico de información, la información estética.[22]

La primera información consistía en sacar de la totalidad de los signos la mayor parte de impulsos imaginativos (de sugerencias) posibles: la posibilidad de aportar al complejo de los signos la mayor parte de integraciones personales compatibles con las intenciones del autor. Y éste es el valor perseguido decididamente por la obra abierta, mientras que las formas clásicas lo implican como condición necesaria de la interpretación pero no lo consideran preferible, incluso tienden intencionadamente a reducirlo dentro de límites determinados.

La segunda información consiste en relacionar los resultados de la primera información con las cualidades orgánicas que se reconocen como su origen; y en encuadrar como adquisición agradable la conciencia del hecho de estar gozando del resultado de una organización consciente, de una intención formativa; todo reconocimiento de la cual es fuente de placer y de sorpresa, de conocimiento cada vez más rico del mundo personal o del *background* cultural del autor, de los mismos valores teóricos que sus módulos formativos implican y suponen.

Así, en la dialéctica entre *obra* y *apertura*, la persistencia de la obra es garantía de las posibilidades comunicativas y, al mismo tiempo, de las posibilidades de fruición estética. Los dos valores se implican y están íntimamente vinculados (mientras en un mensaje convencional, en una señal en una carretera, subsiste el hecho comunicativo sin el hecho estético, de modo que la comunicación se consuma al captar el referente, tampoco se nos induce a volver al signo para gozar en lo vivo de la materia organizada la eficacia de la comunicación adquirida). La apertura, por su parte, es garantía de un tipo de goce particularmente rico y sorprendente que persigue nuestra civilización como un valor entre los más preciosos, puesto que todos los datos de nuestra cultura nos llevan a concebir, sentir y, por consiguiente, *ver* el mundo según la categoría de la posibilidad.

NOTAS

1. En apariencia, las declaraciones de poética de un Gabo no se concilian con una idea de obra abierta. En una carta a Herbert Read de 1944 (que reproduce Read, *The Philosophy of Modern Art*, Faber and Faber, Londres, 1952), Gabo habla de absolutismo y exactitud de líneas, de imágenes del orden y no del caos: "Todos nosotros construimos la imagen del mundo como quisiéramos que fuera y este nuestro mundo espiritual será siempre lo que nosotros hagamos y como lo hagamos. Es la humanidad sola la que lo forma en cierto orden, fuera de una masa de realidades incoherentes y enemigas. Esto es lo que considero constructivo. Yo he elegido la exactitud de mis líneas". Pero vamos a referir estas afirmaciones a lo que el mismo Gabo decía en 1924 en el *Manifesto del Costruttivismo*: orden y exactitud son los parámetros basándose en los cuales el arte adecúa la organicidad de la naturaleza, su formatividad interna, el dinamismo de su crecimiento. Por tanto, el arte es una imagen conclusa y definida, sí, pero tal que produce a través de elementos *cinéticos* ese proceso continuo que es el crecimiento natural. De la misma manera que un paisaje, un pliegue del terreno, una mancha en una pared, la obra de arte se presta a visualizaciones diversas y presenta perfiles cambiantes; el arte refleja en sí mismo, gracias a sus características de orden y exactitud, la movilidad de los acontecimientos naturales. Es una obra definida, podemos decir, que se hace imagen de una naturaleza "abierta". Y Read, por lo demás desconfiado para con otras formas de ambigüedad plástica, observa: "La particular visión de la realidad, común al constructivismo de Gabo o de Pevsner, no se deriva de los aspectos superficiales de la civilización mecánica, ni de una reducción de los datos visuales a sus 'planos cúbicos' o 'volúmenes plásticos'... sino de una visión del proceso estructural del universo físico como lo revela la ciencia moderna. La mejor preparación para la apreciación del arte constructivista es el estudio de Whitehead o de Schroedinger... El arte —es su máxima función— acepta la universal multiplicidad que la ciencia investiga y revela, pero la reduce a la concreción de un símbolo plástico" (p. 233).

2.   Una impresión semejante señala Ezra Pound ante las obras de Brancusi: "Brancusi eligió una tarea mucho más difícil: reunir todas las formas en una sola es algo que exige tanto tiempo como la contemplación del universo para un budista cualquiera... Podría decirse que cada uno de los miles de ángulos desde los cuales se considera una estatua debería tener una vida propia (Brancusi me permitirá decir: una vida *divina*)... Aun el adorador exclusivo del arte más execrable admitirá que es más fácil construir una estatua que guste si se considera desde *un* ángulo, que hacer una que pueda satisfacer al espectador desde cualquier ángulo que la mire. Se comprende que es más difícil comunicar esta 'satisfacción formal' con ayuda de una sola masa, que provocar un interés visual efímero por medio de combinaciones monumentales y dramáticas..." (testimonio sobre Brancusi que apareció en "The Little Review", 1921).

3.   Citamos, junto a los célebres vidrios de Munari, ciertos experimentos de la última generación, como los *miriorama* del "Grupo T" (Anceschi, Boriani, Colombo, Devecchi) y las estructuras transformables de Jacoov Agam, las "constelaciones móviles" de Pol Bury, los *rotoreliefs* de Duchamp ("el artista no es el único que realiza el acto de creación, porque el espectador establece el contacto de la obra con el mundo exterior, descifrando e interpretando sus calificaciones profundas y añadiendo así su contribución al proceso creador"), los objetos de composición renovable de Enzo Mari, las estructuras articuladas de Munari, las hojas movibles de Diter Rot, las estructuras cinéticas de Jesús Soto ("son estructuras cinéticas porque utilizan al espectador como motor. Reflejan el movimiento del espectador, aunque no sea más que el de sus ojos. Prevén su capacidad de movimiento; solicitan su actividad sin constreñirla. Son estructuras cinéticas porque no contienen las fuerzas que las animan. Puesto que las fuerzas que las animan toman en préstamo su dinamismo al espectador", observa Claus Bremer), las máquinas de Jean Tinguely (que, deformadas por el espectador y haciéndolas rodar, dibujan configuraciones siempre nuevas).

4.   De tal modo, aun sin estar constituido por elementos móviles, el cuadro informal perfecciona la tendencia de la escultura cinética de diversos tipos, convirtiéndose, de objeto, en "espectáculo", como observa Albino Galvano en *Arte come oggetto e arte come spettacolo* ("Il Verri", número sobre lo Informal, citado, pp. 184-187).

5.   Véase, por ejemplo, la declaración de los jóvenes artistas de *miriorama*: "Cualquier aspecto de la realidad, color, forma, luz, espacios geométricos y tiempo astronómico, es el aspecto distinto que tiene de ofrecerse el ESPACIO-TIEMPO o, mejor dicho, modos distintos de percibir la relación entre ESPACIO y TIEMPO. Consideramos, por consiguiente, la realidad como un continuo devenir de fenómenos que nosotros percibimos en la variación. Desde cuando una realidad entendida en estos términos ocupó el sitio, en la conciencia del hombre (o solamente en su intuición), de una realidad fija e inmutable, nosotros advertimos en las artes una tendencia a expresar la realidad en sus términos de devenir. Por

222

tanto, considerando la obra como una realidad hecha con los mismos elementos que constituyen la realidad que nos rodea, es necesario que la obra misma esté en continua variación". Otros artistas hablan de la introducción de la dimensión *tiempo* en la vida interna de la obra. En otra parte se ha hablado ya de *relación de indeterminación* planteada en el dominio de la imagen por los mismos cubistas. Se ha dicho incluso, a propósito de Fautrier, que "él establece un nuevo espacio intersideral y participa en las búsquedas científicas actuales" (Verdet). Y en varios lugares se ha oído hablar de realidades nucleares representadas por la nueva pintura. Mathieu ha hablado de *épistémologie du décentrement*. Todas ellas expresiones no verificadas, pero que, de todos modos, califican estados de ánimo que no pueden dejarse de tener en cuenta.

6. En "L'Oeil", abril 1959.

7. James Fitzsimmons, *Jean Dubuffet*, Bruselas, 1958, p. 43.

8. A. Berne-Joffroy, *Les objets de J. Fautrier*, en "NRF", mayo, 1955.

9. G. C. Argan, *Da Bergson a Fautrier*, en "Aut Aut", enero 1960.

10. R. Barilli, *J. Dubuffet, Matériologies*, Galleria del Naviglio, Milán, 1961.

11. Jacques Audiberti, *L'Ouvre-Boîte*, Gallimard, París, 1952, pp. 26-35.

12. En relación con las aclaraciones que siguen, vid. el ensayo anterior, "Apertura, información, comunicación".

13. Henri Pousseur, *La nuova sensibilità musicale*, en "Incontri musicali", n.º 2, (1958).

14. Vid. todo el párrafo "La información, el orden y el desorden" del ensayo precedente.

15. *The Tenth Muse*, Routledge & Kegan, Londres, 1957, p. 35 y ss.

16. El problema de una dialéctica entre obra y apertura pertenece a la serie de cuestiones de teoría del arte que preceden toda discusión concreta. La poética de la *obra abierta* indica cierta tendencia general de nuestra cultura, lo que Riegl llamaría un *Kunstwollen*, que Panofsky define mejor como "sentido último y definitivo, que puede encontrarse en varios fenómenos artísticos, independientemente de las mismas decisiones conscientes y actitudes psicológicas del autor". En ese sentido, una noción de este género (por ejemplo, precisamente, la dialéctica entre *obra* y *apertura*) es un concepto que no indica tanto cómo *se resuelven* los problemas artísticos, sino más bien cómo *se proponen*. Lo que no significa que tales conceptos se definan a priori, sino que *se legitiman* a priori, es decir, se proponen como categorías explicativas de una tendencia general: categorías elaboradas después de una serie de observaciones realizadas sobre diversas obras. Cómo una dialéctica dada, así *propuesta*, se resuelve luego caso por caso, es tarea del crítico definirlo en concreto (vid. Erwin Panofsky, *Über das Verhältnis der Kunstgeschichte zur Kunsttheorie*, 1920, en *La prospettiva come "forma simbolica"*, Feltrinelli, Milán, 1961, pp. 178-214).

17. *Jean Dubuffet ou le point extrême*, en "Cahiers du Musée de poche",

n.º 2, p. 52.

18. Vid. Renato Barilli, *La pittura di Dubuffet*, en "Il Verri", oct. 1959; donde remite también a los textos de Dubuffet, *Prospectus aux amateurs de tout genre*, París, 1946, y en particular a la sección "Notes pour les fins-lettrés".

19. Recuerda de nuevo Barilli (art. cit.): "Los *tableaux d'assemblage* [1957] explotan metódicamente, como se ha dicho, el choque, el *shock* entre la actividad de la *texturologie* y la intervención, con cesuras y esquemas lineales, del *faber*; de ello resulta un producto que converge contemporáneamente hacia dos límites (en sentido matemático): por una parte, el aliento cósmico, el caos germinal pululante de presencias; por otra, el rígido hermetismo del concepto; la resultante es precisamente, como se mencionaba en otro lugar, un infinito, por así decir, discontinuo, o sea una embriaguez lúcida y controlada obtenida por una densa multiplicación de elementos cada uno de los cuales mantiene, sin embargo, una clara definición formal".

20. Vid. el análisis llevado a cabo por Palma Bucarelli en *Jean Fautrier, Pittura e materia*, Il Saggiatore, Milán, 1960. Véase, en la página 67, el análisis de la oposición continua entre el bullir de la materia y el límite de las formas, y la diferencia planteada entre la libertad del infinito, sugerida, y la angustia de un no-límite visto como posibilidad negativa de la obra. En la página 97: "En estos *Oggetti*, el contorno es independiente de la cantidad de color que, no obstante, constituye un claro dato de existencia: es algo que supera la materia, designa un espacio y un tiempo, es decir, encuadra la materia en una dimensión de la conciencia". Quede claro, por lo demás, que éstos son sólo ejemplos de particulares lecturas críticas de las cuales no se pretende obtener aparatos categóricos válidos para toda experiencia informal. Otras veces, cuando esta dialéctica entre dibujo y color no existe ya (pensemos en Matta, o en Imai, o en Tobey), la búsqueda debe dirigirse en otro sentido. En el último Dubuffet, las subdivisiones geométricas de la *texturologie* no subsisten ya, y no obstante se puede aún realizar sobre su tela una búsqueda de direcciones sugeridas, de elecciones realizadas.

21. "En esta pintura, el gesto tiene una parte importante, pero dudo que nazca de improviso, sin control ni reflexión, sin que haya necesidad de hacerlo de nuevo, ese gesto, una vez tras otra, hasta que no se haya creado una forma que posea un significado propio. En cambio, comúnmente se cree que este tipo de pintura es el resultado de un breve momento de inspiración y violencia. Pero bien pocos son, en Nueva York, los que trabajan de ese modo... Un ejemplo de esta confusión lo tenemos a propósito de la pintura de Jackson Pollock. ¿Cómo es posible, nos preguntamos, que un pintor haga gotear el color sobre una tela (colocada en el suelo) dibujando y componiendo de ese modo un cuadro? Pero el gesto dibujado no es menos deliberado e intencionado, tanto si el pincel toca la tela como si no la toca; digamos que Pollock ha hecho el

gesto en el aire sobre la tela y que el color que gotea del pincel sigue su gesto" (David Lund, *Nuove correnti della pittura astratta*, en "Mondo Occidentale", sept. 1959).

22.   Se tiene un ejemplo de esta relación en el arte figurativo clásico, entre significado *iconográfico* y significado *estético* total. La convención iconográfica es un elemento de redundancia: un hombre barbudo que tiene junto a él a un muchacho al lado del cual aparece un chivo, es —en la iconografía medieval— Abraham. La convención *insiste* confirmándonos de nuevo el personaje y el carácter. Típico es el ejemplo que da Panofsky (*Zum Problem des Beschreibung und Inhaltsdeutung von Werken der bildenden Kunst*, 1932, en *La prospettiva come "forma simbolica"*, op. cit.) a propósito de la *Giuditta e Oloferne* de Maffei. La mujer de la representación lleva una cabeza decapitada sobre un plato y una espada. El primer elemento haría pensar en una Salomé, el segundo, en Judit. Pero, de acuerdo con las convenciones iconográficas barrocas, no se da nunca el caso de una Salomé con espada, mientras que no es raro ver a Judit llevando la cabeza de Holofernes en un plato. El reconocimiento se ve, pues, favorecido por otro elemento de redundancia iconográfica, la expresión del decapitado (que hace pensar más en un malvado que en un santo). Así, la redundancia de elementos aclara el significado del mensaje y confiere una información cuantitativa aunque sea limitadísima. Pero interviene la información cuantitativa para favorecer la información estética, el goce del resultado orgánico total y el juicio sobre la realización artística. Como observa Panofsky: "Quien concibe el cuadro como la representación de una muchacha dada a los placeres, con la cabeza de un santo en la mano, deberá juzgar también estéticamente de modo distinto a como juzgaría el que ve en la muchacha una heroína protegida por Dios con la cabeza de un sacrílego en la mano".

225

EL CASO Y LA TRAMA

La experiencia televisiva y la estética

La experiencia televisiva sugirió desde sus comienzos una serie de reflexiones teóricas suficientes para inducir incautamente a algunos a hablar, como sucede en estos casos, de estética de la televisión.

En el ámbito de la terminología filosófica italiana, cuando se habla de estética se entiende una investigación especulativa sobre el fenómeno arte en general, sobre el acto humano que lo produce y sobre las características generalizables del objeto producido. Resulta, por consiguiente, si no impropio, por lo menos difícil, pasar a un uso menos escrupuloso del término, hablando, por ejemplo, de "estética de la pintura" o "del cine"; a menos que con esto se quiera indicar una indagación sobre algunos problemas particularmente evidentes en la experiencia pictórica o cinematográfica, pero capaces de permitir una reflexión a un nivel más alto y aplicable a todas las artes; o tales que aclaren algunas actitudes humanas que sean objeto de reflexión teórica y contribuyan a una comprensión más profunda en el plano de la antropología filosófica. Pero, cuando se señalan como "estética" de un arte disertaciones técnicas o preceptísticas, análisis estilísticos o juicios críticos, entonces se puede hablar de estética sólo si se atribuye al término una acepción más amplia y una especificación más concreta, como ocurre en otros países. Si queremos, no obstante, permanecer fieles a la terminología tradicional italiana (a lo menos por razones de comprensibilidad), será más útil hablar de *poética* o de análisis técnico-estilístico, atribuyendo a tales ejercicios la gran importancia que tienen y reconociendo que a menudo saben ser más perspicaces que muchas "estéticas" filosóficas, aun en el plano teórico.

Frente al fenómeno de la televisión y a las estructuras operativas que lleva a la realidad, será interesante examinar la aportación que la experiencia de la producción televisiva puede dar a la reflexión estética, sea a título de reconfirmación de posiciones ya establecidas, sea como estímulo —frente a un hecho irreductible a categorías dadas— para ampliar y dar nueva dimensión a algunas definiciones teóricas.

Será particularmente útil ver, en un segundo momento, qué relación puede establecerse entre las estructuras comunicativas de la expresión televisiva y las estructuras "abiertas" que el arte contemporáneo nos propone en otros campos.

Estructuras estéticas de la toma directa

1. Establecidas estas premisas, si examinamos lo que se ha dicho hasta ahora respecto del hecho televisivo, nos damos cuenta de que han surgido algunos temas notables, pero que la discusión de los mismos, utilísima para un desarrollo artístico de la televisión, no aporta ninguna contribución estimulante a la estética. Por contribución estimulante entendemos un "hecho nuevo" que rechace las justificaciones ya existentes y permita la revisión de las definiciones abstractas que pretenden referirse al mismo.

Ahora bien, se ha hablado de "espacio" televisivo —determinado por las dimensiones de la pantalla de la televisión y por el tipo particular de profundidad que permiten los objetivos de la telecámara—, se han observado las peculiaridades del "tiempo" televisivo, a menudo identificadas con el tiempo real (en la toma directa de acontecimientos o espectáculos), siempre específico por la relación con su espacio y con un público en particular disposición psicológica; y se ha hablado así de la particularísima relación de comunicación entre televisión y público, nueva por la misma disposición ambiental de los receptores, agrupados en entidades numérica y cualitativamente diferentes de aquellas de los asistentes a otros espectáculos (como para permitir al individuo un margen máximo de aislamiento y como para hacer pasar a un segundo plano el factor "colectividad"). Todos éstos son problemas que el escenógrafo, el director, el productor televisivo tienen que afrontar siempre y constituyen puntos de investigación y de programa para una poética de la televisión.

No obstante, el hecho de que cada medio de comunicación artística tenga su "espacio", su "tiempo" y su particular relación con el usuario, se traduce precisamente en el plano filosófico en la comprobación y definición del hecho mismo.

Los problemas vinculados a la operación televisiva no hacen sino confirmar la disertación filosófica que asigna a cada "género" de arte el diálogo con una "materia" propia y el establecimiento de una gramática propia y un léxico propio. En este sentido, tal problemática televisiva no ofrece al filósofo más de cuanto le hayan propuesto ya las demás artes.

Esta conclusión podría ser definitiva si, por el hecho de hablar de "estética", tomáramos en consideración sólo el aspecto manifiestamente "artístico" (en el sentido más convencional y limitativo del término) del medio televisivo; o sea, la producción de dramas, comedias, obras líricas, espectáculos en sentido tradicional. Sin embargo, puesto que una amplia reflexión estética tiene en consideración todos los fenómenos comunicativo-productivos, para descubrir en ellos su parte artística y estética, la aportación más interesante para nuestra investigación la da precisamente ese particularísimo tipo de comunicación que es exclusivo del medio televisivo: la *toma directa* de acontecimientos.

228

Algunas de las características de la toma directa que más interesan a nuestros fines se han señalado ya desde diversas partes. Sobre todo, con la toma y entrada en onda de un acontecimiento en el mismo instante en que éste tiene lugar, nos encontramos frente a un *montaje* —hablamos de montaje porque, como se sabe, el acontecimiento se toma con tres o más telecámaras y va transmitiéndose progresivamente la imagen que se considera más idónea—, un montaje improvisado y simultáneo del hecho tomado y montado. Toma, montaje y proyección, tres fases que en la producción cinematográfica son totalmente distintas y tienen cada una fisonomía propia, aquí se identifican. Esto permite obtener la ya mencionada identificación de tiempo real y tiempo televisivo, sin que ningún recurso narrativo pueda establecer una duración de tiempo que es la autónoma del acontecimiento captado.

Es fácil observar cómo de tales hechos surgen problemas artísticos, técnicos, psicológicos, ya sea desde el punto de vista de la producción como del de la recepción; por ejemplo, se introduce en el campo de la producción artística una dinámica de los reflejos que parecía propia de ciertas experiencias modernas de locomoción o de otras actividades industriales. Pero, para acercar aún más esta experiencia de comunicación a una problemática artística, se introduce otro hecho.

La toma directa no es nunca un resultado especulativo del acontecimiento que se desarrolla, sino *siempre* —si bien en ciertos casos en medida infinitesimal— una interpretación del mismo. Para captar un acontecimiento, el director de televisión sitúa las tres o más telecámaras de modo que la disposición le permita tres o más puntos de vista complementarios, ya estén todas las cámaras dirigidas dentro de los límites de un mismo campo visual, ya (como puede suceder en una carrera ciclista) estén desplazadas a tres puntos distintos, a fin de seguir el movimiento de un móvil cualquiera. Verdad es que la disposición de las telecámaras está siempre condicionada por posibilidades técnicas, pero no tanto como para no permitir, ya en esta fase preliminar, cierta *selección*.

Desde el momento en que el acontecimiento se inicia, el director recibe en tres pantallas las imágenes que le proporcionan las telecámaras, con las cuales los operadores —por orden del director— pueden *escoger* determinados encuadramientos dentro de los límites de su campo visual disponiendo de cierto número de objetivos que permiten restringir o ampliar el campo o subrayar determinados valores de profundidad. En este punto, el director se encuentra frente a una *elección* ulterior, debiendo mandar definitivamente a las ondas una de las tres imágenes y montando sucesivamente las imágenes elegidas. La elección se convierte así en una composición, en una narración, en la unificación discursiva de imágenes aisladas analíticamente en el contexto de una más amplia serie de acontecimientos copresentes y que van intercalándose.

Verdad es que en el estado actual de los hechos, la mayor parte de las tomas televisivas versan sobre acontecimientos que ofrecen escaso margen a una iniciativa de interpretación: en un partido de fútbol, el centro de interés lo constituyen los movimientos del balón, y no es fácil concederse divagaciones. Sin embargo, aun aquí, al usar los objetivos, al acentuar valores de iniciativa personal o valores de equipo, en éstos y en otros casos interviene una elección, aunque sea casual e inhábil. Por otra parte, se han dado ejemplos de acontecimientos acerca de los cuales el espectador recibe una verdadera interpretación, una indudable decantación narrativa.

Para citar ejemplos casi históricos, en 1956, durante la toma de un debate entre dos economistas, se oía a veces la voz de uno de los interlocutores que hacía la pregunta, seguro y agresivo, mientras la telecámara daba la imagen del interpelado, nervioso y sudando, atormentando con las manos un pañuelo; de lo que resultaba inevitablemente, por una parte, cierta enfatización dramática del hecho, por lo demás apropiada, y, por la otra, cierta toma de posición, aunque involuntaria: el público se distraía de los aspectos lógicos del encuentro y se impresionaba con los aspectos emotivos del mismo, de modo que podía falsearse la relación real de fuerza, que debía estar constituida por la calidad de las argumentaciones y no por la prestancia física de los interlocutores. Si en este caso el problema de la interpretación se indicaba más que se resolvía, recordemos, en cambio, la toma de las ceremonias nupciales de Rainiero III de Mónaco y Grace Kelly. Aquí los acontecimientos ofrecían verdaderamente la posibilidad de diferentes enfoques. Estaba el acontecimiento político y diplomático, la parada fastuosa y vagamente operetística, la novela sentimental agrandada por los periódicos, etc. Ahora bien, la toma televisiva se orientó casi siempre hacia la narración rosa-sentimental, acentuando los valores "románticos" del acontecimiento y, en cualquier caso, dando una narración de color carente de intenciones más rigurosas.

Durante una parada de bandas militares, mientras un grupo americano de evidentes funciones representativas ejecutaba una pieza, las telecámaras se fijaron en el príncipe, que se había manchado de polvo los pantalones contra el barandal del balcón al que se asomaba y que se inclinaba para sacudírselo y sonreía divertido a la novia. Es razonable pensar que cualquier director habría hecho la misma elección (hablando periodísticamente, se trataba de un "golpe"), pero, al fin y al cabo, era una elección. Con ella, toda la narración subsiguiente quedaba determinada dentro de cierta tonalidad. Si en ese momento se hubiera transmitido por onda la imagen de la banda americana de uniforme, incluso dos días después, en la toma de la ceremonia nupcial en la catedral, los espectadores habrían debido seguir los movimientos del eminente prelado que celebraba el rito; en cambio, las telecámaras permanecieron casi continuamente sobre el rostro de la esposa, destacando su manifiesta emoción. Es decir, por coherencia narrativa, el director mantenía el mismo tono en todos los capítulos de su narración y las premisas de dos días antes seguían condicionando su discurso. En el fondo, el director satisfacía los gustos y expectativas de cierto público y, en otro aspecto, los instituía. Determinado por factores técnicos y sociológicos, se movía, no obstante, en cierta dimensión de autonomía y *narraba*.

Una narración de acuerdo con un embrionario principio de coherencia, realizada simultáneamente con su propia concepción: narración al *impromptu*, por consiguiente. He aquí un aspecto por el cual el fenómeno de la televisión ofrece problemas al estudioso de estética; problemas análogos presentan, por ejemplo, los cantos de los aedos y de los bardos y la comedia del arte, donde encontramos el mismo principio de improvisación, pero por otra parte mayores posibilidades de autonomía creadora, menores constricciones desde el exterior y, en cualquier caso, ninguna referencia a una realidad en acto. Pero, en nuestros días, un estímulo problemático más decidido lo ofrece todavía más la forma propia de la composición *jazz*, la *jam-session*, donde los componentes de un conjunto escogen un tema y lo desarrollan libremente, por una parte improvisando y por la otra llevando su improvisación por el camino de una congenialidad que les permite una creación *colectiva*, *simultánea*, *extemporánea* y, no obstante (en los casos de éxito, seleccionados en la grabación), *orgánica*.

Este fenómeno lleva a la revisión y ampliación de varios conceptos estéticos y, en cualquier caso, a utilizarlos con mayor comprensión, especialmente respecto del proceso productivo y la personalidad del autor, la identificación del intento y el resultado, la de obra completa y los antecedentes, donde, por lo demás, preexisten los antecedentes bajo la forma de un hábito de trabajo en común y bajo la forma de recurrir a astucias tradicionales, como el *riff*,[1] o a ciertas soluciones melódico-armónicas de repertorio, factores todos que constituyen al mismo tiempo un límite a la felicidad inventiva. Por otra parte, se confirman ciertas reflexiones teóricas sobre el poder condicionante, en el crecimiento del organismo artístico, de ciertas premisas estructurales; hechos melódicos que exigen cierto desarrollo, hasta el punto de que todos los ejecutantes lo prevén y realizan como de acuerdo, reconfirman una temática de la forma formante, si bien la vinculan a ciertas cuestiones de lenguaje dado y de retórica musical que se hace ya condición anterior, integrando la invención propiamente dicha.[2]

Iguales problemas pueden plantear la toma directa televisiva, donde: a) se identifican casi totalmente intento y resultado, aunque simultáneamente, y por consiguiente con escaso tiempo para la elección, hay tres imágenes que constituyen el intento y una, el resultado; b) coinciden obra y antecedentes, pero las cámaras se disponen precedentemente; c) se evidencia menos el problema de la forma formante; d) los límites de la invención no se plantean a través del repertorio, sino de la presencia de los hechos exteriores. Infinitamente más escasa resulta, pues, la zona de autonomía y menor la carga artística del fenómeno.

2.   Ésta sería la conclusión definitiva si se reconociera como límite el hecho de que la "narración" se modela sobre una serie de hechos autónomos, hechos que en cierto sentido se escogen, pero que no obstante se ofrecen a la elección, ellos y no otros, ya con una lógica propia difícilmente superable y reducible. Esta *condición* nos parece que constituye la verdadera *posibilidad* artística de la toma directa televisiva. Examinemos la estructura de la "condición" para poder deducir de ella alguna cosa acerca de las posibilidades de la narración. Un procedimiento típico podemos encontrarlo en Aristóteles.

Disertando sobre la unidad de una trama, Aristóteles observa que pueden ocurrirle muchas, incluso innumerables cosas, "a una persona sin que, no obstante, algunas sean tales que constituyan unidad, como también pueden ser muchas las acciones de una persona sin que de ello resulte una única acción".[3] Ampliando el concepto, en el contexto de cierto campo de acontecimientos se entremezclan y yuxtaponen acontecimientos que a veces carecen de nexos recíprocos y se desarrollan varias situaciones en direcciones distintas. Un mismo grupo de hechos, desde cierto punto de vista, encuentra su propio cumplimiento en otra secuencia de hechos, mientras que, iluminado desde otro plano, se prolonga en otros hechos. Es evidente que, desde un punto de vista de los hechos, todos los acontecimientos de ese campo tienen su justificación independientemente de todo nexo: se justifican por el hecho de que tienen lugar. Pero es asimismo evidente que, tal como los consideramos, sentimos la necesidad de ver todos aquellos hechos bajo una luz unitaria: y más bien aislamos algunos de los que nos parecen provistos de nexos recíprocos, olvidándonos de los demás. En otras palabras, reagrupamos los hechos en formas. Dicho de otro modo, los unificamos en otras tantas "experiencias".

Usamos el término "experiencia" para podernos remitir a la formulación deweyana, que resulta cómoda para los fines de nuestra argumentación: "Tenemos una experiencia cuando el material experimentado procede hacia su realización. Entonces y sólo entonces, aquélla se integra y se distingue de las demás experiencias dentro de la corriente general de la experiencia... En una experiencia, transcurrir es transcurrir de algo a algo".[4] Así, son "experiencias" un trabajo bien hecho, un juego terminado, una acción llevada a término de acuerdo con el fin prefijado.

Así como en el balance de nuestra jornada aislamos las experiencias realizadas de las esbozadas y dispersas —y no podemos negar que olvidamos experiencias totalmente realizadas sólo porque no nos interesaban inmediatamente o porque no hemos advertido conscientemente su verificación—, en el ámbito de un campo de acontecimientos aislamos tejidos de experiencias de acuerdo con nuestros intereses más apremiantes y la actitud moral y emotiva que preside nuestra observación.[5]

Es evidente que aquí, del concepto deweyano de "experiencia", nos interesa no tanto el carácter de participación total en un proceso orgánico (que es siempre una interac-

234

ción entre nosotros y el ambiente), cuanto el aspecto formal del mismo. Nos interesa el hecho de que una experiencia se presente como una *realización*, como un *fulfilment*.

Y nos interesa la actitud de un observador que, más que vivir experiencias, trata de acertar haciendo experiencias ajenas; la actitud de un observador que efectúa una *mimesis de experiencias* y en este sentido vive ciertamente una experiencia propia de interpretación y de mimesis.

El hecho de que estas mimesis de experiencias tengan una calidad estética deriva del hecho de que son término en una *interpretación* que es al mismo tiempo *producción*, puesto que ha sido *elección y composición*, aun cuando lo sea de acontecimientos que en gran medida reclamaban ser escogidos y compuestos.

La calidad estética será tanto más evidente cuanto debemos intencionadamente identificar y escoger experiencias en un contexto más amplio de acontecimientos con el único fin de reconocerlas y reproducirlas, si no de otra manera, mentalmente. Es la búsqueda y la institución de una coherencia y una unidad en la variedad inmediatamente caótica de los acontecimientos; [6] es la búsqueda de un todo acabado en que las partes que lo componen "deben coordinarse de modo que, cambiando de sitio o suprimiendo una, resulte como dislocado y roto todo el conjunto". Con lo que estamos de nuevo en Aristóteles [7] y nos damos cuenta de que esta actitud de identificación y reproducción de experiencias es para él la poesía.

La historia no nos presenta un solo hecho, "sino un solo período de tiempo, es decir, comprende todos aquellos hechos que tuvieron lugar en este período de tiempo en relación con uno o varios personajes; y cada uno de estos hechos se encuentra respecto de los demás en relación puramente casual".[8] La historia es para Aristóteles como la fotografía panorámica de ese campo de acontecimientos que antes mencionábamos; la poesía consiste en aislar en él una experiencia coherente, una relación genética de hechos y, por último, un ordenar los hechos de acuerdo con una perspectiva de valor.⁹

Todas estas observaciones nos permiten volver a nuestro argumento originario, reconociendo en la toma directa de la televisión una actitud artística y, en el límite extremo, una potencialidad estética relacionadas con la posibilidad de aislar "experiencias" de la forma más satisfactoria; en otras palabras, de dar una "forma" —fácilmente perceptible y apreciable— a un grupo de acontecimientos.

En la toma de un acontecimiento de gran dramatismo, por ejemplo un incendio,¹⁰ el montón de acontecimientos que entran en el contexto "incendio en un lugar X" puede escindirse en distintas fuentes narrativas que van desde una sobrecogedora epopeya del fuego destructor hasta la apología del bombero, desde el drama de los salvamentos hasta la caracterización de la feroz o dolorida curiosidad del público que asiste al suceso.

3. Este reconocimiento de lo artístico en conexión con semejante ejercicio televisivo y las perspectivas consiguientes podrían ahora parecer indiscutibles si la condición de extemporaneidad propia de la toma directa no suscitase un nuevo problema. A propósito de la experiencia lógica —si bien el ejemplo puede ampliarse a todos los demás tipos de experiencia—, Dewey observa que "en realidad, en una experiencia del pensamiento, las premisas emergen sólo cuando se manifiesta una conclusión".¹¹ En otros términos, diremos que el acto de predicación formal no es acto de deducción que se desarrolla silogísticamente, sino un intento continuamente realizado sobre las exigencias de la experiencia en que el resultado final hace válido y establece —de hecho, sólo entonces— los movimientos iniciales;¹² el *antes* y el *después* efectivo de una experiencia se organizan al final de una serie de intentos ejercidos sobre todos los datos que tenemos en nuestro poder, en el ámbito de los cuales existían unos *antes* y unos *después* puramente cronológicos, mezclados con otros, y sólo al final de la exposición se decanta ese montón de datos y quedan los

antes y *después* esenciales, los únicos que cuentan para los fines de nuestra experiencia.

Nos damos cuenta, pues, de que el director televisivo se encuentra en la desconcertante situación de tener que identificar las fases lógicas de una experiencia en el momento mismo en que éstas son aún fases cronológicas. Puede aislar un hilo narrativo en el contexto de los acontecimientos pero, a diferencia del más "realista" entre los artistas, no tiene ningún margen de reflexión a posteriori sobre los acontecimientos mismos, mientras que, por otra parte, le falta la posibilidad de instituirlos a priori. Debe mantenerse la unidad de su trama mientras ésta se desarrolla *en acto*, y se desarrolla mezclada a otras tramas. Al mover las telecámaras de acuerdo con un interés, el director debe inventar, en cierto sentido, el acontecimiento en el mismo momento en que tiene lugar de hecho, y debe inventarlo de manera idéntica a lo que está sucediendo; sin paradojas, debe intuir y prever el lugar y el conjunto de la nueva fase de su trama. Su operación artística tiene, por consiguiente, un límite desconcertante, pero al mismo tiempo su actitud productiva, si es eficiente, tiene una cualidad indudablemente nueva; y podemos definir ésta como una particularísima congenialidad con los acontecimientos, una forma de hipersensibilidad, de intuición (más vulgarmente, de "olfato") que le permite *crecer* con el hecho, *acontecer* con el hecho. O, por lo menos, saber aislar instantáneamente el acontecimiento, una vez acontecido, y centrarse en él antes de que haya transcurrido.[13]

El crecimiento de su narración resulta así mitad efecto artístico y mitad obra de la naturaleza; su producto será una extraña interacción de espontaneidad y artificio, donde el artificio define y escoge la espontaneidad, pero la espontaneidad guía el artificio en su concepción y en su cumplimiento. Artes como la jardinería o la hidráulica ya habían ofrecido el ejemplo de un artificio que determinaba los movimientos presentes y los resultados futuros de determinadas fuerzas naturales, y los envolvía en el juego or-

gánico de la obra; pero, en el caso de la toma directa televisiva, los acontecimientos de la naturaleza no se insertan
en cuadros formales que los hubieran previsto, sino que
piden a los cuadros que surjan al unísono con ellos, que
los determinen en el momento mismo en que son determinados por ellos.

Incluso en el momento en que su obra se encuentra en
el mínimo nivel artesano, el director televisivo vive una
aventura formativa tan desconcertante como para constituir un fenómeno artístico de extremo interés, y la cualidad
estética de su producto, por simple y frágil que sea, no obstante, sigue abriendo siempre estimulantes perspectivas a
una fenomenología de la improvisación.

LIBERTAD DE LOS ACONTECIMIENTOS
Y DETERMINISMOS DE LA COSTUMBRE

1.   Desarrollado este análisis descriptivo de las estructuras psicológicas y formales que se configuran en el fenómeno de la toma directa, debemos preguntarnos sobre
todo qué futuro, qué posibilidades artísticas tiene este
género de "narración televisiva" fuera de la práctica normal. Una segunda pregunta concierne a la indudable analogía entre este tipo de operación formativa, que se vale de
las aportaciones de lo casual y de las decisiones autónomas
de un "intérprete" (del director que "ejecuta" con un margen de libertad el tema "lo-que-pasa-aquí-ahora"), y ese
fenómeno típico del arte contemporáneo que hemos designado en los ensayos precedentes como *obra abierta*.

Consideramos que una respuesta a la segunda cuestión
puede ayudar a iluminar la primera. En la toma directa se
configura, sin duda, una relación entre la vida en la amorfa
apertura de sus mil posibilidades y el *plot*, la trama que el
director instituye organizando, aun cuando sea improvisando, nexos unívocos y unidireccionales entre los acontecimientos *elegidos* y montados en sucesión.

Que el montaje narrativo es un elemento importante y decisivo es cosa que ya hemos visto, hasta el punto de que para definir la estructura de la toma directa hemos debido recurrir a lo que es la poética de la trama por excelencia, la poética aristotélica, sobre cuya base es posible describir las estructuras tradicionales ya sea del drama teatral como de la novela, por lo menos de esa novela que convencionalmente llamamos *bien hecha*.[14]

Pero la noción de trama es sólo un elemento de la poética aristotélica y la crítica moderna ha aclarado de sobra que la trama es sólo la organización exterior de los hechos que sirve para manifestar una dirección más profunda del hecho trágico (y narrativo): la acción.[15] Edipo, que investiga las causas de la peste, descubriéndose asesino de su padre y esposo de su madre, se provoca la ceguera: esto es la trama. Pero la acción trágica se establece a un nivel más profundo y en ella se devana el complejo asunto del hado y de la culpa con sus leyes inmutables, una especie de sentimiento dominante en la existencia y en el mundo. La trama es absolutamente unívoca, la acción puede colorearse con mil ambigüedades y abrirse a mil posibilidades interpretativas: la trama del *Hamlet* puede narrarla incluso un escolar y dejará a todo el mundo de acuerdo; la acción de Hamlet ha hecho verter y hará verter ríos de tinta porque es *una*, pero no *unívoca*.

Ahora bien, la narrativa contemporánea se ha orientado siempre más hacia una disolución de la trama (entendida como posición de nexos unívocos entre los acontecimientos que resultan esenciales para el desenlace final) para construir pseudoasuntos basados en la manifestación de los hechos "estúpidos" y accidentales. Accidentales y estúpidos son los hechos que acontecen a Leopold Bloom, a la señora Dalloway, a los personajes de Robbe-Grillet. Y, no obstante, son todos profundamente *esenciales* si se juzgan de acuerdo con otra noción de la elección narrativa y todos concurren a proyectar una acción, un desarrollo psicológico, simbólico o alegórico, e implican cierta argumentación implícita con respecto al mundo. La naturaleza de la misma, su posibilidad de ser entendida de múltiples modos y de estimular soluciones distintas y complementarias, es lo que podemos definir como "apertura" de una obra narrativa: en la repulsa de la trama se realiza el reconocimiento de que el mundo es un nudo de posibilidades y la obra de arte debe reproducir su fisonomía.

Ahora bien, mientras la novela y el teatro (Ionesco, Beckett, Adamov, obras como *The connection*) tomaban decididamente este camino, parecía que otra de las artes fundadas en la trama, el cine, se abstuviera de seguirlo. Abstención motivada por numerosos factores, no el último el de su destino social, precisamente porque el cine, frente a un apartamiento de las otras artes en el laboratorio de experimentación sobre las estructuras abiertas, estaba en el fondo destinado a mantener la relación con el gran público y a suministrar esa contribución de dramaturgia tradicional que constituye una exigencia profunda y razonable de nuestra sociedad y nuestra cultura. Y queríamos insistir aquí en el hecho de que no se debe identificar una poética de la obra abierta con la única poética contemporánea posible, sino con una de las manifestaciones, quizá la más interesante, de una cultura que, sin embargo, tiene otras exigencias que satisfacer y puede satisfacerlas a muy alto nivel, empleando modernamente estructuras operativas tradicionales; por lo que un filme fundamentalmente "aristotélico", como *Stagecoach* ("Sombras rojas"), constituye en el fondo un monumento ejemplar de la "narrativa" contemporánea.

De improviso —es preciso decirlo— se han visto aparecer en la pantalla obras que rompían decididamente con las estructuras tradicionales de la trama para mostrarnos una serie de acontecimientos carentes de nexos dramáticos entendidos desde un punto de vista convencional, una narración en la que no pasa nada, o pasan cosas que no tienen ya la apariencia de un hecho narrado, sino de un hecho sucedido por casualidad. Pensemos en los dos ejemplos más ilustres de esta nueva manera, *L'avventura* y *La notte* de Antonioni (el primero de modo más radical, el segundo en una medida más mediata y más vinculado a una visión tradicional).

No sólo vale el hecho de que estos filmes hayan aparecido como efecto de la decisión experimental de un director, sino que vale también el hecho de que hayan sido aceptados por el público, criticados, vituperados, pero en definitiva aceptados, asimilados como un hecho discutible, a lo más, pero posible. Tenemos que preguntarnos si sólo por casualidad de esta manera de contar ha podido proponerse a una audiencia únicamente después de que, desde hace algunos años, la sensibilidad común se ha habituado a la lógica de la toma televisiva; es decir, a un tipo de narración que, por concatenada y consecuente que parezca, usa siempre como material primario la sucesión escueta de los acontecimientos naturales; en los cuales la narración, aunque siga una ilación, se desvía continuamente en la anotación accidental, en la que a veces incluso puede no pasar nada durante mucho tiempo, cuando la telecámara espera la llegada de un corredor que no aparece y se mueve sobre el público y sobre los edificios circundantes, sin más razón que el hecho de que las cosas son así y no hay nada que pueda remediarlo.

Ante un filme como *L'avventura*, nos preguntamos si en muchos momentos no fue el resultado de una toma directa. Y si no fue así igualmente en gran parte de la fiesta nocturna de *La notte*, o en el paseo de la protagonista entre los muchachos que lanzan cohetes en el prado.

Surge entonces el problema de si la toma directa, a título de causa concomitante o simplemente de fenómeno contemporáneo, se inserta en este panorama de búsqueda y de resultados sobre una mayor apertura de las estructuras narrativas y sobre sus posibilidades de representar la vida en sus múltiples direcciones, sin imponerle unos nexos prefijados.

241

2. Pero aquí debemos percatarnos inmediatamente de un equívoco: la de la vida en su inmediatez no es apertura, es *casualidad*. Para hacer de esta casualidad un nudo de posibilidades efectivas, es necesario introducir en ella un módulo organizador. Escoger, a fin de cuentas, los elementos de una constelación entre los cuales se establecen nexos polivalentes, pero sólo *después* de la elección.

La apertura de *L'avventura* es efecto de un montaje que ha excluido deliberadamente la casualidad "casual" para introducir en ella sólo los elementos de una casualidad "voluntaria". La narración, como trama, no existe precisamente porque en el director hay la *voluntad calculada* de comunicar una sensación de intriga e indeterminación, una frustración de los instintos "noveleros" del espectador, para que éste se introduzca eficazmente en el núcleo de la ficción (que es ya vida filtrada) para orientarse a través de una serie de juicios intelectuales y morales. La apertura presupone a fin de cuentas la larga y cuidadosa organización de un *campo de posibilidades*.

Ahora bien, nada excluye que una cuidadosa toma directa sepa escoger, entre los hechos, los que se prestan a una organización abierta de semejante tipo. Pero intervienen aquí dos factores que sirven de vínculo y que son la *naturaleza* del medio y su *destino* social, es decir, su particular *sintaxis* y su *auditorio*.

Precisamente porque está en contacto inmediato con la vida como casualidad, la toma directa tiende a dominarla recurriendo al género de organización más tradicionalmente auténtico, la de tipo aristotélico, regida por las leyes de causalidad y necesidad, que son en última instancia las leyes de lo verosímil.

En *L'avventura*, en un punto determinado, Antonioni crea una situación de cierta tensión: en una atmósfera caldeada por el sol de mediodía, un hombre vuelca deliberadamente un tintero sobre el dibujo elaborado *en plein air* por un joven arquitecto. La tensión exige ser resuelta; en un *western* todo acabaría con una pelea de efecto liberador.

La riña justificaría psicológicamente lo mismo al ofendido que al ofensor, y los actos de cada uno estarían perfectamente motivados. En cambio, en la película de Antonioni no pasa nada de esto: la riña parece estallar, pero no estalla, gestos y pasiones se reabsorben en el bochorno físico y psicológico que domina toda la situación. Ahora bien, una indeterminación tan radical es el resultado final de una larga desviación del hilo narrativo. La violación de todas las expectativas que cualquier recto criterio de verosimilitud implicaría, es tan buscada e intencionada que no puede ser sino el fruto de un cálculo realizado sobre el material inmediato; de tal modo que los acontecimientos parecen casuales precisamente porque no lo son.

La toma televisiva que sigue un partido de fútbol, en cambio, no puede eximirse de soldar toda aquella acumulación de tensiones y soluciones proyectadas hacia la conclusión final del gol (o, a falta de gol, del error, del gol fallido que rompe la secuencia y hace estallar el grito del público). Y admitamos también que todo esto esté impuesto por la específica función periodística de la toma, que no puede dejar de documentar sobre lo que el mecanismo mismo del juego implica necesariamente. Pero, una vez producido el gol, el director podría escoger aún entre la multitud delirante —anticlímax apropiado, fondo adecuado a la distensión psíquica del espectador que ha descargado su emoción— o bien podría mostrar de golpe, genial y polémicamente, un escorzo de la calle más próxima (mujeres asomadas a la ventana en sus gestos cotidianos, gatos tomando el sol), o incluso cualquier imagen absolutamente ajena al juego, un acontecimiento próximo que se vinculase a la imagen precedente sólo por su clara, violenta distancia —subrayando así una interpretación limitadora, moralista o documental del juego o, incluso, la ausencia de toda interpretación, la repulsa de todo nexo y todo vínculo previsible, como en una apática manifestación de nihilismo que podría tener, dirigida con mano maestra, el mismo efecto de ciertas descripciones absolutamente objetivas del

Nouveau Roman.

El director podría hacer, no obstante, que su toma no fuera directa sino en apariencia, pero de hecho resultara fruto de una larga elaboración, la aplicación de una nueva visión de las cosas que se rebela ante el mecanismo instintivo con que tendemos a relacionar los acontecimientos de acuerdo con la verosimilitud. Y recordemos que, para Aristóteles, la verosimilitud poética está determinada por la verosimilitud retórica; es decir, es lógico y natural que suceda en una trama lo que, de acuerdo con lo razonable, cada uno de nosotros esperaría en la vida normal, lo que casi en virtud de una convención, de acuerdo con los mismos lugares comunes del discurso, se piensa que debe suceder dadas ciertas premisas. En este sentido, pues, lo que el director tiende a entrever como resultado fantásticamente apropiado del discurso artístico es lo que el público puede esperarse como resultado adecuado, a la luz del sentido común, de una secuencia real de acontecimientos.

3. Ahora bien, la toma directa está determinada, en su desenvolvimiento, por lo que son las expectativas, las específicas exigencias de su público; el cual, en el momento mismo en que le pide una noticia sobre lo que pasa, piensa lo que sucede en términos de novela bien hecha; y reconoce la vida como real sólo cuando se le presenta sustraída a su casualidad y reunificada y seleccionada como trama.[16] Y esto porque la novela de trama corresponde, en su expresión tradicional, al modo habitual, mecanizado, en general razonable y funcional, de moverse entre los acontecimientos reales confiriendo significado unívoco a las cosas; mientras que sólo en la novela experimental se encuentra la decisión de disociar los nexos habituales con los cuales se interpreta la vida, no para encontrar una no-vida, sino para experimentar la vida bajo aspectos nuevos, más acá de las convenciones esclerotizadas. Pero esto requiere una decisión cultural, un estado de ánimo "fenomenológico", una voluntad de poner entre paréntesis las tendencias ad-

dad, precisamente porque estos nexos, en el estado actual de nuestra cultura occidental, son aún los más cómodos para movernos en la vida cotidiana. En el verano de 1961, Alain Robbe-Grillet sufrió un accidente de aviación después del cual el narrador, ileso, fue entrevistado por los periodistas: como señaló *L'Express* en un agudo artículo, la narración que Robbe-Grillet, emocionadísimo, hizo del accidente, tenía todas las apariencias de la narración tradicional; era, a fin de cuentas, aristotélica, balzaquiana si se quiere, cargada de intriga, de emoción, de participación subjetiva, dotada de un inicio, de un clímax, de un final apropiado. El articulista objetaba que Robbe-Grillet habría debido narrar el accidente en el mismo estilo impersonal, objetivo, carente de golpes teatrales, no narrativo en fin, según el cual escribe sus novelas; y proponía la deposición del escritor de su trono de pontífice de las nuevas técnicas narrativas. La argumentación era óptima bajo el perfil de la *boutade*, pero quien la tomara en serio, sospechando insinceridad en el novelista (que en un momento crucial parecía haber abdicado de su visión de las cosas para asumir aquella contra la que habitualmente polemizaba), habría sido víctima de un grave equívoco. Nadie, en efecto, puede pretender que un estudioso de geometría no euclidiana, al medir su propio cuarto para construir un armario, vaya a usar la geometría de Riemann; o que un estudioso de la teoría de la relatividad, al preguntar la hora al ocupante de un automóvil de paso, mientras él está de pie en la acera, regule su reloj basándose en las transformaciones de Lorentz. Los nuevos parámetros para ver el mundo se asumen para operar sobre realidades aceptadas experimentalmente, en el laboratorio, a través de abstracciones imaginativas o en el ámbito de una realidad literaria, pero pueden ser inadecuados para movernos entre los hechos comunes, no porque respecto de ellos sean falsos, sino porque en ese ámbito pueden resultar aún más útiles —a lo menos por ahora— los parámetros tradicionales usados por todos los demás seres con quienes tenemos trato diario.

La interpretación de un hecho que nos ocurre y al que debemos responder inmediatamente —o que debemos inmediatamente describir captándolo con la cámara de la televisión— es uno de los casos típicos en que las convenciones usuales siguen siendo aún las más oportunas.

5. Ésta es la situación del lenguaje televisivo en una fase dada de su desarrollo, en un período cultural dado, en una situación sociológica dada que confiere al medio una concreta función respecto de un público determinado. Nada impide imaginar una coincidencia de distintas circunstancias históricas en las que la toma directa pueda convertirse en un medio de educación para ejercicios más libres de la sensibilidad para aventuras asociadoras preñadas de descubrimientos y, por tanto, para una dimensión psicológica y cultural diferente. Pero una descripción de las estructuras estéticas de la toma televisiva de actualidad debe tener en cuenta los datos de hecho y ver el medio y sus leyes en relación con determinada situación de goce. En tales límites, una toma directa que recordara *L'avventura* tendría muchas posibilidades de ser una mala toma directa, dominada por una casualidad incontrolada. Y la referencia cultural podría entonces tener sólo un sabor irónico.

En un período histórico en que se configura la poética de la obra abierta, no todos los tipos de comunicación artística deben fijarse esta meta. La estructura de la trama, entendida desde el punto de vista aristotélico, permanece aún como típica de muchos productos de amplio consumo que tienen una función importantísima y que pueden alcanzar niveles muy altos (puesto que el valor estético no se identifica a toda costa con la novedad de la técnica, aun cuando el uso de nuevas técnicas puede ser un síntoma de frescor técnico e imaginativo, condición importante para el logro de un valor estético). Al quedar, por tanto, como uno de los baluartes de la profunda exigencia de trama que hay en cada uno de nosotros —y que alguna forma de arte, algún género viejo o nuevo proveerá siempre incluso en épocas futuras—, la toma directa se juzgará siempre de acuerdo con las exigencias que satisface y las estructuras con que las satisface.

Quedarán, por tanto, en ella muchas posibilidades aún de discurso abierto y de exploraciones y declaraciones sobre la indeterminación profunda de los acontecimientos cotidianos; y será cuando la indicación del acontecimiento dominante, montado de acuerdo con unas reglas de verosimilitud, se enriquezca con anotaciones marginales, con rápidas inspecciones sobre aspectos de la realidad circundante, accidentales a los fines de la acción primaria, pero alusivos por disonantes, como otras tantas perspectivas sobre posibilidades distintas, sobre direcciones divergentes, sobre otra organización que podría imponerse a los acontecimientos.

Entonces, como efecto pedagógico que no hay que desdeñar, el espectador podría tener la sensación, aunque vaga, de que la vida no se agota en el argumento que él sigue con avidez, y de que él, por consiguiente, no se agota con aquel hecho. Entonces la anotación *marginal*, capaz de sustraer el espectador a la fascinación hipnótica a que lo somete la trama, actuaría como motivo de "enajenación", ruptura imprevista de una atención pasiva, invitación al juicio o, en cualquier caso, estímulo de liberación del poder persuasivo de la pantalla.

NOTAS

1. "Palabra de jerga, acuñada probablemente por los músicos negros americanos para designar una frase musical, generalmente breve e incisiva (a veces original, a veces... de dominio público, una especie de frase hecha musical), ejecutada las más de las veces con una insistencia rítmica creciente y repetida varias veces ("obstinado") o bien intercalada como frase de paso, para obtener un particular colorido musical y un efecto de tensión acentuado" (*Enciclopedia del Jazz*, Milán, 1953).
2. Aquí se insertan las diversas cuestiones sobre la mecánica de la

improvisación (individual) en música. Véase el estudio de W. Jankele-witch, *La rhapsodie*, Flammarion, París, 1955.

3. *Poetica*, 1451a, 15.

4. *Art as Experience*, cit., cap. III.

5. Tal como la definimos, una experiencia resulta como una predicación de forma donde no son claras las últimas razones objetivas. La única objetividad que puede verificarse consiste, por lo demás, en la relación que marca la realización de la experiencia como percibida. En este punto, no obstante, el discurso superaría la pura verificación de una actitud que, por el momento, es suficiente.

6. Por "inmediatamente" entendemos: en ese momento para nosotros.

7. *Poet.*, 1451a, 30.

8. *Poet.*, 1459a, 20.

9. V. Luigi Pareyson, *Il verisimile nella poetica di Aristotele*, Turín, 1950.

10. Aparte del ejemplo del incendio, en Estados Unidos se ha dado ya el caso de telecámaras que acudieron al lugar de incidentes no previstos como hechos programados y, no obstante, periodísticamente interesantes.

11. Op. cit., cap. III.

12. Para esta dinámica del intento, tanto en el plano lógico como en el estético, vid. los capítulos II y V de la *Estetica* de L. Pareyson, cit.

13. Querríamos señalar que tal actitud corresponde a una disposición sucesiva de partes bajo la guía de un todo que no está presente aún, pero que orienta la operación. Esta *wholeness* que guía su descubrimiento en el ámbito de un campo circunscrito nos reclama a la concepción gestáltica. El acontecimiento a narrar se prefigura dictando leyes a la operación configuradora. Pero —como observaría la psicología de la transacción— el configurador establece la *wholeness* con elecciones y limitaciones sucesivas, involucrando en el acto de configuración su personalidad en el momento mismo en que, intuyendo el todo, se adecúa a él. De tal modo que la *wholeness* alcanzada aparece como la realización de un posible que no era objetivo antes que un sujeto instituyera su objetividad.

14. Para una discusión sobre la noción de "novela bien hecha" y sobre su crisis, nos remitimos a J. Warren Beach, *The Twentieth Century Novel*, Nueva York, 1932.

15. Para una discusión sobre intriga y acción, remitimos a F. Ferguson, *The Idea of a Theatre*, Princeton, 1949, y a H. Gouhier, *L'oeuvre théâtrale*, Flammarion, París, 1958 (en particular, el cap. III, "Action et intrigue").

16. Es natural que la vida, de hecho, sea más semejante al *Ulysses* que a *Los tres mosqueteros*; sin embargo, todos nosotros estamos más dispuestos a pensar la vida en términos de *Los tres mosqueteros* que de *Ulysses*, o, mejor dicho, podemos rememorar la vida y juzgarla sólo cuando la pensamos como una novela bien hecha.

250

EL ZEN Y EL OCCIDENTE

El presente ensayo se remonta a 1959, época en la cual en Italia comenzaban a rebullir las primeras curiosidades en torno al Zen. Dudábamos de incorporarlo a esta segunda edición por dos motivos:

1) La *vague* del Zen no ha dejado posteriormente señales dignas de mención en la producción artística fuera de América, y las consideraciones en torno al mismo son hoy menos urgentes que ocho años atrás.

2) Aunque nuestro ensayo circunscribía muy explícitamente la experiencia del Zen entre los fenómenos de una "moda" cultural, indagando pero no propagando sus razones, hubo lectores precipitados (o de mala fe) que lo denunciaron como un manifiesto, como el intento incauto de un trasplante, lo cual, en cambio, aparece claramente criticado en el último párrafo del ensayo.

Sea como fuere, hemos decidido conservar el capítulo porque:

1) Los fenómenos culturales que simbolizaba la moda del Zen continúan válidos en los Estados Unidos... y dondequiera que se instauren formas de reacción a-ideológica, místico-erótica frente a la civilización industrial (incluso a través del recurso a los alucinógenos).

2) No hay que pretender nunca cubrirse con la estupidez ajena.

"Durante los últimos años, en América, ha empezado a dejarse oír en los más diversos lugares, en las conversaciones de las señoras, en las reuniones académicas, en los *cock-tail-parties...* una pequeña palabra japonesa, de sonido que zumba y pincha, con referencias casuales o exactas. Esta breve y excitante palabra es 'Zen'." Así se expresaba, a finales de los años cincuenta, una difundida revista norteamericana al señalar uno de los fenómenos culturales y de costumbres más curiosos de los últimos tiempos. Entendámonos: el budismo Zen rebasa los límites del "fenómeno de costumbres", porque representa una especificación del budismo que hunde sus raíces en los siglos y que ha influido profundamente la cultura china y japonesa; baste pensar que las técnicas de la esgrima, del tiro al arco, del té y del arreglo de las flores, de la arquitectura, de la pintura, de la poesía japonesa, han sufrido la influencia de esta doctrina, cuando no han sido su expresión directa. Pero, para el mundo occidental, el Zen se ha convertido en estos últimos años en un fenómeno de costumbres y el público ha comenzado a notar las referencias al Zen que desde hace unos pocos años aparecen en una serie de disertaciones críticas aparentemente independientes: el Zen y la *beat generation*, el Zen y el psicoanálisis, el Zen y la música de vanguardia en Norteamérica, el Zen y la pintura informal, y, por último, el Zen y la filosofía de Wittgenstein, el Zen y Heidegger, el Zen y Jung... Las referencias comienzan a resultar sospechosas, el filólogo huele el camelo, el lector corriente pierde la orientación, cualquier persona sensata se indigna abiertamente cuando sabe que R. L. Blyth ha escrito un libro sobre el Zen y la literatura inglesa, identificando situaciones "Zen" en los poetas ingleses desde Shakespeare a Milton, a Wordsworth, Tennyson, Shelley y Keats, hasta los prerrafaelistas. Sin embargo, el fenómeno existe y personas dignas de la mayor consideración se han ocupado de él; Inglaterra y los Estados Unidos están sacando un montón de volúmenes sobre el tema, libros que van desde la simple divulgación al estudio erudito, y, especialmente en América, grupos de personas van a escuchar las palabras de los maestros del Zen emigrados del Japón y, más especialmente, del doctor Daisetz Teitaro Suzuki, un anciano que ha dedicado su vida a la divulgación de esta doctrina en Occidente, escribiendo una serie de volúmenes y calificándose como la máxima autoridad al respecto.

Tendremos que preguntarnos, pues, cuáles pueden ser los motivos de la *favorable acogida* del Zen en Occidente: por qué el *Zen* y por qué *ahora*. Ciertos fenómenos no ocurren por casualidad. En este descubrimiento del Zen por parte de Occidente puede haber mucha ingenuidad y mucha superficialidad en el intercambio de ideas y sistemas, pero si el hecho ha tenido lugar es porque cierta coyuntura cultural y psicológica ha favorecido su aparición.

No es aquí donde habrá que hacer una justificación interna del Zen; existe al respecto una literatura muy rica, más o menos especializada, a la cual podemos remitirnos para las necesarias profundizaciones y las verificaciones orgánicas del sistema.[1] Lo que nos interesa más ahora es ver qué elementos del Zen han podido fascinar a los occidentales y encontrarlos preparados para acogerlo.

Hay en el Zen una actitud fundamentalmente antiintelectual, de elemental y decidida aceptación de la vida en su inmediatez, sin tratar de sobreponerle explicaciones que la harían rígida y la aniquilarían, impidiéndonos aprehenderla en su libre fluir, en su positiva discontinuidad. Y quizá hayamos pronunciado la palabra exacta. La discontinuidad es, en las ciencias como en las relaciones corrientes, la categoría de nuestro tiempo: la cultura occidental moderna ha destruido definitivamente los conceptos clásicos de continuidad, de ley universal, de relación causal, de previsibilidad de los fenómenos; en resumidas cuentas, ha renunciado a elaborar fórmulas generales que pretendan definir el complejo del mundo en términos simples y definitivos. En el lenguaje contemporáneo han hecho aparición nuevas categorías: ambigüedad, inseguridad, posibilidad, probabilidad. Es muy peligroso hacer un manojo con todas las hierbas que encontremos y asimilar, tal como estamos haciendo, ideas que provienen de los más diversos sectores de la cultura contemporánea con sus acepciones precisas y claras; pero el hecho mismo de que una disertación como ésta sea vagamente posible y alguien pueda indulgentemente aceptarla como correcta significa que todos estos elementos de la cultura contemporánea están unificados por un estado de ánimo fundamental: la conciencia de que el universo ordenado e inmutable de un tiempo, en el mundo contemporáneo, representa a lo sumo una nostalgia, pero no es ya el nuestro. De aquí —¿es preciso decirlo?— la problemática de la crisis, puesto que es necesario una sólida estructura moral y mucha fe en las posibilidades del hombre para aceptar tranquilamente un mundo en el que parece imposible introducir módulos de orden definitivos.

De pronto, alguien ha encontrado el Zen. Con la autoridad de su venerable edad, esta doctrina venía a enseñar que el universo, el todo, es mudable, indefinible, fugaz, paradójico; que el orden de los acontecimientos es una ilusión de nuestra inteligencia esclerotizante, que todo intento de definirlo y fijarlo en leyes está abocado al fracaso... Pero que precisamente en la plena conciencia y en la aceptación gozosa de esta condición está la máxima sabiduría, la iluminación definitiva; y que la crisis eterna del hombre no surge porque éste debe definir el mundo y no lo logra, sino porque quiere definirlo cuando no debe hacerlo. Proliferación extrema del budismo mahayana, el Zen sostiene que la divinidad está presente en la viva multiplicidad de todas las cosas y que la beatitud no consiste en sustraerse al flujo de la vida para desvanecerse en la inconsciencia del Nirvana como nada, sino en aceptar todas las cosas, en ver en cada una la inmensidad del todo, en ser felices con la felicidad del mundo que vive y bulle de acontecimientos. El hombre occidental ha descubierto en el Zen la invitación a admitir esta aceptación renunciando a los módulos lógicos y realizando sólo tomas de contacto directo con la vida.

Por esto en Norteamérica es habitual distinguir hoy entre Beat Zen y Square Zen. El Square Zen es el Zen "cuadrado", regular, ortodoxo, al que se dirigen las personas que advierten confusamente que han encontrado una fe, una disciplina, un "camino" de salvación (¡cuántas hay inquietas, confusas, disponibles en Norteamérica, dispuestas a ir de la Christian Science al Ejército de Salvación, y ahora, ¿por qué no?, al Zen!) y, bajo la guía de los maestros japoneses, participan en verdaderos cursos de ejercicios espirituales, aprendiendo la técnica del "sitting", pasan largas horas de meditación silenciosa controlando la respiración para llegar a derrumbar, como enseñan algunos maestros, la posición cartesiana y afirmar: "Respiro, sin embargo existo". El Beat Zen es, en cambio, el Zen del que han hecho bandera los *hypsters* del grupo de San Francisco, los Jack Kerouac, los Ferlinghetti, los Ginsberg, encontrando en sus preceptos y en su lógica, es decir, en la "ilógica" del Zen, las indicaciones para cierto tipo de poesía, así como los módulos calificados para una repulsa de la *american way of life*. La *beat generation* se dirige al orden existente sin tratar de cambiarlo, sino poniéndose al margen de él y "buscando el significado de la vida en una experiencia subjetiva más que en un resultado objetivo".[2] Los *beatniks* usan el Zen como calificación de su propio individualismo anárquico; y, como ha señalado Harold E. McCarthy en un estudio suyo sobre lo "natural" y lo "innatural" en el pensamiento de Suzuki,[3] han aceptado sin demasiadas discriminaciones ciertas afirmaciones del maestro japonés por las cuales los principios y las formas de la organización social son artificiales. Esta espontaneidad ha resultado sugerente a los oídos de una generación ya educada por cierto tipo de naturalismo, y ninguno de los *hypsters* ha observado el hecho de que el Zen no rechaza la sociabilidad *tout court*, sino que rechaza una sociabilidad convencional para buscar otra espontánea cuyas relaciones se funden en una adhesión libre y feliz, reconociendo cada uno al otro como parte de un mismo cuerpo universal. Sin darse cuenta de que no han hecho sino adoptar los modos exteriores de un conformismo oriental, los profetas de la generación perdida han esgrimido el Zen como justificación de sus vagabundeos religiosos nocturnos y de sus sacras intemperancias. Cedemos la palabra a Jack Kerouac:

La nueva poesía americana, tipificada por la San Francisco Renaissance —es decir, Ginsberg, yo, Rexroth, Ferlinghetti, McClure, Corso, Gary Snyder, Phil Lamantia y Philip Whalen, por lo menos—, es un género de vieja y nueva locura poética del Zen, escribir todo lo que nos pasa por la cabeza, tal como viene, poesía que vuelve a sus orígenes, verdaderamente *oral*, como dice Ferlinghetti, no aburrida sutileza académica... Estos nuevos poetas puros se confiesan por el simple goce de la confesión. Son *muchachos... cantan*, se abandonan al ritmo. Lo que es diametralmente opuesto a la ocurrencia de Eliot, que nos aconseja sus desconcertantes y desoladoras reglas, como lo "correlativo" y otras cosas por el estilo, que no son más que palabrería y, en último término, una castración de la necesidad viril de cantar libremente... Pero la San Francisco Renaissance es la poesía de una nueva Locura Santa como la de los tiempos antiguos (Li Po, Hanshan, Tom O Bedlam, Kid Smart, Blake), y es también una disciplina mental tipificada en el *haiku*, es decir, en el método de tender directamente a las cosas, puramente, concretamente, sin abstracciones ni explicaciones, *wham wham the true blue song of man*.[4]

Así, Kerouac, en el *Dharma Bums*, describe sus vagabundeos por los bosques, llenos de meditaciones y aspiraciones a la completa libertad; su autobiografía es la de una presunta iluminación (la de un *satori*, como dirían los maestros del Zen) alcanzada en una serie de éxtasis silvestres y solitarios: "... bajo la luna, yo vi la verdad: aquí, esto es *Eso*..., el mundo es como es el Nirvana, yo estoy buscando el Cielo fuera cuando el Cielo está aquí, el Cielo no es más que este pobre mundo digno de compasión. Ah, si pudiera comprender, si pudiera olvidarme de mí mismo y dedicar mis meditaciones a la liberación, a la conciencia y a la beatitud de todas las criaturas vivas, comprendería que todo lo que es es éxtasis". Pero surge la duda de que esto sea precisamente Beat Zen, un Zen personalísimo; de que, cuando Kerouac afirma: "No sé. No me importa. Es lo mismo", en esta declaración no haya tanto de alejamiento cuanto cierta hostilidad, una autodefensa airada, muy alejada del sereno y afectuoso apartamiento del verdadero "iluminado".

En sus éxtasis en el bosque, Kerouac descubre que "toda cosa es buena para siempre, y para siempre y para siempre"; y escribe I WAS FREE, todo en mayúsculas; pero esto es pura excitación y, en último término, un intento de comunicar a los demás una experiencia que el Zen considera incomunicable, y de comunicarla a través de artificios emotivos allí donde el Zen ofrece al neófito la larga meditación de decenios sobre un problema paradójico para depurar la mente saturada en la plena tensión de la inteligencia. ¿No será entonces el Beat Zen un Zen muy fácil, hecho para individuos que tienden a no comprometerse y que lo aceptan como los biliosos de hace cuarenta años elegían el superhombre nietzschiano como bandera de su intemperancia? ¿Dónde ha ido a parar la pura y silenciosa serenidad del maestro del Zen y "la viril necesidad de cantar libremente" en la imitación catuliana de Allen Ginsberg (*Malest Cornifici tuo Catullo*) que pide comprensión para su honesta inclinación hacia los adolescentes y concluye: "You're angry at me. For all my lovers? — It's hard to eat shit, without having vision — & when they have eyes for me it's Heaven"?

Ruth Fuller Sasaki, una señora norteamericana que en 1958 fue ordenada sacerdotisa del Zen (gran honor para un occidental y, encima, siendo mujer), representante de un Zen muy *square*, afirma: "En Occidente, el Zen parece que está atravesando una fase de culto. El Zen no es un culto. El problema que aqueja a los occidentales es que quieren creer en algo y al mismo tiempo quieren hacerlo de la manera más fácil. El Zen es un trabajo de autodisciplina y estudio que dura toda la vida''. Éste no es, por supuesto, el caso de la *beat generation*, pero hay quien se pregunta si incluso la actitud de los jóvenes anárquicos individualistas no representa un aspecto complementario de un sistema de vida zen; el más comprensivo es Alan Watts, que en el artículo citado remite a un apólogo hindú según el cual existen dos "caminos", el del gato y el de la mona: el gatito no hace esfuerzos para vivir, porque su madre lo lleva en la boca; la mona sigue el camino del esfuerzo porque se mantiene sujeta al dorso de la madre, agarrada a ella por los pelos de la cabeza. Los *beatniks* siguen el camino del gato. Y con mucha indulgencia Watts, en su artículo sobre el Beat y el Square Zen, concluye que, si alguien quiere pasar algunos años en un monasterio japonés, no hay ninguna razón para que no lo haga; pero que si otro prefiere robar automóviles y poner todo el santo día discos de Charlie Parker, a fin de cuentas, Norteamérica es un país libre.

Hay, no obstante, otras zonas de la vanguardia donde podemos encontrar influencias del Zen más interesantes y exactas: más interesantes porque aquí el Zen no sirve tanto para justificar una actitud ética cuanto para promover estrategias estilísticas; y más exactas, precisamente, porque el reclamo puede ser controlado sobre detalles formales de una corriente o de un artista. Una característica fundamental, tanto del arte como de la no-lógica del Zen, es la repulsa de la simetría. La razón es intuitiva, la simetría representa siempre un módulo de orden, una red trazada sobre la espontaneidad, el efecto de un cálculo; y el Zen tiende a dejar crecer los seres y los acontecimientos sin preordenar los resultados. Las artes de la esgrima y de la lucha no hacen sino recomendar una actitud de flexible adaptación al tipo de ataque recibido, una renuncia a la respuesta calculada, una invitación a la reacción secundando al adversario. Y en el teatro Kabuki la disposición piramidal a la inversa, que caracteriza las relaciones jerárquicas de los personajes en escena, está siempre parcialmente alterada y "desequilibrada" de modo que el orden sugerido tenga siempre algo de natural, espontáneo, imprevisto.[5] La pintura clásica zen no sólo acepta todos estos supuestos enfatizando la asimetría, sino que valora también el espacio como entidad positiva en sí misma, no como receptáculo de las cosas que en él se destacan, sino como matriz de las mismas; hay en este tratamiento del espacio la presunción de la unidad del universo, una omnivaloración de todas las cosas: hombres, animales y plantas se tratan con estilo impresionista, confundidos con el fondo. Esto significa que en esta pintura hay un predominio de la mancha sobre la línea; cierta pintura japonesa contemporánea muy influida por el Zen es verdadera pintura *tachiste*, y no es por azar que en las actuales exposiciones de pintura informal los japoneses estén siempre bien representados. En Norteamérica, pintores como Tobey o Graves están explícitamente considerados como representantes de una poética abundantemente saturada de zenismo, y en la crítica común la referencia a la asimetría zen para calificar las actuales tendencias del *art brut* aparece con cierta frecuencia.[6]

Por otra parte, es evidente —y se ha dicho muchas veces— que, en las producciones del arte "informal", hay una clara tendencia a la *apertura*, una exigencia de no concluir el hecho plástico en una estructura definida, de no determinar al espectador a aceptar la comunicación de *una* configuración dada, y de dejarlo disponible para una serie de goces libres en los que él escoja los resultados formales que le parezcan oportunos. En un cuadro de Pollock no se nos presenta un universo figurativo concluido: lo ambiguo, lo *viscoso*, lo asimétrico, intervienen en él precisamente para que la realización plástico-colorística prolifere continuamente en una incoatividad de formas posibles. En este ofrecimiento de posibilidades, en esta petición de libertad de goce, están la aceptación de lo indeterminado y una repulsa de la casualidad unívoca. No podríamos imaginar un seguidor de la *action painting* que buscase en la filosofía aris-

259

totélica de la sustancia la justificación de su arte. Cuando un crítico se remite a la asimetría o a la apertura zen, podemos también aducir reservas filológicas; cuando un pintor exhibe justificaciones en términos del Zen, podemos sospechar de la claridad crítica de su actitud, pero no podemos negar una fundamental identidad de ambiente, una referencia común al movimiento como no-definición de nuestra posición en el mundo. Una autorización de la aventura en la *apertura*.

Pero donde se ha dejado sentir la influencia del Zen de manera más sensible y paradójica es en la vanguardia musical de más allá del océano. Nos referimos en particular a John Cage, la figura más discutida de la música norteamericana (la más paradójica sin duda de toda la música contemporánea), el músico con el cual muchos compositores postwebernianos y electrónicos entran a menudo en polémica sin poder dejar de sentir, sin embargo, su fascinación y el inevitable magisterio de su ejemplo. Cage es el profeta de la desorganización musical, el gran sacerdote de lo casual: la disgregación de las estructuras tradicionales que persigue la nueva música serial con una decisión casi científica encuentra en Cage un destructor carente de toda inhibición. Son conocidos sus conciertos, en los que dos ejecutantes, alternando las emisiones de los sonidos con larguísimos períodos de silencio, arrancan del piano las más heterodoxas sonoridades pellizcando sus cuerdas, golpeando sus flancos y, por último, levantándose y sintonizando una radio en una onda escogida al azar de modo que cualquier aportación sonora (música, palabra o parásitos indiferenciados) pueda insertarse en el hecho interpretado. Al que lo interpela acerca de las finalidades de su música, Cage responde citando a Lao Tzu y advirtiendo al público que sólo chocando con la plena incomprensión y midiendo la propia estulticia podrá éste aprehender el sentido profundo del Tao. Al que le objeta que la suya no es música, Cage responde que, en efecto, no pretende hacer música; y al que le plantea preguntas demasiado sutiles le responde rogándole que repita la pregunta; a la pregunta repetida, ruega de nuevo que renueve la interrogación; al tercer ruego, el interlocutor se da cuenta de que "Por favor, ¿quiere repetirme la pregunta?" no constituye una petición en sí, sino la respuesta a la pregunta en cuestión. Las más de las veces, prepara para quienes lo contradicen unas respuestas prefabricadas, buenas para cualquier pregunta, desde el momento que carecen de sentido. Al oyente superficial le gusta pensar en Cage como en un autor de historietas escasamente habilidoso, pero sus continuas referencias a las doctrinas orientales deberían ponernos en guardia por lo que a él respecta: más que como músico de vanguardia, debe verse como el más inopinado de los maestros del Zen, y la estructura de sus opositores es perfectamente idéntica a la de los *mundo*, las típicas interrogaciones de las respuestas absolutamente casuales con que los maestros japoneses conducen el discípulo a la luz. En el plano musical, se puede discutir provechosamente si el destino de la nueva música estriba en el completo abandono a la felicidad de lo casual o bien en la disposición de estructuras "abiertas", pero orientadas de acuerdo con los módulos de posibilidad formal.[7] Pero, en el plano filosófico, Cage es intocable, su dialéctica Zen es perfectamente ortodoxa, su función de piedra de escándalo y de estimulador de las inteligencias dormidas es incomparable. Y tenemos que preguntarnos si lleva agua al molino de la soteriología Zen o al molino de la música al perseguir un lavado de los hábitos musicales adquiridos. El público italiano ha tenido ocasión de conocer a John Cage como concursante de *Lascia o Raddoppia* para contestar preguntas acerca de hongos; se ha reído de este excéntrico norteamericano que organizaba conciertos de cafeteras a presión y batidoras eléctricas ante los ojos aterrados de Mike Buongiorno; y ha concluido probablemente que se encontraba frente a un payaso capaz de explotar la imbecilidad de las masas y la complacencia de los *mass media*. Pero, en efecto, Cage afrontaba esta experiencia con el mismo desinteresado humorismo con que el seguidor del Zen afronta cualquier acontecimiento de la vida, con que los maestros del Zen se llaman uno a otro "viejo saco de arroz", con que el profesor Suzuki, preguntado sobre el significado de su primer nombre —Daisetz—, que le impuso un sacerdote Zen, responde que significa "gran tontería" (cuando, en realidad, significa "gran sencillez"). Cage se divertía poniendo a Buongiorno y al público ante el no-sentido de la existencia, igual que el maestro del Zen obliga al discípulo a reflexionar sobre el *koan*, la adivinanza sin solución de la que surgirá la derrota de la inteligencia y la luz. Es dudoso que Mike Buongiorno haya resultado iluminado, pero Cage habría podido contestarle como contestó a la anciana señora que, después de un concierto suyo en Roma, se levantó para decirle que su música era escandalosa, repugnante e inmoral: "Había una vez en China una señora muy hermosa que hacía enloquecer de amor a todos los hombres de la ciudad; cierta vez cayó al fondo de un lago y asustó a los peces". Y, por último, fuera de estas actitudes prácticas, la música misma de Cage revela —aun cuando el autor no hablase implícitamente de ello— muchas y precisas afinidades con la técnica de los Nô y de las representaciones del teatro Kabuki, si no por otra cosa, por las larguísimas pausas alternadas con momentos musicales absolutamente puntuales. Quien, además, haya podido seguir a Cage en el montaje de la banda magnética con ruidos concretos y sonoridades electrónicas para su *Fontana Mix* (para soprano y banda magnética), habrá visto que asignaba a distintas cintas ya grabadas una línea de distinto color; que luego llevaba estas líneas a un módulo gráfico para que se entrelazaran casualmente en una hoja de papel; y que, por último, fijados los puntos en que las líneas se cortaban, escogía y montaba las partes de la cinta que correspondían a los puntos escogidos al *hasard*, obteniendo una secuencia sonora regida por la lógica de lo imponderable. En la consoladora unidad del Tao, cada sonido vale todos los sonidos, cada encuentro sonoro será el más feliz y el más rico en revelaciones; al que escucha no le quedará sino abdicar de su propia cultura y perderse en la exactitud de un infinito musical reencontrado.

Esto por lo que se refiere a Cage; autorizados a rechazarlo o a contenerlo en los límites de un neodadaísmo de ruptura; autorizados a pensar, cosa no imposible, que su budismo no sea sino una elección metodológica que le permite calificar su propia aventura musical. No obstante, he aquí otro filón que hace que el Zen pertenezca de derecho a la cultura occidental contemporánea.

Hemos dicho neo-Dada; y debemos preguntarnos si uno de los motivos por los que el Zen ha congeniado con Occidente no será el hecho de que las estructuras imaginativas del hombre occidental han adquirido agilidad merced a la gimnasia surrealista y al auge del automatismo. ¿Hay mucha diferencia entre este diálogo: "¿Qué es el Buda? —Tres libras de lino" y este otro: "¿Qué es el violeta? —Una doble mosca"? Formalmente, no. Los motivos son distintos, pero es una realidad que vivimos en un mundo dispuesto a aceptar con una culta y maligna satisfacción los atentados a la lógica.

¿Habrá leído Ionesco los diálogos de la tradición Zen? No es evidente, pero no sabríamos qué diferencia de estructura existe entre un *mundo* y esta réplica del *Salón del Automóvil*: "¿Cuánto cuesta este coche? — Depende del precio". Hay aquí la misma aporética circularidad que hay en los *koan*; la respuesta propone nuevamente la pregunta y así sucesivamente hasta el infinito mientras la razón no firme su capitulación aceptando el absurdo como tejido del mundo. El mismo absurdo del que están saturados los diálogos de Beckett. Con una diferencia, naturalmente: que la burla de Ionesco y de Beckett rezuma angustia y, por tanto, no tiene nada que ver con la serenidad del prudente Zen. Pero aquí está precisamente el sabor de novedad del mensaje oriental, el indudable porqué de su éxito: ataca todo un mundo con los mismos esquemas ilógicos a que se está habituando a través de una literatura de la crisis y le advierte que precisamente, en el fondo de los esquemas ilógicos, en su plena asunción, está la solución de la crisis, la paz. Cierta solución, cierta paz: no la nuestra, diría, no la que buscamos, pero al fin, para aquel que tenga los nervios agotados, una solución y una paz.

Sea como fuere, sean o no autorizados los filones, el Zen, al conquistar Occidente, ha invitado a reflexionar incluso a las personas críticamente más aguerridas. El psicoanálisis se ha adueñado a veces en América de los métodos del Zen, la psicoterapia en general ha encontrado en algunas de sus técnicas una particular ayuda.[8] Jung se interesó por los estudios del profesor Suzuki,[9] y esta aceptación con perfecta serenidad del no-sentido del mundo resolviéndolo en una contemplación de lo divino puede parecer una vía de sublimación de la neurosis de nuestro tiempo. Uno de los motivos a los que recurren más a menudo los maestros del Zen al acoger a sus discípulos es el del vacío de la propia conciencia de todo aquello que puede turbar la iniciación. Un discípulo se presenta a un maestro del Zen para pedirle que lo ilumine, el maestro lo invita a sentarse y le ofrece a continuación un cuenco de té de acuerdo con el complejo ritual que preside la ceremonia. Cuando la infusión está preparada, la vierte en el cuenco del visitante y continúa aun cuando el líquido comienza a desbordar. Al fin, el discípulo, alarmado, trata de detenerlo advirtiéndole que la taza "está llena". Entonces el maestro contesta: "Como este cuenco, tú rebosas opiniones y razonamientos. ¿Cómo puedo enseñarte el Zen mientras no hayas vaciado tu cuenco?" Observemos que ésta no es la invitación de Bacon a desembarazarse de los *idola* ni la de Descartes a librarse de todas las turbaciones y complejos, mejor dicho, de la inteligencia silogizante como turbación y como complejo; hasta el punto de que el movimiento siguiente no consistirá en el experimento empírico ni en la búsqueda de las nuevas ideas, sino en la meditación sobre el *koan*; así pues, en una acción netamente terapéutica. No hay por qué asombrarse de que los psiquiatras y los psicoanalistas hayan encontrado aquí indicaciones convincentes.

Pero también se han encontrado analogías en otros sectores. Cuando apareció, en 1957, *Der Satz vom Grund* de Heidegger, se notaron desde diferentes ángulos las implicaciones orientales de su filosofía y hubo quien se remitió expresamente al Zen observando que el escrito del filósofo alemán hacía pensar en un diálogo con un maestro del Zen de Kioto, Tsujimura.[10]

En cuanto a las demás doctrinas filosóficas, Watts mismo, en la introducción de su libro, habla de conexiones con la semántica, el metalenguaje, el neopositivismo en general.[11] En un principio, las referencias más explícitas las ha hecho la filosofía de Wittgenstein. En su ensayo *Zen and the Work of Wittgenstein*,[12] Paul Wienpahl observa: "Wittgenstein ha llegado a un estado espiritual semejante al que los maestros del Zen llaman *satori*, y ha elaborado un método educativo que parece el método de los *mundo* y de los *koan*". A primera vista, este hallar la mentalidad del Zen en la raíz del neopositivismo lógico puede parecer, por lo menos, tan asombroso como encontrarla en Shakespeare; no obstante, es preciso recordar siempre que, por lo menos para estimular tales analogías, hay en Wittgenstein la renuncia a la filosofía como explicación total del mundo. Existe una primacía conferida al hecho atómico (y, por consiguiente, "puntual") en cuanto irrelato, el rechazo de la filosofía como posición de relaciones generales entre estos hechos y su reducción a pura metodología de una descripción correcta de los mismos. Las expresiones lingüísticas no interpretan el hecho y tampoco lo explican: lo "muestran", indican, reproducen reflexivamente sus conexiones. Una proposición reproduce la realidad como una particular proyección suya, pero nada puede decirse acerca del acuerdo entre los dos planos: éste puede sólo mostrarse. Tampoco, aun concordando con la realidad, puede comunicarse la proposición, porque en este caso no tendríamos ya una afirmación verificable acerca de la naturaleza de las cosas, sino acerca del comportamiento de quien ha hecho la afirmación (a fin de cuentas, "hoy llueve" no puede comunicarse como "hoy llueve", sino como "X ha dicho que hoy llueve").

Si, además, se quisiera expresar la forma lógica de la oración, tampoco sería posible hacerlo: "Las oraciones pueden representar toda la realidad, pero no pueden representar lo que deben tener en común con ella para poderla representar: la forma lógica. Para poder representar la forma lógica deberíamos ser capaces de colocarnos, al mismo tiempo que las oraciones, fuera de la lógica, es decir, fuera del mundo" (4.12).

Este negarse a salir del mundo, congelándolo en explicaciones, justifica las referencias al Zen. Watts cita el ejemplo del monje que contesta levantando su propio bastón al discípulo que lo interrogaba sobre el significado de las cosas; el discípulo explica con mucha sutileza teológica el significado del gesto, pero el monje opone que su explicación es demasiado complicada. El discípulo pregunta entonces cuál es la explicación exacta del gesto. El monje contesta levantando de nuevo el bastón. Ahora leamos a Wittgenstein: "lo que puede mostrarse no puede decirse" (4.1212). La analogía sigue siendo externa, pero fascinante; como fascinante, es también el compromiso fundamental de la filosofía de Wittgenstein por lo que toca a demostrar que todos los problemas filosóficos son insolubles porque carecen de sentido: los *mundo* y los *koan* no tienen otro objetivo.

El *Tractatus Logico-Philosophicus* puede verse como un *crescendo* de afirmaciones capaz de impresionar a quién esté familiarizado con el lenguaje del Zen:

> El mundo es todo lo que ocurre [1]. Las principales proposiciones y problemas que se han planteado acerca de temas filosóficos no son falsos, pero carecen de sentido. Por consiguiente, no podemos contestar a preguntas de este tipo, sino sólo afirmar su falta de sentido. La mayor parte de las proposiciones y de los problemas de los filósofos resultan del hecho de que nosotros no conocemos la lógica de nuestro lenguaje... Y, por consiguiente, no debe

asombrarnos que los problemas más profundos no sean en realidad problemas [4.003]. No *cómo* es el mundo es lo místico (*das Mystische*), sino *qué es* [6.44]. La solución del problema de la vida se ve en el desvanecimiento de este problema [6.521]. Existe en verdad lo inexpresable. Ello se muestra; es lo místico [6.522]. Mis proposiciones son explicativas en este sentido: quien me comprende, las reconoce al fin carentes de significado, cuando ha pasado a través de ellas, sobre ellas, más allá de ellas. (Debe, por así decirlo, abandonar la escala después de haber subido por ella.) Debe pasar por encima de estas proposiciones: entonces ve el mundo de la manera justa [6.54].

No se precisan muchos comentarios. En cuanto a la última afirmación, recuerda extrañamente, como se ha observado ya, que la filosofía china usa la expresión "red de palabras" para indicar la rigidez de la existencia en las estructuras de la lógica; y que los chinos dicen: "La red sirve para coger el pez: procurad que se atrape el pez y se olvide la red". Abandonar la red o la escala, y ver el mundo, aprehenderlo en una toma directa en la que cada palabra sea un obstáculo, éste es el *satori*. El que relacione a Wittgenstein con el Zen piensa que sólo existe la salvación del *satori* para quien ha pronunciado en la escena de la filosofía occidental estas terribles palabras: "De lo que no se puede hablar, se debe callar".

Preciso es recordar que los maestros del Zen, cuando el discípulo hace elucubraciones demasiado sutiles, le dan una buena bofetada, no para castigarlo, sino porque una bofetada es entrar en contacto con la vida sobre la cual no se puede razonar; se la siente y basta. Ahora bien, Wittgenstein, después de haber exhortado muchas veces a sus discípulos a no ocuparse de filosofía, abandonó la actividad científica y la enseñanza académica para dedicarse a trabajar en los hospitales, a la enseñanza en las escuelas primarias de los pueblos austríacos. Escogió, en suma, la vida, la experiencia, contra la ciencia.

No obstante, es fácil articular argumentaciones y analogías sobre Wittgenstein y salir de los límites de la exégesis correcta. Wienpahl considera que el filósofo austríaco se acercó a un estado de ánimo de un apartamiento tal de teorías y conceptos en el que todos los problemas quedaban *resueltos* por el hecho de estar *disueltos*. Pero, el alejamiento de Wittgenstein, ¿es semejante en todo al budista? Cuando el filósofo escribe que la necesidad de acontecer en una cosa, porque otra haya acontecido, no existe porque se trata sólo de una necesidad lógica, Wienpahl interpreta: la necesidad se debe a las convenciones del lenguaje, no es real; el mundo real se resuelve en un mundo de conceptos y, por tanto, en un falso mundo. Pero, para Wittgenstein, las proposiciones lógicas describen la estructura del mundo (6.124). Verdad es que son tautológicas y no dicen absolutamente nada acerca del conocimiento efectivo del mundo empírico, pero no están en *contraste* con el mundo y no *niegan* los hechos: se mueven en una dimensión que no es la de los hechos, pero que permite describirlos.[13] En suma, la paradoja de una inteligencia derrotada, que se desecha después de haberla usado, que se desecha cuando se descubre que no sirve, está presente en Wittgenstein como en el Zen: pero para el filósofo occidental subsiste, a pesar de la elección aparente del silencio, la necesidad de usar siempre la inteligencia para reducir a la claridad por lo menos una parte del mundo. No hay que callar en relación con las cosas; sólo sobre aquello de lo que no se puede hablar, es decir, sobre la filosofía. Pero quedan abiertos los caminos de la ciencia natural. En Wittgenstein la inteligencia se derrota por sí sola porque se niega en el momento mismo en que se usa para ofrecernos un método de verificación; pero el resultado final no es el silencio completo, por lo menos en las intenciones.

Por lo demás, es verdad que las analogías se hacen más estrechas —y la disertación de Wienpahl más persuasiva— con las *Philosophische Untersuchungen*. Se observa una impresionante analogía entre una afirmación de esta obra ("La *claridad* que estamos buscando es claridad *completa*. Pero esto significa simplemente que los problemas filosóficos deben desaparecer completamente" [133]) y el diálogo entre el maestro Yao-Shan y un discípulo que le preguntaba qué estaba haciendo con las piernas cruzadas (contestación: "Pensaba en lo que está más allá del pensamiento"; pregunta: "Pero ¿cómo puedes pensar en lo que está más allá del pensamiento?"; respuesta: "No pensando"). Ciertas frases de las *Indagini filosofiche* —aquella, por ejemplo, según la cual la tarea de la filosofía es "enseñar a la mosca el camino de la botella"— son, una vez más, expresiones de maestro del Zen. Y, en las *Lecture Notes* de Cambridge, Wittgenstein indicaba la tarea de la filosofía como una "lucha contra la fascinación que ejercen las formas de representación", como un tratamiento psicoanalítico para liberar a "quien sufra de ciertos *calambres* mentales producidos por la conciencia incompleta de las estructuras de la propia lengua". Es inútil recordar el episodio del maestro que vierte el té. El de Wittgenstein se ha definido como un "positivismo terapéutico", y resulta como una enseñanza que, en vez de dar la verdad, sitúa en el camino para encontrarla personalmente.

En resumidas cuentas, hay que concluir que en Wittgenstein existe efectivamente el desvanecerse de la filosofía en el silencio, en el momento mismo en que se tiene la instauración de un método de rigurosa verificación lógica de clara tradición occidental. No se dicen cosas nuevas. Wittgenstein tiene estos dos aspectos, y el segundo es el acogido por el positivismo lógico. Decir del primero, el del *silencio*, que es un aspecto Zen significa hacer en realidad un hábil juego de palabras para decir que se trata de un aspecto *místico*. Y Wittgenstein forma parte indudablemente de la gran tradición mística germánica y se alinea junto a los que celebran el éxtasis, el abismo y el silencio, desde Eckhart a Suso y a Ruysbroek. Hay quien —como Ananda Coomaraswamy— ha escrito largamente sobre las analogías entre pensamiento hindú y mística alemana, y Suzuki ha dicho que, para Meister Eckhart, es necesario hablar de verdadero *satori*.[14] Pero aquí las ecuaciones se hacen fluidas, lo que equivale a decir que el momento místico del abandono de la inteligencia clasificadora es un momento recurrente en la historia del hombre. Y para el pensamiento oriental es una constante.

Dando por sentado que *Zen = misticismo*, se pueden establecer muchos parangones. Las investigaciones de Blyth sobre el Zen en la literatura anglosajona son de este tipo, a mi parecer. Véase, por ejemplo, el análisis de una poesía de Dante Gabriele Rossetti en la cual se describe a un hombre presa de la angustia que busca una respuesta cualquiera al misterio de la existencia. Mientras vaga por el campo en la vana búsqueda de un signo o de una voz, en cierto momento, abatido, se arrodilla en posición de rezo, la cabeza inclinada contra las piernas, los ojos fijos a pocos centímetros de las hierbas, lo que hace que advierta de pronto una euforbia silvestre (*euphorbia amygdaloides*), con su característica inflorescencia triple en forma de copa: *The woodspurge flowered, three cups in one*.

Al ver esto, el alma se abre como en un relámpago, en una repentina iluminación, y el poeta comprende:

> From perfect grief there need not be
> Wisdom or even memory
> One thing then learnt remains to me,
> The woodspurge has a cup of three.

De todo el complejo problema que lo dominaba, queda ahora una sola verdad, simple pero absoluta, irrefutable: *la euforbia tiene un cáliz triple*. Es una proposición atómica, y el resto es silencio. No hay duda. Y es un descubrimiento muy propio del Zen, como el del poeta P'ang Yun, que canta: "¡Qué maravilla sobrenatural, / qué milagro es éste! / ¡Saco el agua del pozo / y llevo la leña!" Pero así como el mismo Blyth admite que estos momentos Zen son involuntarios, hay que decir que, en los momentos de comunión pánica con la naturaleza, el hombre tiende a descubrir la absoluta y precisa importancia de cada cosa.

En este plano se podría hacer un análisis de todo el pensamiento occidental e ir a parar, por ejemplo, al concepto de *complicatio* en Nicolás de Cusa. Pero ése sería otro asunto.

De todos estos "descubrimientos" y analogías nos queda, no obstante, un dato de sociología cultural: el Zen ha fascinado a algunos grupos de personas y les ha ofrecido una fórmula para definir de nuevo los momentos místicos de la cultura occidental y de su historia psicológica individual.

Y esto ha ocurrido también porque, sin duda, entre todos los matices del pensamiento oriental, a menudo tan ajeno a nuestra mentalidad, el Zen es el que podía resultar más familiar a Occidente, por el hecho de que su repulsa del saber objetivo no es una repulsa de la vida, sino, por el contrario, una aceptación alegre de la misma, una invitación a vivirla más intensamente, una nueva valoración de la misma actividad práctica como condensación, en un gesto descrito con amor, de toda la verdad del universo vivido en la facilidad y en la simplicidad. Una referencia a la vida vivida, a las cosas mismas: *zu den Sachen selbst*.

La referencia a una expresión husserliana surge instintivamente ante expresiones como la que usa Watts en el artículo citado: "[...] el Zen quiere que se tenga la cosa misma (*the thing itself*), sin comentarios". Es preciso recordar que, al perfeccionarse en cierto "acto", por ejemplo el tiro al arco, el discípulo del Zen obtiene el *Ko-tsu*, es decir, cierta facilidad de contacto con la cosa misma en la espontaneidad del acto; el *Ko-tsu* es interpretado como un tipo de *satori* y el *satori* se ve en términos de "visión" del noumeno (y podemos decir visión de las esencias); un "intencionar", para decirlo de alguna manera, hasta tal punto la cosa conocida, que llegue uno a identificarse con ella.[15] El que tenga alguna familiaridad con la filosofía de Husserl podrá observar ciertas innegables analogías; y en la fenomenología hay una referencia a la contemplación de las cosas más acá de la rigidez de las costumbres perceptivas e intelectuales, un "poner entre paréntesis" la cosa tal como nos hemos habituado a verla y a interpretarla comúnmente para aprehender con absoluta y vital frescura la novedad y la esencialidad de un "perfil" suyo. Para la fenomenología husserliana, debemos remitirnos a la evidencia indiscutible de la experiencia actual, aceptar el fluido de la vida y vivirlo antes de separarlo y fijarlo en las construcciones de la inteligencia, aceptándolo en la que es, como se ha dicho, "una complicidad primordial con el objeto". La filosofía como modo de sentir y como "curación". Curarse, en el fondo, desaprendiendo, limpiando el pensamiento de las preconstrucciones, encontrando la intensidad original del mundo de la vida (*Lebenswelt*). ¿Son palabras de un maestro del Zen mientras vierte el té al discípulo? "La relación con el mundo, como se pronuncia incansablemente en nosotros, no es nada que pueda hacerse más claro mediante un análisis: la filosofía no puede sino colocarla bajo nuestra mirada, ofrecerla a nuestra comprobación... El único Logos que preexiste es el mundo mismo..." Son palabras de Maurice Merleau-Ponty en su *Phénoménologie de la perception*.

Si, para los textos husserlianos, la referencia al Zen puede tener el valor de referencia debido a cierta agilidad de asociaciones, para otras manifestaciones de la fenomenología podemos basarnos en indicaciones explícitas. Baste citar a Enzo Paci, que en algunas ocasiones se ha remitido a ciertas posiciones del taoísmo y el zenismo para aclarar algunas de sus actitudes.[16] Y quien lea o relea los dos últimos capítulos de *Dall'esistenzialismo al relazionismo* encontrará una actitud de contacto inmediato con las cosas, un sentir los objetos en su *epifanicidad* inmediata, que tiene mucho del "retorno a las cosas" de los poetas orientales, quienes sienten la profunda verdad del gesto mediante el cual sacan agua del pozo. También es aquí interesante ver cómo la sensibilidad occidental puede advertir, en estas epifanías-contacto de la mística del Zen, algo muy semejante a la visión de los árboles que apareció al Narrador de la *Recherche* en una vuelta del camino, a la muchacha-pájaro de James Joyce, a la mariposa enloquecida de los *Vecchi versi* de Montale...

Quisiera, no obstante, que el lector advirtiera exactamente que aquí se trata siempre de explicar por qué el Zen ha fascinado a Occidente. En cuanto a hablar de una validez absoluta del mensaje Zen para el hombre occidental, abrigo amplísimas reservas. Aun frente a un budismo que celebra la aceptación positiva de la vida, el espíritu occidental se apartará siempre, por una necesidad irreductible, de reconstruir esta vida aceptada de acuerdo con una orientación deseada por la inteligencia. El momento contemplativo no podrá sino ser un estadio de reanudación, un contacto con la madre tierra para recuperar energía: nunca aceptará el hombre occidental perderse en la contemplación de la multiplicidad, sino que se perderá siempre tratando de dominarla y recomponerla. Si el Zen ha reconfirmado, con su antiquísima voz, que el eterno orden del mundo consiste en su fecundo desorden y que todo intento de organizar la vida mediante leyes unidireccionales es un modo de perder el verdadero sentido de las čosas, el hombre occidental aceptará críticamente reconocer la relatividad de las leyes, pero las reintroducirá en la dialéctica del conocimiento y de la acción bajo forma de hipótesis de trabajo.

El hombre occidental ha aprendido de la física moderna que el Azar domina la vida del mundo subatómico y que las leyes y previsiones por las que nos regimos para comprender los fenómenos de la vida cotidiana son válidas sólo porque expresan estadísticas medias aproximadas. La incertidumbre se ha convertido en el criterio esencial para la comprensión del mundo; sabemos que ya no podemos decir: "En el instante X el electrón A se encontrará en el punto B", sino: "En el instante X habrá cierta probabilidad de que el electrón A se encuentre en el punto B". Sabemos que toda descripción nuestra de los fenómenos atómicos es complementaria, que una descripción puede oponerse a otra sin que una sea verdadera y la otra falsa.

Pluralidad y equivalencia de las descripciones del

mundo. Es verdad, las leyes causales se han venido abajo, la probabilidad domina nuestra interpretación de las cosas; sin embargo, la ciencia de Occidente no se ha dejado atrapar en el terror de la disgregación. Nosotros no podemos justificar el hecho de que puedan ser válidas unas leyes de la probabilidad, pero podemos aceptar el hecho de que funcionan, afirma Reichenbach. La incertidumbre y la indeterminación son una propiedad objetiva del mundo físico. Pero el descubrimiento de este comportamiento del microcosmos y la aceptación de las leyes de probabilidad como único medio adecuado para conocerlo deben entenderse como un resultado de altísimo orden.[17]

Hay en esta aceptación la misma alegría con que el Zen acepta el hecho de que las cosas sean engañosas y mudables: el taoísmo llama a esta aceptación *Wu*.

En una cultura subterráneamente fecundada por esta *forma mentis*, el Zen ha encontrado oídos dispuestos a acoger su mensaje como un sustitutivo mitológico de una conciencia crítica. Ha encontrado en él la invitación a gozar de lo mudable en una serie de actos vitales en vez de admitirlo solamente como un frío criterio metodológico. Y todo esto es positivo. Pero el Occidente, aun cuando acepta con alegría lo mudable y rechaza las leyes causales que lo inmovilizan, sin embargo no renuncia a definirlo nuevamente a través de las leyes provisionales de la probabilidad y de la estadística, porque —aun cuando sea en esta nueva plástica acepción— el orden y la inteligencia que "distingue" constituyen su vocación.

NOTAS

1. Citaremos, en particular: Heinrich Dumoulin, *Zen Geschichte und Gestalt*, Francke Verlag, Munich, 1959; Christmas Humphreys, *Zen Buddhism*, Allen & Unwin, Londres, 1958; N. Senzaki y P. Reps, *Zen Flesh, Zen Bones*, Tuttle, Tokio, 1957; Chen-Chi-Chang, *The Practice of Zen*, Harper, Nueva York, 1959; D. T. Suzuki, *Introduction to Zen Buddhism*, Rider, Londres, 1949; Robert Powell, *Zen and Reality*, Allen & Unwin, Londres, 1961; A. W. Watts, *The Spirit of Zen*, Murray, Londres, 1958.

2. Vid. Alan W. Watts, "Beat Zen, Square Zen and Zen", *Chicago Review* (verano 1958) (número único sobre el Zen). Para las relaciones entre Zen y *beat generation*, vid. también R. M. Adams, *Strains of Discords*, Cornell Univ. Pr., Ithaca, 1958, p. 188.

3. H. E. McCarthy, "The Natural and Unnatural in Suzuki's Zen", *Chicago Review*, cit.

4. "The Origins of Joy in Poetry", *Chicago Review* (primavera 1958).

5. Vid., por ejemplo, Earle Ernst, *The Kabuki Theatre*, Londres, 1956, pp. 182-184.

6. Vid., la nota de Gillo Dorfles en *Il devenire delle arti*, Einaudi, Turín, 1959, p. 81 ("Il tendere verso l'Asimmetrico"). Dorfles volvió a ocuparse posteriormente del tema en un amplio ensayo dedicado al Zen publicado primeramente en la "Rivista di Estetica" y posteriormente en *Simbolo, Communicazione, Consumo*, Einaudi, Turín, 1962.

7. Como ejemplo de dos actitudes críticas opuestas, vid., en el n.º 3 (agosto 1959) de *Incontri Musicali*, los ensayos de Pierre Boulez (*Alea*) y Heinz-Klaus Metzger (*J. Cage o della liberazione*).

8. Vid., por ejemplo, Akihisa Kondo, "Zen in Psychotherapy: The Virtue of Sitting", en *Chicago Review*, verano de 1958. Véase también E. Fromm, D. T. Suzuki, De Martino, *Zen Buddhism and Psychoanalysis*, Harper & Bros, Nueva York, 1960.

9. Vid. el prefacio de C. G. Jung a D. T. Suzuki, *Introduction to Zen Buddhism*, Rider, Londres, 1949.

10. Vid el artículo de Egon Vietta, "Heidegger y el maestro Zen", *Frankfurter Allgemeine Zeitung* (17 abril 1957). Véase también Niels C. Nielsen Jr., *Zen Buddhism and the Philosophy of M. Heidegger*, Actas del XII Congreso Int. de Filosofía, vol. X, p. 131.

11. Citamos también la discusión sostenida en la revista "Philosophy East and West" de la Universidad de Honolulú; Van Meter Ames, *Zen and American Philosophy*, 5 (1955-1956), pp. 305-320); D. T. Suzuki, *Zen: a Reply to V. M. Ames* (ib.); Chen-Chi-Chang, *The Nature of Zen Buddhism*, 6 (1956-1957), p. 333.

12. "Chicago Review", verano de 1958.

13. "En oposición a actitudes de tipo bergsoniano, tenemos en él la más alta valoración de la pura estructura lógica de la expresión: entender ésta... significa llegar a una auténtica comprensión de la realidad" (Francesco Barone, "Il solipsismo linguistico di L. Wittgenstein", *Filosofia* [octubre 1951]).

14. D. T. Suzuki, *Mysticism Christian and Buddhist*, Allen & Unwin, Londres, 1957, p. 79. Vid. también Sohaku Ogata, *Zen for the West*, Rider & Co., Londres, 1959, pp. 17-20, donde se desarrolla una comparación entre textos del Zen y páginas de Eckhart.

15. Vid., sobre la naturaleza del *Ko-tsu*, el artículo de Shiniki Hisamatsu, *Zen and the Various Acts*, "Chicago Review", verano de 1958.

16. Vid. *Esistenzialismo e storicismo*, Mondadori, Milán, 1950, pp. 273-

280, y, más explícitamente, la conversación radiofónica *La crisi dell'indagine critica*, emitida por el ciclo "La crisis de los valores en el mundo contemporáneo" en agosto de 1957.

17. Hans Reichenbach, *Modern Philosophy of Science*, Londres, 1959, pp. 67-78.

DE LA MANERA DE FORMAR
COMO COMPROMISO CON LA REALIDAD

1. Últimamente, una conocida *columnist* que siempre sabe captar con malicia las fluctuaciones de títulos en la bolsa del *in* o el *out*, advertía en una rúbrica mundana —no siempre tan al margen del compromiso como ella quisiera hacernos creer— que dentro de poco tiempo, cuando nos acometiese el deseo de pronunciar la palabra "alienación", sería preciso taparse la boca, puesto que la cosa nos parecería terriblemente pasada de moda, al alcance ya de cualquier comprador del último *best-seller*, idea "reçue", de escasísima envergadura, elemento del repertorio propio de cualquier Bouvard y Pécuchet de nuestros días. Y comoquiera que, para el hombre culto, el hecho de que una palabra esté o no de moda no debe tener ninguna influencia sobre el uso que se hace de ella como categoría científica y en cambio el problema de cómo, en determinada sociedad y dentro de una contingencia histórica dada, una palabra se haya puesto de moda sí constituye un elemento apto para la indagación y la preocupación, nos preguntamos por qué se ha sometido este término a un uso tan intenso en la actualidad —tengámoslo bien presente: varios siglos después de su primera aparición— y si el abuso que se hace de él, adiestrando la *pasión* de una denuncia y reduciéndola a *hábito* de denuncia, no supone quizá el ejemplo más clamoroso e inadvertido de alienación que recuerda la historia, tan evidente y escondido como la carta robada, oculta precisamente allí donde nadie habría soñado siquiera buscarla.

Antes que nada, volvamos a llevar la categoría a sus fuentes y a su uso correcto: sucede a menudo que se oye hablar indiferentemente de alienación-en-algo o de alienación-de-algo, cuando la alienación, según la entiende la tradición filosófica, es la primera, la que en alemán se llama *Entfremdung*. En cambio, la alienación-de-algo, en el sentido de extrañamiento nuestro en relación con este algo, se traduce por *Verfremdung* e implica otro orden de problemas. *Alienarse-en-algo* quiere decir, por el contrario, renunciar a uno mismo para entregarse a un poder extraño, hacerse otro en algo y, por consiguiente, no actuar ya en relación con algo, sino *verse-intervenido-por* algo que no somos nosotros.

Sin embargo, en el abuso que se hace del término, a menudo se revela otro convencimiento, esto es, que ese algo que interviene en nosotros y del que dependemos nos es completamente extraño, una potencia enemiga que no tendría nada que ver con nosotros, una voluntad maléfica que nos ha reducido a sujeción sin que en ello intervenga nuestra voluntad y que a lo mejor algún día lleguemos a destruir; algo que, de todos modos, podemos desconocer al tiempo que rechazamos, puesto que nosotros somos nosotros y Eso es lo Otro, algo de carne y sangre distintas de las nuestras.

Ahora bien, no está vedado que nos construyamos mitologías personales en que la categoría de la alienación asuma este significado, si bien en realidad, según aparece configurada en Hegel —y posteriormente en Marx—, "alienación" tenía otro sentido: en términos muy sencillos (rechazando un lenguaje que en Hegel se encuentra excesivamente comprometido con toda una sistemática y aceptando el supuesto de que una serie de definiciones conceptuales sean también traducibles fuera del sistema), el hombre, al operar, se aliena por el hecho de que se objetiva en una obra que acomete con su trabajo, es decir, se aliena en el mundo de las cosas y de las relaciones sociales, y se aliena por el hecho de que, al construir cosas y relaciones, lo hace según unas leyes de subsistencia y de desarrollo que él mismo debe respetar mediante su adecuación a las mismas. Marx, por su parte, echa en cara a Hegel no haber distinguido objetivación, (*Entäusserung*) de alienación (*Entfremdung*): en el primer caso, el hombre justamente se hace cosa, se expresa en la naturaleza a través del trabajo y acomete un mundo en el cual debe comprometerse; pero, cuando el mecanismo de este mundo toma la delantera al hombre, que se hace incapaz de reconocerlo como obra propia, es decir, cuando el hombre no consigue ya doblegar las cosas que él mismo ha producido para que sirvan a sus propios fines, sino que en cierto sentido es él quien sirve a los fines de estas cosas (que pueden identificarse con los fines de otros hombres), entonces se encuentra alienado; es su obra la que le dicta qué tiene que hacer, cómo debe sentirse, en qué tiene que convertirse. Esa alienación será tanto más fuerte cuanto más —intervenido— siga creyendo él intervenir y acepte la situación en que vive como el mejor de los mundos posibles.

Por consiguiente, mientras que la objetivación era para Marx un proceso sustancialmente positivo e ineliminable, la alienación constituía no una situación de derecho, sino de hecho; y el hecho, que era histórico, se configuraba como superable a través de una solución histórica, esto es, el comunismo.

Dicho en otros términos, el defecto de Hegel suponía, para Marx, haber reducido todo el problema de la alienación a un desarrollo del Espíritu: la conciencia se aliena en el objeto y, únicamente reconociéndose en él, encuentra el camino de la efectualidad; pero en este reconocimiento suyo del objeto se constituye como saber del mismo y, al saberlo, elimina su condición de alienación en el objeto negándolo:

> La objetividad, en cuanto tal —dice Marx de Hegel—, representa una condición de alienación del hombre, la cual no corresponde al ser humano, a la autoconciencia. Por

tanto, la reintegración de la esencia del hombre extrañada, objetivada, generada en la condición de alienación, no significa sólo eliminar la alienación, sino también la objetividad; esto es, resumiendo: el hombre representa un ser espiritualista, no objetivado...[1] La reintegración del ser alienado y objetivado, o la eliminación de la objetividad en la condición de alienación... tiene también —o, quizás, tiene sobre todo— para Hegel el significado de eliminar la objetividad, porque lo que choca en la alienación no es el carácter determinado del objeto, sino el carácter objetivo que éste posee para la conciencia.

Por tanto, la conciencia, al constituirse como autoconciencia, no poseería tanto la lucidez de eliminar la condición de alienación en el objeto, sino que, en un deseo rabioso de absoluto, mataría el objeto y resolvería el problema refugiándose en sí misma. Al entender a Hegel en estos términos, es evidente que Marx tenía que reaccionar: el objeto creado por la actividad humana, la realidad natural, la realidad de la técnica y de las relaciones sociales, existe; el mérito de Hegel ha consistido en definir el alcance y la función del trabajo humano y, por consiguiente, no se reniega del objeto al que se encamina el trabajo, por mucho que seamos autoconscientes y conscientes de la libertad que debemos conseguir frente al mismo. Por tanto, no ha de verse el trabajo como una actividad del espíritu (de manera que la oposición entre la conciencia y el objeto de su saber pueda resolverse en un puro juego ideal de negaciones y verificaciones), sino como un producto del hombre que exterioriza sus fuerzas y que en este punto debe concretamente pasar cuentas con lo que ha creado. Si el hombre tiene entonces que "recuperar su propia esencia alienada", no podrá suprimir (en el interior de una dialéctica espiritual) el objeto, sino que tendrá que actuar prácticamente para suprimir la alienación, es decir, transformar las condiciones en el ámbito de las cuales entre él y el objeto creado por él mismo se ha producido una dolorosa y escandalosa escisión.

Dicha escisión es de naturaleza económica y social; la existencia de la propiedad privada hace que el trabajo del hombre se concrete en un objeto independiente de su productor, de modo que el productor se debilita en la medida en que produce nuevos objetos. No viene ahora al caso repetir cómo se configura esta situación; el obrero depende de las cosas que crea, cae bajo el dominio del dinero en que éstas se encarnan; cuanto más produce el trabajador, tanto más se convierte en mercancía como lo que produce: "Lo que es producto de su trabajo no es ya él; luego, cuanto mayor sea dicho producto, tanto menor será él".

Solución: un régimen de producción colectiva en el cual, al trabajar conscientemente, no ya para los demás, sino para sí mismo y para sus semejantes, el hombre advierta lo que hace como obra propia y se haga capaz de integrarse en la misma.

Pero ¿por qué había confundido Hegel tan fácilmente objetivación y alienación, como Marx le echa en cara?

Hoy, más advertidos, como consecuencia de un desenvolvimiento histórico, de la penetración de aquella realidad industrial que en los tiempos de Marx se encontraba a un nivel de desarrollo completamente diferente, llevada a fondo una reflexión sobre el concepto mismo de alienación, he aquí que aparece la tendencia a revisar todo el problema. Tal vez pueda entonces afirmarse que Hegel no había distinguido las dos formas de alienación porque, de hecho, apenas el hombre se objetiva en el mundo de las obras que ha creado, de la naturaleza que ha modificado, se crea inmediatamente una especie de tensión imposible de eliminar cuyos polos son, por un lado, el dominio *del* objeto y *sobre* el objeto, y, por el otro, la pérdida total *en* el objeto, la rendición al mismo en un equilibrio que tan sólo puede ser dialéctico, es decir, hecho de una lucha continua, de una negación de lo que se afirma y de una afirmación de lo que se niega. De este modo se perfilan los análisis de la relación de alienación, vista como elemento constitutivo de toda mi relación con los Otros y con las cosas, en el amor, en la convivencia social, en la estructura industrial.[2] Y el problema de la alienación pasaría entonces a convertirse, de querer aceptar un lenguaje de cuño hegeliano —por lo menos a título metafórico—, en "el problema de la auto-conciencia humana que, incapaz de pensarse como 'cogito' separado, solamente se encuentra en el mundo que edifica, en los restantes yoes que reconoce y, en ocasiones, desconoce. Sin embargo, esta manera de reencontrarse en el otro, esta objetivación, siempre es más o menos una alienación, *una pérdida de uno mismo y, al propio tiempo, un reencuentro*".[3] Ahora bien, en este caso hay quien entiende la lección hegeliana en un sentido mucho más concreto del que tenía cuando se presentaba a Marx, entendida ahora por una cultura que se ha hecho capaz de releer a Hegel a través de Marx.

Con todo, llegados a este punto, sería equívoco que, una vez releído Hegel a través de Marx, se descabalgara a Marx en un retorno a Hegel. Sería equívoco decir: puesto que la alienación se presenta como una situación permanente, constitutiva de mi relación con los objetos y con la naturaleza, sería inútil programar su eliminación y mejor será aceptar su condicionamiento, dado que se ofrece como una "situación existencial" (sabemos que la locución es ambigua por el hecho de llevar la carga de ciertas herencias en virtud de las cuales, si una situación corresponde a la estructura de la existencia, cierto existencialismo negativo nos enseña que es inútil ingeniarnos en superarla y cualquier gesto que hiciésemos para eliminarla nos abocaría nuevamente a ella).

Por el contrario, hay que hacer la argumentación en otro sentido. El tipo de alienación de que habla Marx es, por un lado, aquel que es objeto de la economía política, es decir, el consiguiente a la utilización que hace del objeto producido por el obrero una sociedad basada en la propiedad privada (en virtud de la cual el obrero produce bienes para los demás y, mientras produce belleza, se embrutece y, al tiempo que produce máquinas, se maquiniza); y, por el otro lado, es la alienación intrínseca a la misma relación productiva —precedente a la utilización del producto— que sostiene el obrero sin reconocer un fin en este trabajo, sino un simple medio al que se ve obligado para sobrevivir, actuando en él mortificado y sacrificado y no reconociéndose en él (dado que no sólo no le pertenece el producto, sino tampoco el trabajo productivo, puesto que pertenecen a otros).

Del mismo modo que estos dos tipos de alienación son inherentes a la existencia de cierta sociedad, cabe pensar, según la línea de la indagación marxista, que una modificación de las relaciones sociales vaya a eliminar este tipo de alienación (y que su eliminación vaya a constituir el fin de una concepción política revolucionaria rigurosa).

Ahora bien, si una modificación de las relaciones sociales conduce a una liberación del hombre de este tipo de sujeción (no ya sólo restituyéndole el objeto que produce, sino el mismo trabajo productivo, realizado para sí mismo y para la colectividad, y, por consiguiente, sentido como cosa y fin propios), subsiste —y aquí la referencia a Hegel añade algo a nuestro conocimiento sin eliminar por ello conocimientos posteriores— la continua tensión particular de una alienación en el objeto, por el hecho mismo de que yo lo he producido y de que éste amenaza continuamente *intervenir en mí*. Ese tipo de alienación —ésta sí— puede indicarse, en el caso de que el término no indujese a equívoco, como una estructura de la existencia o, si se quiere, como el problema que se plantea al sujeto tan pronto como produce un objeto y se dirige a él en un acto de intención para servirse de él o simplemente a tenerlo en cuenta. Y de este tipo de alienación —la inherente a cualquier acto de objetivación— querríamos ocuparnos precisamente aquí, convencidos como estamos de que este problema se distingue dentro de sus propios términos y constituye el problema de la relación de cualquier ser humano con el mundo de las cosas que lo rodea, incluso si uno está autorizado a pensar que en una sociedad en la que se haya eliminado la alienación tradicional pueda afrontarse este problema con mayor libertad y conocimiento, más libre de equívocos, y pueda constituir el fin único de un compromiso ético no por ello menos dramático y comprometedor.[4]

Así entendida, la alienación se convierte, sin embargo, en algo que puede ser resuelto, y resuelto además a través de una toma de conciencia y una acción, *aunque nunca resuelto para siempre*. Si es también una relación alienante la de dos personas que se quieren, al reducirse cada una de ellas a la representación que el Otro da de ella y uniformarse a la misma, no podrá preverse ya una civilización en que la comunidad de los medios de producción elimine por completo de la dialéctica de la vida y de las relaciones humanas el peligro de la alienación.

Es evidente que en este aspecto la categoría de la alienación no define sólo una forma de relación entre individuos basada en determinada estructura de la sociedad, sino toda una serie de relaciones mantenidas entre hombre y hombre, hombre y objetos, hombre e instituciones, hombre y convenciones sociales, hombre y universo mítico, hombre y lenguaje. En definitiva, no ya sólo servirá para explicar una forma de relación objetiva con una situación exterior, que puede influir posteriormente hasta tal punto en nuestros comportamientos que llegue a convertirse en fenómeno psicológico, sino que deberá verse también como una forma de comportamiento psicológico, a menudo fisiológico, que influye tanto en nuestra personalidad que acaba traduciéndose en relación objetiva externa, en relación social. Habrá que verse, pues, la alienación como un fenómeno que, por un lado y en determinadas circunstancias, va desde la estructura del grupo humano al que pertenecemos hasta el más íntimo y menos verificable de nuestros comportamientos psíquicos, y que, en otras circunstancias distintas, va desde el más íntimo y menos verificable de nuestros comportamientos psíquicos a la estructura del grupo humano al que pertenecemos. En este sentido, nosotros entonces, por el hecho mismo de vivir, trabajando, produciendo cosas y entrando en relación con los demás, estamos *en la* alienación.

¿Sin remisión? No, simplemente sin posibilidad de eliminar este polo negativo, lanzados en lo vivo de una tensión que es preciso resolver. Por esto, cada vez que tratamos de describir una situación alienante, en el mismo momento en que creemos haberla aislado descubrimos que ignoramos los medios para salirnos de ella, con lo que toda solución no consigue otra cosa que replantear el problema, aunque tal vez a nivel diferente. Esta situación —que en un momento de pesimismo podríamos definir como irremediablemente paradójica, inclinándonos así a reconocer cierto "absurdo" fundamental de la vida—, de hecho, es simplemente *dialéctica*, es decir, no puede resolverse eliminando simplemente uno de sus polos. Y el *absurdo* no es más que la situación dialéctica vista por un masoquista.[5]

Nosotros producimos la máquina; la máquina nos oprime con una realidad inhumana y puede hacernos ingrata la relación con ella, la relación que tenemos con el mundo gracias a ella. Parece que el *industrial design* resuelve el problema: funde belleza y utilidad y nos restituye una máquina humanizada, a la medida del hombre. Una batidora, un cuchillo, una máquina de escribir que expresan sus posibilidades de utilización en una serie de relaciones gratas, que invitan a la mano a tocarlas, a acariciarlas, a utilizarlas: he aquí una solución. El hombre se integra armoniosamente en su propia función y en el instrumento que la permite. Pero frente a esta solución optimista se revuelve la conciencia advertida del moralista y el crítico de costumbres: la realidad industrial enmascara la opresión que ejerce sobre nosotros y nos invita a olvidar, camuflando nuestras rendiciones a la máquina que nos manipula, haciéndonos advertir como agradable una relación que, en cambio, nos disminuye y nos hace esclavos. Por consiguiente, buscamos una solución. Para recordar a mis semejantes que, al manejar la máquina de escribir, realizan un trabajo que no les pertenecerá y que, por consiguiente, los convertirá en esclavos, ¿tendré que construir máquinas incómodas y aristadas, repelentes al uso, capaces de ofrecer a quien las manipule un saludable sufrimiento? La idea casi es morbosa; no cabe duda de que se trata del sueño de un loco. Imaginémonos que dichos objetos fuesen manipulados por personas que no trabajasen ya para una potencia extraña, sino para sí mismos y para el provecho común. ¿Es razonable entonces que los objetos expresen una integración armónica entre forma y función? Tampoco. En este punto tales personas se verían arrastradas fatalmente a trabajar hipnóticamente, no tan dirigidas al provecho común como rendidas de inmediato al poder fascinante del objeto, a su atractivo, que haría que nos sintiésemos invitados a olvidarnos, al ejercer la función, en el instrumento en que la función se integra tan fácilmente. El último modelo de carrocería de automóvil constituye hoy una imagen mítica capaz de desviar toda nuestra energía moral y hacer que nos perdamos en la satisfacción de una posesión que es un *Ersatz*; sin embargo, proyectamos una sociedad colectivista y planificada en la que se trabaje para proveer a cada ciudadano de una carrocería nuevo modelo, con lo que la solución final seguirá siendo la misma, la aquiescencia a la contemplación-uso de una forma que, al tiempo que integra nuestra experiencia de utilización, aparta y aquieta todas nuestras energías, desaconsejándonos la tensión hacia metas sucesivas.

Tengámoslo bien presente: todo esto es alienación, pero lo es de manera irreductible. No hay duda de que el sueño de una sociedad más humana es el sueño de una sociedad en que todos trabajen de común acuerdo para conseguir más medicamentos, más libros y más automóviles último modelo; pero que en toda sociedad se tenga tal cosa por alienante, igualmente, de manera irremediable, lo demuestran las experiencias paralelas de los *beatniks* de la *west coast* y de los poetas que protestan en términos individualistas y crepusculares en la plaza Mayakovsky.

Ahora bien, aunque el intelectual se sienta siempre instintivamente situado en el bando del que protesta sin reservas y sin compromisos, la sospecha razonable es que se equivoquen los *beatniks* y tal vez también los Evtuchenko, que se equivoquen en línea de derecho, aun cuando desarrollen históricamente una función dialéctica propia.

De hecho, la protesta de muchos de ellos reduce la salvación a una especie de contemplación del propio vacío a la que nos han invitado incluso algunos de los nuestros, puesto que el hecho de buscar algún remedio supondría ya una manifestación de complicidad con la situación de la que no saldremos actuando. Lo que puede salvarnos, en cambio, es una inserción práctica y activa en la situación: el hombre trabaja, produce un mundo de cosas, se aliena fatalmente en ellas, se libera de la alienación aceptando las cosas, comprometiéndose en ellas, negándolas en el sentido de la transformación y no de la anonadación, consciente de que cada transformación va a encontrarse nuevamente, en otros términos, frente a la misma situación dialéctica a resolver, frente al mismo riesgo de rendición a la nueva y concreta realidad transformada. ¿Puede concebirse perspectiva más humana y positiva que ésta?

Parafraseando a Hegel, el hombre no puede permanecer encerrado en sí mismo en el templo de su propia interioridad; debe exteriorizarse en la obra y, al actuar de esta manera, se aliena en ella. Sin embargo, si no lo hiciese y continuase cultivando su propia pureza y absoluta independencia espiritual, no se salvaría, sino que se anularía. Por tanto, no se sale vencedor de la situación alienante negando a comprometerse en la situación objetiva configurada con nuestra obra, puesto que esta situación es la única condición de nuestra humanidad. Hay una figura de la conciencia que se niega a este reconocimiento, que es la del Alma Bella. ¿Qué le sucede al Alma Bella?

> Llevada a tal pureza, la conciencia es su figura más pobre... Le falta la fuerza de la alienación, la fuerza de hacerse

cosa y de soportar el ser. La conciencia vive en el ansia de manchar con la acción y con el ser la gloria de su interior; y, para conservar la pureza de su corazón, rehúye el contacto de la efectualidad y se obstina en la porfiada impotencia de renunciar al propio Ser, refinado hasta la última abstracción, y de conferirse sustancialidad, o bien de transformar su pensamiento en ser y confiarse a la diferencia absoluta. Aquel objeto vacío que ella se produce en sí misma la llena, pues, de la conciencia de su vaciedad... En esta lúcida pureza de sus momentos, una infeliz *alma bella*, como se la suele llamar, arde consumiéndose en sí misma y se disipa como vana neblina que se disuelve en el aire... El alma bella desprovista de efectualidad, en la contradicción de su puro Ser, y de la necesidad que tiene éste de alinearse en Ser y de transformarse en efectualidad, en la *inmediatez* de esta oposición fijada... El alma bella, por tanto, como conciencia de esta contradicción en su incontrolada inmediatez, se ve trastornada hasta la locura y se consume en tísicas nostalgias.[6]

2.   Observemos que la alternativa dialéctica al Alma Bella es precisamente la pérdida total en el objeto y la alegría de perderse en él. ¿Existe posibilidad de salvación entre estas dos formas de autodestrucción?

Si hoy tratamos de identificar una posición cultural en que vuelva a proponerse el *impasse* del alma bella, tendríamos que indicar la crítica de la sociedad de masas que nos propone Elémire Zolla; por supuesto, la crítica como él la ejerce, llevada sin remisión hasta sus consecuencias extremas, hasta el punto de negar, junto con la situación, la misma búsqueda de los remedios, búsqueda que se nos ofrecería como una componenda mixtificadora. Este tipo de crítica se presenta verdaderamente como una repulsa total de la situación objetiva (del complejo civilización moderna — realidad industrial — cultura de masas — cultura de élite que expresa la situación del hombre en la sociedad industrial) y como una invitación a sustraerse totalmente a la misma, porque no se permite ninguna forma de acción amplia, sino sólo la retirada a la contemplación de la *tabula*

rasa que el crítico, ampliando universalmente su propia repulsa, ha hecho.

Hay una página en la cual Zolla dice que "el pensamiento no debe aportar recetas, sino que debe entender
cómo están las cosas", y "entender no es aceptar" (ni es, en
lo cual tiene razón, indicar de manera inmediata y concreta
el medio de salir de la situación analizada); sin embargo,
en la naturaleza de este "entender" es donde Zolla se encuentra en constante equívoco. Este "entender" suyo se
presenta precisamente como el saber anonadador del Alma
Bella que, para saberse a sí mismo y no confundirse con el
objeto, lo destruye. Zolla piensa que es preciso "entender"
el objeto para no comprometerse con él; en cambio, la verdad es que, para comprender el objeto, es preciso comprometerse primero. En este punto se entenderá el objeto no
como algo que se niega de plano, sino como algo que todavía lleva las huellas del fin humano para el cual *nosotros*
lo hemos producido; y cuando suceda en estos términos,
junto con los términos igualmente presentes en la situación, entonces nos encontraremos capaces de libertad
frente al mismo. Por lo menos, el pensamiento nos habrá
proporcionado las premisas para una operación libre y li-
beradora. Sin embargo, es absolutamente necesario que al
principio no se sienta el objeto como enemigo y extraño,
porque el objeto somos nosotros, reflejados en una obra
nuestra que lleva nuestro signo, y, conocerlo a fondo,
quiere decir conocer el hombre que somos nosotros: ¿por
qué motivo, de esta operación de comprensión, deben estar ausentes a toda costa la *charitas* y la *esperanza*?

Pongamos un ejemplo: En una de las primeras páginas
de su novela *Cecilia*, Zolla describe la relación física, casi
erótica que mantiene la protagonista con su coche, acu-
sando en sus propios músculos cada una de sus vibraciones, conociéndolo como se conoce un amante, participando con su propio cuerpo de su elasticidad y de sus dinamismos. La intención del autor —y la impresión que saca
el lector de la página leída— estriba en dar la imagen de

una situación de alienación total (Cecilia incluso conduce descalza, con lo que su caso individual entronca a nivel sociológico con los casos límite de los pontífices de la juventud quemada y se transforma en totalmente típico): arrastrados por la argumentación de carácter persuasivo que hace Zolla, nos vemos justamente conducidos a condenar en Cecilia la criatura humana poseída por la cosa, por lo cual la cosa se nos presenta como maléfica (los coches, unas páginas más adelante, son "cucarachas hinchadas", "insectos que incluso están privados de la mortuoria fascinación del caparazón híspido y duro, solamente tristísimos y torpes"). Pues bien, Cecilia es verdaderamente la muestra de una humanidad alienada, si bien cabría preguntarse en qué medida es alienante la relación que mantiene con el coche.

De hecho, todos nosotros, cuando conducimos, mantenemos inevitablemente, aunque sea con diversas gradaciones, una relación de este mismo carácter. Una condición eficaz de la conducción es precisamente que el pie no sea sólo el órgano agente con el cual dirigimos el mecanismo, sino también el órgano sensible que nos prolonga en el mecanismo, que nos permite advertirlo como una parte de nuestro cuerpo; sólo de este modo advertimos cuándo llega el momento de cambiar de marcha, de aminorarla, de dar más impulso al motor, sin necesidad de la mediación abstracta del tacómetro. Únicamente así, prolongando nuestro cuerpo en la máquina, ampliando en cierto sentido el radio de nuestra sensibilidad, podemos servirnos humanamente de la máquina, humanizar la máquina al tiempo que consentimos en maquinizarnos.

Zolla observaría, al legar a este punto, que ésta es precisamente la conclusión a la que tendía él mismo: ser una forma de alienación, difundida hasta tal punto que ya nadie escapa a ella, ni siquiera un intelectual alimentado de cultura y de autoconciencia, y que, por tanto, la situación no constituye un epifenómeno que se produzca en ciertas naturalezas desviadas, sino la general e irremediable depauperación de nuestra humanidad inmersa en una civilización moderna. Al pensar así se olvida de que, en los mismos albores de la historia, ya se dio una relación de este género (una prolongación nuestra en el objeto, una humanización del objeto gracias a una objetivación nuestra) precisamente cuando uno de nuestros antepasados inventó el hacha amigdaloide y la construyó de forma tal que, con sus facetas, pudiera adherirse a la palma de la mano, comunicase sus vibraciones, cuando se la usase, a la mano, prolongase la sensibilidad de la mano en la misma medida en que la mano se transformaba en hacha amigdaloide.

Ampliar el campo de la propia corporeidad (alterando así sus dimensiones originarias, naturales) fue desde el inicio de los tiempos la condición del *homo faber* y, por consiguiente, del Hombre. Pensar en esta situación como en una degradación de la naturaleza humana supone una conocida metafísica, es decir, que por un lado existe la naturaleza y por el otro el hombre. Y significa no aceptar la idea de que la naturaleza vive en cuanto es operada por el hombre, definida por el hombre, prolongada y modificada por el hombre, y que el hombre existe en cuanto una manera particular de emergencia de la naturaleza, una forma de emergencia activa y modificadora que precisamente en este actuar sobre el ambiente y en este definirlo, tan sólo en esta medida, se distingue de él y asume el derecho de decir "yo".

Entre Cecilia y el inventor del hacha amigdaloide no hay más que una diferencia de complejidad del acto, si bien es análoga la estructura del comportamiento de ambos. Cecilia corresponde a un hombre de la edad de piedra que, tras impugnar el hacha amigdaloide, se sintiera presa del frenesí del uso de la misma y se lanzase a golpear con el instrumento las nueces que había recolectado, la tierra sobre la cual se había arrodillado, con un placer salvaje en el acto realizado, abandonándose al mismo y olvidándose de por qué empuñaba el objeto (al igual que, en ciertas manifestaciones orgiásticas, el hombre que toca el tambor pasa a no ser él quien lo toca, sino que es el tambor el que lo toca a él).

Existe, pues, un límite *ante quem* dentro del cual dejarse poseer por el coche es indicio de cordura y la única manera de poseer verdaderamente el automóvil; no entender que existe este límite y que es posible significa no entender el objeto y, por consiguiente, destruirlo. Esto es lo que hace el Alma Bella, si bien se disuelve en la negación. Pero existe, además, el límite *post quem*, que es donde empieza la zona de lo morboso. Y existe un modo de entender el objeto, la experiencia que tenemos del mismo, el uso que de él hacemos, lo cual en su puro optimismo presenta el riesgo de hacernos olvidar la presencia del límite, el constante peligro de alienación. Si tuviésemos que indicar (ejemplificándolo en una de sus manifestaciones más respetables) el polo opuesto al de la repulsa del Alma Bella, habría que citar el nombre de Dewey.

La filosofía de Dewey es una filosofía de la integración entre el hombre y la naturaleza que plantea como meta máxima de la vida la realización de una experiencia, una situación en que el individuo, la acción que realiza y el instrumento con el cual la cumple se integran hasta un punto tal que procuran, siempre que se advierta en toda su plenitud aquella integración, una sensación de armonía y realización. Una forma de integración así tiene todo el cariz de una situación positiva (y, de hecho, puede entenderse como el modelo típico de una fruición estética), pero puede definir igualmente una condición de alienación total aceptada e incluso disfrutada precisamente a causa de sus características negativas.

> Toda experiencia es el resultado de la interacción entre un ser vivo y algún aspecto del mundo en que vive. Un hombre realiza un acto; por ejemplo, levanta una piedra. Por consiguiente, se somete a algo, sufre algo: el peso, el esfuerzo, la estructura de la superficie levantada. Las propiedades experimentadas de este modo determinan una ac-

ción ulterior. La piedra es excesivamente pesada y excesivamente angulosa, no es suficientemente sólida; o, por el contrario, las propiedades experimentadas demuestran que se adapta al uso al que se la quiere destinar. El proceso continúa hasta que no se manifiesta una adaptación mutua del individuo y del objeto y aquella particular experiencia llega a una conclusión... La interacción entre los dos constituye toda la nueva experiencia y la conclusión que la completa es el establecimiento de una profunda armonía.[7]

Es muy fácil advertir (por lo menos en los términos en que aquí se formula) la noción de experiencia en Dewey, válida para definir nuestra relación con las cosas, aunque, al estar dominada por un optimismo que hace que no se sospeche siquiera que haya que negar o rechazar el objeto, pasa a convertirse en una noción que podría definir muy bien en términos de positividad absoluta la típica relación de alienación, la que, para entendernos, mantiene Cecilia con su coche. Dicho en otros términos, al no existir en Dewey la sospecha trágica de que pueda fallar la relación con el objeto, precisamente por el hecho de que es *demasiado conseguida*, la experiencia falla (pasa a ser *no-experiencia*) cuando entre yo y el objeto (ambiente, situación) queda como una polaridad no resuelta en integración; sin embargo, cuando hay integración, se tiene la experiencia, y la experiencia no puede ser más que positiva. Así pues, la relación de Cecilia con su coche sería "buena" por el simple hecho de que, como relación, se resuelve en una absoluta integración y se disfruta por la armonía que manifiesta y en la cual se componen todas las polaridades originarias.

Por tanto, hemos identificado dos actitudes, ambas extremas, frente a la recurrente e ineliminable posibilidad de alienación presente en toda relación nuestra con las cosas y con los demás: la actitud pesimista, que destruye el objeto (lo rechaza como malo) por temor al compromiso, y la actitud optimista, que hace de la integración en el objeto el único resultado positivo de la relación.

La disponibilidad en relación con el mundo, propia de

la segunda actitud, es fundamental para que podamos comprometernos en el mundo y actuar en él; el estremecimiento de desconfianza en todo resultado de nuestras relaciones con el mundo, la conciencia de que nuestra adaptación pueda reducirse a una trágica amenaza, resulta igualmente esencial para la buena salud de la relación.

Tiene razón Zolla cuando dice que no corresponde al pensamiento proponer los remedios, sino que lo único que le compete es tratar de entender la situación. Pero se responde que basta que la comprensión tenga la riqueza de una definición dialéctica, porque precisamente, al iluminar los polos opuestos del problema, puede aportar mayor claridad para las decisiones posteriores.

En el caso de mi relación con el coche, podrá bastar que la masa de mis proyectos operativos sea tal y tan compleja que aventaje siempre a la fascinación que puede ejercer sobre mi sensibilidad la armonía biológica de la relación de integración en la máquina. En la medida en que "sé" qué haré con el coche, porque intento conducirlo rápidamente y bien, en la medida en que me "importa" lo que voy a hacer, estaré siempre en libertad de sustraerme a la fascinación del coche; y el espacio de tiempo durante el cual aquél "me conduce", en el equilibrio de mi jornada, se incrustará con una razonable proporcionalidad, porque durante el período en que el coche, al que me abandono integrado, me conduce, no me absorberá completamente la rutina mecánica de los semáforos y de los cruces, sino que constituirá una especie de trasfondo rítmico —como la respiración o los movimientos reflejos de la pierna que anda por sí sola— en el desenvolvimiento de mis reflexiones y mis propósitos (aparte del hecho de que aquí se incorporará también una dialéctica, porque en cierta medida mi adecuación al coche sugerirá el mismo curso de mis pensamientos; pero también el curso de mis pensamientos influirá en mi actitud con el coche, el impulso de una intuición se traducirá en impulso muscular, en variación de la presión del pie en el acelerador y, por tanto, en variación del ritmo consuetudinario e hipnótico que podía convertirme en puro instrumento del coche; pero Joyce ha dicho tantas y tales cosas sobre esta mutua influencia entre lo psíquico y lo fisiológico al describirnos el juego de alternativas fisiopsicológicas de Bloom sobre la taza del retrete de su casa, mientras evacúa y lee el periódico...).

Pero además, en el plano de la acción práctica, una vez consciente de la polaridad, todavía podré elaborar otros muchos subterfugios "ascéticos" para salvaguardar mi libertad incluso comprometiéndome con el objeto; el último y el (aparentemente) más trivial de los cuales podría ser, en una medida consciente, tratar mal al coche, tenerlo sucio y desatendido, no respetar totalmente las exigencias del motor, precisamente para hacer que mi relación con él no llegase a integrarse nunca completamente. Y esto sería eludir la *Entfremdung* gracias a la *Verfremdung*, escapar a la alienación gracias a una técnica de extrañamiento... de la misma manera que Brecht, a fin de que el espectador se sustraiga a la posible hipnosis del hecho representado, exige que se mantenga encendida la luz de la sala y que el público pueda fumar.

Una vez aclarados estos supuestos previos, habrá muchas operaciones que cambiarán de signo. Así también aquellos versos de Cendrars, que parecían a Zolla un trágico ejemplo de gusto macabro:

> Toutes les femmes que j'ai rencontrées se dressent aux horizons
> Avec les gestes piteux et les regards tristes des sémaphores sous la pluie,

quizás parezcan lo que tal vez sean en realidad: el intento poético de recoger en términos humanos un elemento del paisaje urbano que corría el riesgo de permanecernos extraño; no reducir el semáforo al mecanismo cotidiano que dirige nuestros pasos, sabiéndolo mirar en cambio hasta que asuma carga simbólica; es más, un aprender a hablar del mundo sentimental propio sin expresarlo en imágenes que se han quedado agotadas a fuerza del uso que de ellas ha hecho la "manera" poética, pero revistiendo la emoción de una nueva imagen, tratando de educar la imaginación a nuevos reflejos.

En resumen: un intento de reconocer el objeto, de entenderlo, de ver qué espacio podrá tener en nuestra vida de hombres y, una vez comprendido, saber domeñarlo a la utilización que nosotros hagamos de él —la metafórica— en lugar de ser nosotros únicamente los que nos dobleguemos a él. Lo macabro que impresionaba a Zolla no estriba en el recurso del semáforo, sino en el desesperado sentimiento que embarga a Cendrars a propósito de los amores desaparecidos, que parece como si no hubieran dejado en él más que desolación y añoranza. Pero éstos son asuntos suyos. La poesía ha llevado a cabo su operación de recuperación y nos ha ofrecido la posibilidad de un nuevo paisaje.

Deberíamos preguntarnos ahora por qué motivo se ve como alienante la situación del conductor de automóvil y no, en cambio, la del hombre primitivo que maneja el hacha amigdaloide; por qué parece inhumano el uso poético del semáforo y nunca nos había parecido inhumano el uso poético del escudo de Aquiles (con respecto al cual, ¡qué horror!, se describía incluso el proceso "industrial" de producción, perdiéndose incluso en detalles siderúrgicos que hubieran escandalizado al intelectual de los tiempos homéricos). ¿Por qué, finalmente, se tiene por alienante la relación de simbiosis con el coche y no reviste sospecha de alienatividad la simbiosis del caballero con el caballo, simbiosis que presenta las mismas características de integración compleja, de prolongación de las corporeidad del hombre en la del animal?

Evidentemente, porque en una civilización tecnológica se han ampliado hasta tal punto el predominio y la complejidad del objeto —sus facultades de iniciativa autónoma, incluso, frente al hombre que opera— que hacen evidente una condición endémica que llega a hacer peligroso lo que antes no era más que turbador, y también porque los objetos, al adoptar unas formas que cada vez son menos antropomorfas, ayudan a verlos como extraños. Sin embargo, es evidente que hay algo más: para el hombre primitivo que maneja el hacha amigdaloide, el objeto se sitúa en una relación inmediata en que el riesgo de integración está entre el que maniobra y lo maniobrado. La relación que se establece con un coche es más compleja; el coche no sólo me aliena a sí mismo, sino a un conjunto de normas de circulación, a una inevitable competición de prestigio (la ambición del nuevo modelo, del accesorio, del superior rendimiento), me aliena a un mercado, me aliena a un mundo de la concurrencia donde tengo que perderme para estar en condiciones de adquirir el coche. Resulta evidente, pues, que si la alienación es una posibilidad recurrente de la existencia humana a todos los niveles, ha adquirido una importancia y una configuración sumamente particular en la sociedad industrial moderna, como había entrevisto Marx a nivel de relaciones económicas.

De todo lo dicho hasta aquí se desprende como igualmente exacto que esta condición de la sociedad moderna constituye de hecho la nueva condición en que estamos llamados a vivir, cualquiera que sea el tipo de sociedad que consigamos forjarnos a través de nuestra acción modificadora. La alienación constituye, para el hombre moderno, una condición parecida a la ausencia de la gravedad para el piloto espacial; una condición en la que hay que aprender a moverse para identificar las nuevas posibilidades de autonomía, las direcciones de posible libertad. Vivir en la alienación no quiere decir, por otra parte, vivir aceptando la alienación, sino vivir aceptando una serie de relaciones que constantemente se someten a la atención a través de una *intentio secunda* que nos permita verlas en transparencia, denunciar sus posibilidades paralizadoras; relaciones que es preciso *tratar* desmitificándolas de continuo, sin que desmitificarlas quiera decir anularlas.

La verificación a la que no podemos sustraernos es que no podemos vivir —ni sería oportuno hacerlo— sin pedal del acelerador y tal vez seamos incapaces de amar sin pensar en los semáforos. Hay quien cree todavía que se puede hablar de amor evitando aludir a los semáforos: el autor de las cancioncillas melódicas destinadas a Claudio Villa. Éste parece escapar a la realidad inhumana del coche; su universo se define mediante los humanísimos conceptos de "corazón", "amor" y "madre". Sin embargo, el moralista avisado sabe hoy qué se esconde detrás de estos *flatus vocis*: un mundo de valores petrificados, usados en función mixtificadora. El autor de las canciones, al aceptar determinadas expresiones lingüísticas, se aliena y aliena a su público en algo que se refleja en formas agotadas del lenguaje.[8]

3.   Con esta última indicación, nuestra argumentación se ha desviado del plano de las relaciones directas, efectivas, con una situación, para pasar al de las formas a través de las cuales organizamos nuestras argumentaciones en torno a la situación. ¿En qué términos se plantea una problemática de la alienación en el plano de las formas del arte o del pseudoarte?

Ya en este plano, se puede llevar la argumentación —puesto que se ha decidido asumir la noción de alienación en su significado más amplio— a lo largo de dos líneas diferentes, pero convergentes.

Se puede hablar ante todo de una alienación interior en los mismos sistemas formales, que se podría definir muy oportunamente como una dialéctica de invención y manera, de libertad y necesidad de las reglas formativas. Pongamos un ejemplo: la invención de la rima.

Con la invención de la rima se imponen unos módulos y unas convenciones estilísticas, no por autolesionismo, sino porque se reconoce que únicamente la disciplina estimulará la invención y porque se identifica una forma de organización de los sonidos que resulta progresivamente grata al oído. A partir del momento en que se elabora la convención, el poeta deja de ser prisionero de su peligrosa expansividad y su emotividad; si las reglas de la rima lo constriñen por un lado, por el otro lo liberan, de la misma manera que la tobillera libera al corredor pedestre de dislocarse el pie. No obstante, a partir del momento en que se impone, la convención nos aliena en ella; el verso que sigue, de acuerdo con las leyes de la rima, viene dado por la naturaleza del verso que lo precede. Cuanto más se afirma la práctica, más ejemplos me propone de libertad creadora, más me aprisiona; la costumbre de la rima genera el diccionario de la rima, que al principio es repertorio de lo rimable, pero poco a poco va convirtiéndose en repertorio de lo rimado. Al final de cierto período histórico, la rima me resulta cada vez más alienante. Un ejemplo típico de alienación formal es precisamente el del que compone las palabras de las canciones, acerca del cual se bromea diciendo que, en virtud de un reflejo condicionado, cuando escribe "pasión" debe escribir inmediatamente "corazón" o cuando escribe "amor" debe escribir "dolor". Aquello que lo aliena no es sólo la rima como sistema fonético de las posibles concordancias, sino también la rima como costumbre de fruición, lo que actualmente una sociedad de consumidores espera de la rima y goza en la rima. Lo aliena, por un lado, el sistema lingüístico, así como un sistema de reflejos condicionados convertidos en pública sensibilidad, al igual que un sistema de relaciones comerciales (el hecho de que no se venda más que aquello que satisface la sensibilidad pública). Pero hasta el mismo gran poeta se encuentra condicionado por este sistema: por mucho que trate de marcar una independencia absoluta de las expectativas del público, las posibilidades estadísticas de encontrar una rima nueva cuando ponga como premisa "corazón" resultan extremadamente reducidas. En consecuencia, o bien queda reducida su posibilidad de hacer rima o se reduce su temática, al restringirse el ámbito de su lenguaje. La palabra "corazón" a final de verso le queda prácticamente inhibida: el resultado artístico exige una compenetración tan acusada entre sentido y sonido que, tan pronto como emplea un sonido que corre el riesgo de agotarse como no-sentido en un público de sensibilidad narcotizada, la forma de que dispone deja de tener eficacia comunicativa. Sin embargo, en este punto el poeta tiene posibilidad de buscar un lenguaje desusado, una posibilidad de rima impensada, y será este uso el que determine su temática y la concatenación de sus ideas. Una vez más, se encontrará instrumentado por la situación, si bien, al hacerse consciente de esta alienación suya, la convertirá en instrumento de liberación. Pensemos en ciertas rimas inesperadas de un Montale: lo que era alienación, a través de una tensión dialéctica llevada hasta el espasmo, produce un elevado ejemplo de invención y, por consiguiente, de libertad poética. Con todo, al resolver de este modo la situación, el poeta sienta las bases de una nueva situación alienante: hoy los seguidores de Montale se nos presentan tales cuales son, imitadores de escasa fantasía, precisamente por estar alienados en una costumbre que interviene en ellos sin permitirles un gesto de originalidad ni de libertad.

Pero esto no es más que un ejemplo, demasiado simple para ser ilustrativo, porque aquí la dialéctica de invención e imitación se sitúa sólo a nivel de una convención literaria que puede transformarse en marginal y no investir todas las estructuras de un lenguaje. Desplacemos la atención a un problema más central para la cultura contemporánea.

El sistema tonal ha regido el desarrollo de la música desde el final de la Edad Media hasta nuestros días: como sistema, y como sistema *impuesto* (no hay nadie que crea ya que la tonalidad es un hecho "natural"), ha desempeñado para el músico la misma función que la convención operativa llamada "rima". El músico tonal ha compuesto obedeciendo el sistema y, pese a ello, luchando contra él. Cuando la sinfonía se cerraba triunfalmente remachando la tónica, en aquel momento el músico dejaba que el sistema compusiese por su cuenta, incapaz de sustraerse a aquella convención por la cual se regía: en el seno de esta convención, si era un gran músico, inventaba nuevos modos de reproponer el sistema.

En determinado punto, el músico advirtió la necesidad de salirse del sistema: Debussy, por ejemplo, cuando aplica una escala exatonal. Se sale de él porque advierte que la gramática tonal, sin que él quiera, lo obliga ahora a decir cosas que no quiere decir. Schönberg rompe definitivamente con el sistema y elabora otro nuevo. Strawinsky, en cierta medida y durante determinado período de su producción, lo acepta, aunque de la única manera posible: haciendo su parodia, poniéndolo en duda en el momento en que lo glorifica.

Sin embargo, la rebelión contra el sistema tonal no respecta sólo a una dialéctica de invención y manera; uno no se sale del sistema sólo porque las costumbres hayan quedado congeladas, se haya agotado la rosa de las posibilidades (en sentido puramente formal); es decir, no se rechaza el sistema únicamente porque también en música se haya llegado al punto en que la pareja "amor" y "dolor" no sólo se ha impuesto como necesitante, sino porque no puede pronunciarse más que irónicamente, puesto que se ha convertido en un estereotipo y se ha vaciado de toda capacidad de sugestión. El músico rechaza el sistema tonal porque éste ahora traspone al plano de las relaciones estructurales *todo un modo de ver el mundo y un modo de estar en el mundo*.

Son conocidas las interpretaciones de la música tonal como un sistema en el cual, una vez impuesta la tonalidad de partida, toda la composición se presenta como un sistema de dilaciones y de crisis provocadas deliberadamente con el único fin de poder restablecer, con la reconfirmación final de la tónica, una situación de armonía y de paz tanto más disfrutada cuanto más prolongada y articulada sea la crisis. Y es sabido que en esta costumbre formativa se ha identificado el producto típico de una sociedad basada en el respeto de un orden inmutable de las cosas; por lo cual la práctica de la música tonal convergía a reiterar una convicción de fondo a la que tendía toda una educación, ya sea en el plano teórico ya en el de las relaciones sociales.[9] Es evidente que una relación de "reflejo", situada en términos tan estrictos, entre estructura social y estructura del lenguaje musical, corre el riesgo de parecer una generalización desprovista de verificabilidad; pero también es verdad que no es por azar que la música tonal se haya afirmado en la época moderna como música de una comunidad ocasional fundamentada en el ritual del concierto, que ejerce su sensibilidad estética a horas fijas, con una indumentaria apropiada, y en el que hay que pagar una entrada para gozar de unas crisis y una pacificación que permitan salir del templo con el ánimo debidamente catartizado y con las tensiones resueltas.

Cuando el músico advierte la crisis del sistema tonal, ¿qué advierte —de manera más o menos lúcida— a través de la misma? Que las relaciones entre los sonidos se han estado identificando desde hace tanto tiempo con determinadas relaciones psicológicas, con determinada manera de ver la realidad, que en el ánimo del espectador, cada vez que se capta cierto conjunto de relaciones sonoras, se produce ahora instintivamente una desviación al mundo moral, ideológico y social que este sistema de relaciones le ha venido reconfirmando desde hace tanto tiempo. Cuando el músico realiza una operación de "vanguardia" —es decir, funda un nuevo lenguaje, un nuevo sistema de relaciones—, organiza una forma que pocos están todavía dispuestos a aceptar como tal, por lo que se cierra en la incomunicación, por tanto, en una especie de retiro aristocrático. Con todo, rechaza un sistema de comunicación que puede comunicar determinadas cosas, puede fundar una socialidad de escucha sólo a condición de que el sistema de valores de acuerdo con los cuales se rige se mantenga inalterado, como era ayer.

El músico se niega a aceptar el sistema tonal porque en él no se siente alienado sólo en una estructura convencional; se siente alienado en toda una moral, una ética social, una visión teórica de la manera como se expresa aquel sistema. En el momento en que rompe el sistema de comunicación, se sustrae a las condiciones normales de la comunicación y parece actuar en sentido antihumano; sin embargo, sólo actuando de esta manera puede evitar mixtificar y engañar a su público. Por tanto, el músico, más o menos conscientemente, rechazando un sistema de relaciones sonoras que no parece ligado inmediatamente a una situación concreta, rechaza efectivamente una situación. Puede también no saber qué implica su elección puramente musical, pero, sea como quiera, *implica* algo.

Ahora bien, al rechazar, junto con un sistema musical, un sistema de relaciones humanas, ¿qué rechaza y qué establece? El sistema musical que rechaza es aparentemente un sistema de comunicación, pero en realidad está *agotado*: produce *clisés*, fomenta unos modelos estandarizados en el campo de la reacción. A cierto giro melódico no puede corresponder ya una reacción emotiva fresca y maravillada, porque aquel tipo de comunicación ya no sorprende a nadie: se sabía de antemano lo que sucedería. Veamos ahora qué ocurre en el último confín actual de la tonalidad, en la cancioncilla "a la San Remo": el ritmo no nos reserva ninguna sorpresa, supone una encadenación que ha pasado a ser habitual; cuando el verso termina en "ardor", no nos reservará ninguna sorpresa saber que el sentimiento que supone este ardor, teñido de amor, se convertirá en dolor (es una situación trágica, pero no impresiona a nadie, por archisabida, canónica; ha entrado ya en el orden de las cosas, hasta el punto de que no se presta atención ninguna al significado auténtico de la frase: saber que aquel ardor, impregnado de amor, precipita en dolor es un tipo de comunicación que hoy nos reconfirma la convicción de estar viviendo en el mejor de los mundos posibles); por su parte, melodía y armonía, al discurrir por los seguros raíles de la gramática tonal, tampoco provocarán en nosotros ningún *shock*. Ahora bien, este universo de relaciones humanas que remacha el universo tonal, este universo ordenado y tranquilo que nos habíamos acostumbrado a considerar, ¿sigue siendo todavía aquel mismo en el cual vivimos? No, aquel en el cual vivimos es el sucesor de éste y es un universo en crisis. Está en crisis porque al orden de las palabras ha dejado de corresponder un orden de las cosas (las palabras siguen articulándose según el orden tradicional, mientras que la ciencia nos incita a ver las cosas dispuestas según otros órdenes o incluso según desorden y discontinuidad); está en crisis porque la definición de los sentimientos, según se ha esclerotizado en expresiones estereotipadas y en las mismas formulaciones éticas, no corresponde ya a su realidad efectiva; porque el lenguaje reproduce una estructura de los fenómenos que ya no es aquella bajo la cual se presentan los fenómenos en las descripciones operativas que damos de ellos; porque las reglas de convivencia social se rigen por módulos de orden que no reproducen en absoluto el desequilibrio efectivo de estas relaciones.

Por consiguiente, el mundo no es en nada semejante a como querría reproducirlo el sistema de lenguaje que justamente rechaza el artista de "vanguardia", sino que se encuentra escindido y dislocado, desprovisto de las coordenadas de otro tiempo, exactamente como está desprovisto de las coordenadas canónicas el sistema de lenguaje adoptado por el artista.

En este sentido, el artista que protesta en relación con las formas cumple una doble operación: rechaza un sistema de formas y, sin embargo, no lo anula al rechazarlo, sino que actúa en el interior del mismo (siguiendo algunas tendencias a la disgregación que se iban perfilando ya como inevitables) y, por tanto, para sustraerse a este sistema y modificarlo, acepta, sin embargo, alienarse parcialmente en él, admitir sus tendencias internas. Por otra parte, al adoptar una nueva gramática hecha no tanto de módulos de orden como de un proyecto permanente de desorden, acepta precisamente el mundo en que vive en los términos de crisis en que se encuentra. Por consiguiente, se *compromete* de nuevo con el mundo en que vive hablando un lenguaje que él, artista, cree haber inventado pero que, en cambio, le viene sugerido por la situación en que se encuentra; y, con todo, ésta era la única opción que le quedaba, puesto que una de las tendencias negativas de la situación en que se encuentra es precisamente la de ignorar que existe la crisis y tratar de redefinirla continuamente de acuerdo con aquellos módulos de orden a partir de cuyo agotamiento nació la crisis. Si el artista tratase de dominar el desorden de la presente situación remitiéndose a los módulos comprometidos con la situación entrada en crisis, se convertiría en verdadero mixtificador. En realidad, en el mismo momento en que hablase de la situación presente daría a entender que existe fuera de la misma una situación ideal a partir de la cual puede él juzgar la situación real, y convalidaría la confianza en un mundo de orden expresado por un lenguaje ordenado. Así pues, paradójicamente, aunque se considera que la vanguardia artística no mantiene una relación con la comunidad de los demás hombres entre los que vive y se considera que la conserva, en cambio, el arte tradicional, de hecho, lo que sucede es lo contrario: enrocada en el límite extremo de la comunicabilidad, la vanguardia artística es la única que mantiene una relación de significación con el mundo en que vive.[10]

4. En este punto podría parecer clara la situación del arte contemporáneo, que a nivel de estructuras formales ejerce una nueva puesta en juego continua del lenguaje estabilizado y adquirido, así como de los módulos de orden consagrados por la tradición. Si en pintura informal, al igual que en poesía, en el cine como en el teatro, observamos la afirmación de *obras abiertas*, de estructura ambigua, sometida a una indeterminación de los resultados, esto ocurre porque las formas adaptan, mediante este procedimiento, toda una visión del universo físico y de las relaciones psicológicas propuesta por las disciplinas científicas contemporáneas, al advertir que no es posible ya hablar de

este mundo con los términos formales mediante los cuales podía definirse el Cosmos Ordenado que ha dejado de pertenecernos. En este punto, el crítico de las poéticas contemporáneas puede sospechar que, al proceder de esta manera, al desplazar su atención a problemas de estructura, el arte contemporáneo renuncia a argumentar en torno al hombre y se pierde en argumentaciones abstractas a nivel de formas. El equívoco, fácilmente desenmascarable, ya se ha indicado anteriormente: lo que podría parecernos una argumentación en torno al hombre debería hoy presentarse de acuerdo con los módulos de orden formativo que se empleaban para hablar de un hombre de ayer. Rompiendo estos módulos de orden, el arte habla, a través de su manera de estructurarse, del hombre de hoy. Pero, al afirmar esto, se afirma un principio estético del cual no será posible desvincularse, siempre que se quiera proseguir por esta línea de indagación: el primer tipo de argumentación que hace el arte se produce a través de la *manera de formar*; la primera afirmación que hace el arte acerca del mundo y acerca del hombre, la que puede hacer de derecho y la única que tiene un auténtico significado, la hace adecuando de cierto modo sus formas y pronunciando a través de las mismas un conjunto de juicios en favor de cierto sujeto. Hacer una vistosa argumentación en torno al mundo hablando de un "tema" que presente referencias inmediatas a nuestra vida concreta, puede ser la manera más palmaria y, sin embargo, inadvertible de evadirse del problema que interesa; es decir, orientar una problemática actual, reducida al ámbito de un sistema comunicativo vinculado a otra situación histórica, fuera de los límites de nuestro tiempo, y, por ello, no decir de hecho nada sobre nosotros. Pongamos un ejemplo concreto: En un risible folleto, publicado hace unos cuantos años en Italia, un crítico inglés llamado Sidney Finkelstein se proponía explicar "de qué manera expresa las ideas la música", y, con una ingenuidad compartida por algunos de nosotros, argumentaba que Brahms había sido un músico "reaccionario" porque había remedado el siglo dieciocho, mientras que Chaikowski había sido un músico "progresista" porque había compuesto melodramas en los que bullían problemas populares. No vale la pena manipular categorías estéticas para discutir semejante posición: basta considerar lo poco que modificaron el ánimo de las masas burguesas que acudían al teatro los problemas populares esgrimidos por Chaikowski según las formas de un melodismo agradable y pacificador, y lo mucho, en cambio, que pudo contar la vuelta al siglo dieciocho operada por Brahms para impulsar la música en nuevas direcciones. Sin embargo, dejando a Brahms aparte, el músico es progresista en la medida en que promueve a nivel de las formas una nueva manera de ver el mundo; en cambio, en la medida en que, al igual que el infeliz Andrea Chénier, fabrica formas antiguas sobre pensamientos nuevos, ofrece los esquemas formales más aptos para que la industria del *Hi Fi* comercie pensamientos y formas antiquísimas, muy aptos para el consumo, con la complicidad de Julie London, e incluidas luces atenuadas y whisky al alcance de la mano. Si Schönberg consigue en cierto punto, frente a los hechos históricos, expresar toda la indignación de una época y una cultura frente a la barbarie nazi con su *Superviviente de Varsovia*, lo logra porque desde hacía mucho tiempo, sin saber si hablaría ni cómo hablaría de los problemas del hombre, había iniciado a nivel de las formas una revolución de las relaciones e instituido una nueva manera de ver musicalmente la realidad. Adoptando el sistema tonal comprometido con toda una civilización y una sensibilidad, Schönberg no nos habría dado el *Superviviente de Varsovia*, sino el *Concierto de Varsovia*, que es precisamente la argumentación en torno a un "tema" casi análogo, hecho en términos de tonalidad. Es evidente que Addinsel no era Schönberg y que ni siquiera disponiendo de todas las series dodecafónicas de este mundo hubiera conseguido darnos nada que tuviera la misma validez: sin embargo, no podemos reducir la consecución de una obra a un problema de genialidad individual; hay una manera de iniciar algo que condiciona todo el camino que se recorrerá después; el discurso tonal acerca de los bombardeos de Varsovia no podía sino emprender el camino de un acaramelado dramatismo, de un dramatismo de mala fe, como es también de mala fe la fórmula de cortesía y la pregunta: "Señorita, ¿quiere ser mi esposa?", que no puede pronunciarse más que irónicamente y que hoy no podrá expresar ya una auténtica pasión amorosa, dado que se encuentra irremediablemente comprometida con una etiqueta y una concepción de las relaciones afectivas estrechamente vinculadas a la sensibilidad burguesa romántica.

Con lo cual nos estamos aproximando al meollo del problema: no es posible juzgar ni describir una situación en los términos de un lenguaje que no esté expresado por esta situación, porque el lenguaje refleja un conjunto de relaciones y plantea un sistema de implicaciones posteriores. No puedo traducir un texto filosófico francés que se mueva, pongamos por caso, dentro del campo del positivismo, traduciendo la expresión "esprit" por "spirito", porque, en la situación cultural italiana, el término "spirito" se ha encarnado hasta tal punto con la sistemática idealista, que el sentido del texto resultaría con ello inevitablemente deformado.

La argumentación hecha para las palabras aisladas resulta igualmente válida para las estructuras narrativas: iniciar una narración describiendo el ambiente natural del suceso (el lago de Como), por tanto, la figura exterior y el carácter de los protagonistas, presupone que yo crea en determinado orden de los hechos: en la objetividad de un ambiente natural en el cual, como fondo, se mueven los personajes humanos, en la determinabilidad de los datos caracteriológicos y en su definición de acuerdo con una psicología y una ética, y, finalmente, en la existencia de unas relaciones causales concretas que me permitan deducir de la naturaleza del ambiente y del carácter, así como de una serie de hechos concomitantes fácilmente identificables, la secuencia de los hechos sucesivos, que deberá describirse como un decurso unívoco de hechos. He aquí, pues, que la aceptación de determinada estructura narrativa presupone la aceptación de determinada convicción del orden del mundo reflejado en el lenguaje que empleo, en las maneras como lo coordino, en las mismas relaciones temporales que en el mismo se expresan.[11]

En el momento en que el artista advierte que el sistema de comunicación es extraño a la situación histórica de la cual quiere hablar, debe decidir que no será a través de la ejemplificación de un tema histórico como podrá expresar la situación, sino sólo a través de la asunción, la invención de estructuras formales que se conviertan en el *modelo* de esta situación.

El verdadero *contenido* se convierte en su *modo de ver el mundo* y de juzgarlo, resuelto en *modo de formar*, y a este nivel habrá que conducir el discurso en torno a las relaciones entre el arte y el mundo propio.

El arte conoce el mundo a través de las propias estructuras formativas (que no son, pues, su momento formalista, sino su verdadero momento de contenido): la literatura organiza palabras que significan aspectos del mundo, pero la obra literaria significa el mundo a través de la manera como se disponen estas palabras, aun cuando ellas, tomadas una por una, signifiquen cosas desprovistas de sentido o bien hechos y relaciones entre hechos que no parecen tener nada que ver con el mundo.[12]

5.   Una vez aceptadas estas premisas, se puede iniciar entonces una argumentación en torno a la situación de una literatura que quiera responder a la existencia de una sociedad industrial, que se proponga expresar esta realidad, sus posibilidades y sus bloqueos. El poeta que, al entrever la condición de alienación sufrida por el hombre en una sociedad tecnológica, intenta un discurso de descripción y denuncia acerca de esta situación adoptando las maneras de un lenguaje "común" ("comunicativo", comprensible

para todos) a través del cual expone su "tema" (pongamos por caso, el mundo obrero), peca por generosidad, pero comete de buena fe un pecado de mixtificación. Tratemos de analizar la situación de comunicación de un poeta puramente imaginario en quien es evidente que se realzarán y elevarán al paroxismo defectos y aporías.

Habrá quien piense, pues, haber identificado una situación concreta en la cual se mueven sus semejantes y probablemente lo haya conseguido en parte; y pensará al mismo tiempo poderla describir y juzgar mediante un lenguaje que se sustraiga a esta situación. En este punto habrá ya incurrido en un doble equívoco: en la medida en que este lenguaje le permite captar la situación, *refleja* la situación y, por consiguiente, está afectado de su misma crisis; en la medida en que este lenguaje es extraño a la situación, no consigue captarla.

Veamos, pues, cómo se comporta el especialista de la descripción de situaciones, es decir, el sociólogo o, mejor aún, el antropólogo. Si trata de describir y definir las relaciones éticas que se entrecruzan en una comunidad primitiva y lo hace usando categorías éticas de la sociedad occidental, de inmediato deja de comprender y hacer comprensible la situación. Si tacha de "bárbaro" determinado rito (como haría el viajero de pasados siglos), deja de estar en condiciones de ayudarnos a comprender de acuerdo con qué modelo de cultura encuentra su razón de ser aquel rito. Pero, si adopta sin reservas la noción de "modelo de cultura" (si decide ver la sociedad que describe como un absoluto que no es posible referir a otras situaciones sociales), debería describir entonces el rito en los mismos términos en que lo describen los nativos, y, en este caso, no lograría explicárnoslo. Debe dar por descontado, pues, que nuestras categorías son inadecuadas y, sin embargo, traducir las categorías de los indígenas, a través de una serie de mediaciones, a categorías análogas a las nuestras, aclarando continuamente que se trata de paráfrasis y no de traducción literal.

Por tanto, su acción descriptiva se acompaña continuamente, en el fondo, de una especie de metalenguaje con cuyo uso corre continuamente el riesgo de caer en dos errores opuestos: por un lado, juzgar la situación en términos occidentales; por el otro, alienarse completamente en la mentalidad indígena y eliminar toda validez en la labor de explicación. Tenemos pues, por una parte, la posición aristocrática del viajero de antiguo cuño que pasa entre poblados de "salvajes" sin comprenderlos y, como consecuencia de ello, tratando de "civilizarlos" de la peor manera, esto es, "colonizarlos"; por otra parte, tenemos la duda relativista de cierta antropología —que actualmente está revisando su metodología— por la cual, una vez explicado todo modelo de cultura como una entidad que se explica y se justifica a sí misma, presenta una colección de medallones descriptivos en base a los cuales el hombre comprometido en la realización de relaciones concretas no podrá resolver nunca el problema de los "contactos de culturas". El equilibrio se encuentra, por supuesto, del lado del antropólogo sensible que, al elaborar su lenguaje descriptivo, advierte de continuo la dialecticidad de la situación y, en el mismo momento en que aporta los instrumentos para entender y aceptar la situación que describe, intenta permitir un discurso *nuestro* sobre la misma.

Volvamos a ahora a nuestro "modelo" de poeta. En el momento en que decide no actuar como antropólogo y sociólogo, sino como poeta, renuncia a elaborar determinado lenguaje técnico ad hoc, pero intenta hacer "poética" la argumentación en torno a la situación industrial entroncando con una tradición de argumentación poética. Esta tradición, por ejemplo, es la del intimismo crepuscular y de la confesión subjetiva, de la relación del "recuerdo": su argumentación, en el mejor de los casos, no expresará sino la reacción de su sensibilidad subjetiva frente al escándalo de una situación dramática que se le escapa. Sin embargo, la situación se le escapa dentro de los límites en que su lenguaje está ligado a una tradición de la confesión interior que le impide captar un conjunto de relaciones concretas y objetivas; pero en realidad su lenguaje también proviene de esta situación, es el lenguaje de una situación que ha tratado de eludir sus problemas fomentando el refugio en la confesión interior y en la búsqueda del recuerdo, trasponiendo al plano de la modificación interior el proyecto de una modificación a partir de lo exterior.

Pongamos entonces que un novelista intente reproducir la situación de describir recurriendo a un lenguaje aparentemente ligado a esta situación: terminología técnica, expresiones de uso político, jerga popular presentada en el ámbito de la situación a describir. Si fuese un antropólogo, comenzaría por enumerar estos usos de la comunicación para después identificar en ellos cómo se ponen en relación y se someten a reglas de uso. Sin embargo, si quiere dar una versión narrativa de la situación, expresada a través de su lenguaje típico, se verá obligado a conectar estos elementos del lenguaje de acuerdo con un orden, una sucesión narrativa, que es la de la narrativa tradicional. Una vez captado, pues, cierto tipo de lenguaje que le parece típico de una situación en que se distorsionan las relaciones humanas, se ponen en crisis, se traicionan, lo coordina, en virtud de las convenciones narrativas, de acuerdo con la línea de un orden que enmascara inmediatamente estos fragmentos de disociación con una pátina de asociabilidad y, para dar una imagen de una situación de desorden y extravío, nos comunica una situación de orden. Este orden es, obviamente, ficticio; es el orden de las estructuras narrativas que expresaban un universo ordenado; este orden constituye una forma de juicio pronunciado en los términos de un lenguaje extraño a la situación. Aparentemente, el narrador se ha comprometido a entender una situación en la que reina una forma de alienación, si bien él no se ha alienado en ella; se ha salido de ella mediante el uso de estructuras narrativas que le dan la impresión de evadirse del tema que le ocupa.[13] La estructura de la narrativa tradicional es —en el límite extremo— la estructura "tonal" de la novela policíaca: hay un orden establecido, una serie de relaciones éticas paradigmáticas, una potencia, la Ley, que las administra según la razón; interviene un hecho que perturba este orden, el delito; salta el resorte de la investigación emprendida por un cerebro, el detective, no comprometido con el desorden del que surgió el delito, sino inspirado en el orden paradigmático; el detective discierne, entre los comportamientos de los sospechosos, los inspirados en el paradigma de los que se alejan de él; separa los alejamientos aparentes de los reales, es decir, liquida las pistas falsas, que únicamente sirven para mantener despierta la atención del lector; identifica las causas reales que, según las leyes del orden (las leyes de una psicología y las leyes del *cui prodest*), provocaron el acto delictivo; identifica a aquel que, caracteriológica y situacionalmente, estaba sometido a la acción de tales causas, y descubre al culpable, que es castigado. Vuelve a reinar el orden.

Pongamos ahora que el narrador de la novela policíaca (y un narrador que tenga confianza en las estructuras tradicionales que encuentran su expresión más simple en la novela policíaca, pero que son las mismas estructuras que actúan, pongamos por ejemplo, en Balzac) quiera describir la situación de un individuo que se mueve en el ambiente de la Bolsa. Los gestos de dicho individuo no se encuentran inspirados en absoluto en un solo orden de parámetros; a veces se inspira en los parámetros éticos de la sociedad en que vive, a veces en los parámetros de una economía de libre concurrencia, que son diferentes; a veces, finalmente —más a menudo—, no actúa de acuerdo con unos parámetros, sino que se mueve impulsado por movimientos ilógicos del mercado que pueden depender de una situación industrial efectiva o bien de oscilaciones al puro nivel financiero, cuya dinámica no depende ya de unas decisiones individuales, sino que las supera y las determina, alienando —alienando verdaderamente— al que se encuentra presa ya en la espiral, ahora autónoma, de un conjunto de factores que se influyen entre sí. El lenguaje de este individuo, su manera de valorar las cosas, no puede ya conducirse de nuevo a un orden, ni siquiera a una psicología; de acuerdo con determinada psicología, en determinadas relaciones actuará de determinada manera (si tiene un complejo de Edipo, se comportará de una manera específica en su trato con muchachas), pero en otras fases se moverá impulsado por la configuración objetiva de la situación financiera, hasta el punto de hacerle tomar decisiones, en las que él se encuentra *influido*, que no tienen ninguna relación de efecto a causa con sus turbaciones inconscientes. El narrador deberá describir aquí un aspecto típico de la disociación de nuestro tiempo, una disociación que impregna los sentimientos, el lenguaje en que se expresan, las acciones. Sabe que una decisión de este personaje suyo podrá no surtir cierto efecto según las reglas tradicionales de la causalidad, porque la situación en que se inserta podrá conferir un valor completamente diferente a su gesto. Por tanto, se inserta este material en el orden de una narrativa que concierne, en cambio, a las relaciones causales tradicionales, el personaje se le escapará. Si trata de describirlo en relación con toda la situación vista en sus implicaciones sociológicas y económicas, se habrá situado de parte del antropólogo: deberá acumular descripciones, fragmentos de narración, pero reservarse la interpretación final para una fase mucho más avanzada de la investigación, y, por consiguiente, deberá proveer de contribuciones descriptivas al "modelo" a configurar, pero no podrá configurar un modelo completo como, en cambio, ambiciona el narrador, el cual intenta encerrar en el curso de una organización formal disfrutable cierta convicción con respecto a la realidad.

Al narrador le quedará entonces una única solución: narrar su personaje como se manifiesta en la situación, narrarlo de las maneras propuestas por la situación, describir la complejidad y la imprecisión de sus relaciones, la inexistencia de sus parámetros de comportamiento a través de haber puesto en crisis unos parámetros narrativos.

¿Qué hace Joyce cuando quiere hablarnos del periodismo contemporáneo? No puede juzgar la situación "comunicación periodística moderna" desde el observatorio de un lenguaje incontaminado que no acuse esta situación. Por consiguiente, organiza todo un capítulo del *Ulises*, el denominado *Eolo*, eligiendo como "tema" de la narración no una situación "típica" del periodismo moderno, sino una manifestación puramente accesoria del mismo, las argumentaciones casi casuales y perfectamente insignificantes de un grupo de periodistas en una redacción. Sin embargo, estas argumentaciones se encuentran unificadas en varios pequeños fragmentos titulado cada uno de ellos de acuerdo con el uso periodístico y dentro de una progresión estilística que hace que tengamos al principio los títulos tradicionales de tipo victoriano hasta llegar paulatinamente al título sensacionalista, sintácticamente impropio, lingüísticamente reducido a puro *slang*, del periódico sensacionalista de la tarde, y hace que en las varias argumentaciones de los presentes cobren realidad casi todas las figuras retóricas al uso. Mediante este artificio, Joyce pronuncia cierto discurso en torno a los *mass media* y un juicio implícito de vacuidad. Sin embargo, no puede pronunciar el juicio situándose fuera de la situación; por consiguiente, dispone la situación de manera que quede reducida a su estructura formal, de modo que se manifieste a sí misma. Se aliena en la situación adoptando sus maneras, pero haciéndolas evidentes, haciéndolas conscientes como modos formativos, sale de la situación y la domina. Sale de la alienación *extrañando* en la estructura narrativa la situación en la cual se ha alienado. Si queremos encontrar un ejemplo muy reciente que pueda contraponerse a este ejemplo clásico, debemos dirigirnos no a la novela, sino al cine, y pensar en *El eclipse* de Antonioni. En apariencia, Antonioni no hace ninguna argumentación en torno a nuestro mundo y a sus problemas, sobre aquella realidad social que podría interesar a un director deseoso de juzgar, a través del arte, la realidad de la industria. Narra la historia de dos seres que se dejan uno al otro sin motivo, por esterilidad sentimental, la historia de ella, que encuentra otro hombre, y del mutuo amor sin pasión, igualmente dominado por la esterilidad más total o, en cualquier caso, por una imprecisión afectiva, por una ausencia de razones y estímulos; sobre la relación, sobre ambas relaciones, dominan las cosas, contempladas hasta la exasperación, duras, presentes, objetivas, inhumanas. En el centro del suceso, la caótica actividad de la Bolsa, en la que se juegan los destinos individuales aunque sin saber por qué motivo la suerte señala a alguien con el dedo ni por qué suceden todas estas cosas ("¿Adónde van a parar los millones que hoy se han perdido?", pregunta la muchacha al joven agente de Bolsa; a lo que éste responde que no lo sabe: él actúa en la situación con una actitud dominadora, pero el hecho es que está *manipulado*, es un modelo de alienación si los hay). No existe ningún parámetro psicológico válido para explicar la situación; es así precisamente porque no es posible hacer funcionar unos parámetros unitarios, cada personaje se encuentra triturado entre una serie de fuerzas exteriores que *lo manipulan*. El artista no puede expresar todo esto bajo la forma de un juicio, porque el juicio exigiría, además de un parámetro ético, una sintaxis, una gramática en la cual poder expresarse según unos módulos racionales; y esta gramática sería la del filme tradicional regido por relaciones causales que reflejan la persuasión de relaciones racionalizables entre los hechos. Entonces el director comprueba esta situación de indeterminación moral y psicológica a través de una indeterminación del montaje; una escena se sucede a la otra sin una razón, el ojo cae sobre un objeto sin que haya una causa que determine el hecho ni un fin que justifique la mirada. Antonioni acepta en las formas aquella misma situación de alienación de la cual quiere hablar aunque, al hacerla manifiesta a través de la estructura de su discurso, la domina y hace consciente de ella al espectador. Este filme, que habla de un amor improbable e inútil entre personajes inútiles e improbables, es capaz de decirnos más cosas sobre el hombre y sobre el

mundo en que vive, que un gran fresco de estructura melo-
dramática en que unos obreros vestidos con unos monos se
enfrentasen en un juego de sentimientos que se fuera de-
vanando según las reglas del drama ochocentista y, disol-
viéndose, invitase a creer que, por encima de estas contradicciones, existe un orden que las juzga.[14] Ahora bien, el
único orden que puede imponer el hombre a la situación
en que se encuentra es, precisamente, el orden de una organización estructural que, dentro de su desorden, permita
una toma de conciencia de la situación. Es evidente que, en
este punto, el artista no indica soluciones. Pero aquí tiene
razón Zolla: el pensamiento debe *entender*, no *proponer
remedios*; a lo menos, no en esta fase.

Y he aquí que entonces adquiere significado definitivo
la función de una "vanguardia" y sus posibilidades frente a
una situación que hay que describir. Es el arte que, para
captar el mundo, hace presa en él, asumiendo desde el interior las condiciones de crisis, empleando para describirlo
el mismo lenguaje alienado con el cual se expresa este
mundo, aunque llevándolo a una condición de claridad,
haciéndolo *ostensible* como forma del discurso, con lo cual
se despoja de su condición alienante y nos hace capaces de
desmixtificarlo. Y a partir de aquí puede iniciarse una operación posterior.

6.   Otra función pedagógica de estas poéticas podrá
ser la siguiente: la operación práctica que arrancará del
acto de conciencia promovido por el arte, estimulada por
el arte hacia un nuevo modo de captar las cosas y coordi-
narlas en relaciones, habrá adquirido, casi bajo la forma
de reflejo condicionado, la idea de que ordenar una situación no significa superponerle un orden unívoco que, a fin
de cuentas, se encuentra estrechamente ligado a una concepción determinada históricamente, sino elaborar unos
modelos operativos de diversos resultados complementarios, tales como la ciencia ha conseguido ya proponer; modelos que son los únicos que parecen permitir una capta-

ción de la realidad tal como nuestra cultura nos va configurando. En este sentido, hay ciertas operaciones del arte que parecen muy alejadas de nuestro mundo concreto y que, en definitiva, laboran para proveernos de unas categorías imaginativas que permitan movernos en este mundo.

Entonces, esta operación que tiene como primer momento la aceptación de la situación existente, la inmersión en ella para adueñarse de la misma, ¿no tendrá como resultado final la reproducción objetiva de esta situación, la adhesión pasiva al "flujo ininterrumpido de lo que existe"? Hemos llegado al problema que planteaba hace mucho tiempo Calvino al denunciar la presencia, abrumadora e inquietante, de un *mar de la objetividad*; e indudablemente, en cierto aspecto, su denuncia daba en el blanco e indicaba el término negativo de una situación. Existe toda una literatura que podría acabar en la captación del no-gesto, en la fotografía de la relación disociada, en una especie de visión beatífica (en términos del Zen) de lo que sucede, sin preocuparse de si lo que ocurre sigue estando a la medida del hombre, sin ni siquiera preguntarse cuál es la medida humana.

Sin embargo, hemos visto que, frente al fluir de lo que existe, no es posible levantarse esgrimiendo una medida humana ideal. Lo que existe no es un dato metafísico que se presenta ante nosotros obtuso e irrazonable: es el mundo de la naturaleza modificada, de las obras construidas, de las relaciones que habíamos establecido y que ahora encontramos nuevamente fuera de nosotros, las cuales han emprendido ahora un camino propio y han elaborado unas leyes de desarrollo propias, como un cerebro electrónico de novela de ciencia-ficción que prosiguiese por su cuenta una serie de ecuaciones cuyos términos y cuyas consecuencias se nos escapasen. Ahora bien, este mundo que hemos creado contiene dentro de sí, además del riesgo de reducirnos a un instrumento de sí mismo, los elementos de acuerdo con los cuales sea posible establecer los parámetros de una nueva medida humana. El fluir de lo que ya existe persistiría inamovible y hostil frente a nosotros si viviésemos en su interior *pero no hablásemos de él*. En el momento en que rompemos a hablar de él, aun cuando sea registrando las conexiones distorsionadas, lo juzgamos, lo extrañamos de nosotros, para conseguir quizás volver a poseerlo. Por consiguiente, hablar en términos aparentemente objetivos del *mar de la objetividad* significa reducir la "objetividad" a un universo humano. Parece que aquí Calvino acepta como buena, en cambio, una idea propuesta por el propio Robbe-Grillet cuando filosofa sobre sí mismo. En sus escritos de poética, envolviéndose en un clima ambiguamente fenomenológico (diría: falsamente fenomenológico), demuestra querer alcanzar, a través de su técnica narrativa, una visión liberada de las cosas, una aceptación de lo que son ellas fuera de nosotros y sin nosotros:

> El mundo no es significativo ni absurdo. Simplemente, *es*... A nuestro alrededor, desafiando la transformación de nuestros adjetivos animistas o sistematizadores, las cosas *se encuentran aquí*. Su superficie es tersa y lisa, *intacta*, sin ambiguos esplendores ni transparencias. Toda nuestra literatura no ha conseguido aún mellar una de sus mínimas aristas, ni suavizar la más exigua curva... Conviene que estos objetos y gestos se impongan en primer lugar por su *presencia* y que esta presencia siga dominando por encima de cualquier teoría explicativa que trate de encerrarlos en algún sistema de referencia, sentimental, sociológico, freudiano, metafísico u otro cualquiera.[15]

Éstas y otras páginas de la poética de Robbe-Grillet justifican gritos de alarma como el de Calvino. Sin embargo, una poética nos sirve para entender qué quería hacer un artista, no necesariamente qué ha hecho; es decir, que, además de la *poética explícita* con la cual el artista nos dice de qué manera querría construir la obra, existe una *poética implícita* que se transparenta en la manera como está construida efectivamente la obra; y es posible que esta *manera* sea definida en términos que no coincidan exactamente con los empleados por el autor. Una obra de arte, vista como ejemplificación conseguida de una manera de formar, puede remitirnos a ciertas tendencias formativas presentes en toda una cultura y un período, tendencias que reflejan análogas direcciones operativas presentes en la ciencia, en la filosofía, en las mismas costumbres. Ésta es la idea de un *Kunstwollen*, que nos parece singularmente apta para orientar una argumentación en torno al significado cultural de las tendencias formativas actuales. Ahora bien, a la luz de estas decisiones metodológicas, he aquí que el comportamiento operativo de Robbe-Grillet, por lo menos en algunos de sus momentos, nos parece revelar una tendencia completamente distinta: el narrador no define las cosas como una entidad metafísica extraña, desprovista de relación con nosotros, sino que define un tipo particular de relación entre el hombre y las cosas, una manera nuestra de "intencionar" las cosas y, en lugar de dejar las cosas de lado, las asume en el ámbito de una operación formativa que es un juicio sobre ellas, una reducción de las mismas a un mundo humano, una discusión sobre ellas y sobre el hombre que las ve y no consigue establecer con ellas la relación de otro tiempo, pero que entrevé tal vez el camino para una nueva relación. La situación de *Dans le labyrinthe*, donde parece como disolverse el mismo principio de identificación del personaje —y el mismo principio de identificación de las cosas—, en realidad, nos sitúa simplemente frente a una imagen de las relaciones temporales que encuentra su definición en las hipótesis operativas de cierta metodología científica; nos introduce, por consiguiente, a una nueva visión del tiempo y de la reversibilidad. Como nos habrá sido dado observar, se puede encontrar ya configurada la estructura temporal del *Laberinto* en Reichenbach.[16] Ahora bien, lo que sucede es que —aun cuando, en el orden de las relaciones macroscópicas, la visión del tiempo utilizable sigue siendo la de la física clásica, reflejada por las estructuras narrativas tradicionales, basada en la aceptación de las relaciones unívocas e irreversibles de caúsa a efecto— el artista, en cierto punto, llevando a cabo una operación que no tiene validez ninguna en el plano científico pero que es típica de las maneras como reacciona a ciertas solicitaciones específicas una cultura en conjunto, entreví la posibilidad de que cierta noción operativa e hipotética de las relaciones temporales no subsista sólo como el instrumento de que nos servimos para describir ciertos acontecimientos de los que nos mantenemos extraños, sino que pueda convertirse en un juego que nos apresa y nos encierra; dicho en otros términos, que el instrumento en cierto punto intervenga en nosotros y determine toda nuestra existencia.

Se trata sólo de una clave de lectura, pero la parábola del laberinto podría también pasar a ser la metáfora de la situación "Bolsa" vista por Antonioni, el lugar en que cada uno se transforma continuaménte en otro distinto de uno mismo y donde no es posible ya seguir el decurso del dinero que allí entra, no es posible ya interpretar los hechos según una cadena unidireccional de causas y efectos.

Fijémonos bien: nadie dice que Robbe-Grillet pensase todas estas cosas. Él expone una situación estructural, admite que podamos leerla en varias claves, si bien advierte que, más allá de las lecturas personales, la situación subsistiría en toda su ambigüedad de origen:

> En cuanto a los personajes de la novela, también serán ricos en múltiples interpretaciones y, según las interpretaciones de cada uno, podrán dar lugar a todos los comentarios, ya sean psicológicos, psiquiátricos, religiosos o políticos. Muy pronto se advertirá en ellos su indiferencia frente a estas pretendidas riquezas... El héroe futuro... quedará allí. Pero los comentarios quedarán en otro lugar; frente a su presencia irrefutable, parecerán inútiles, superfluos, incluso deshonestos.

Robbe-Grillet tiene razón al pensar que la estructura narrativa ha de quedar *por debajo* de las varias interpretaciones que se darán de ella, se equivoca al pensar que escape a ello porque le es *extraña*. No es extraña, es la *función proposicional* de una serie de situaciones nuestras que nosotros llenamos de diferentes maneras según el ángulo visual desde el cual la contemplamos, pero que se presta a que la llenemos porque constituye el campo de posibilidades de una serie de relaciones que pueden realmente establecerse, de la misma manera que la constelación de sonidos que constituye una serie musical es el campo de posibilidades de una serie de relaciones que podemos establecer entre estos sonidos. Y la estructura narrativa se convierte en campo de posibilidades precisamente porque, en el momento en que se entra en una situación contradictoria para comprenderla, las tendencias de esta situación, hoy, no pueden sino asumir una sola línea de desenvolvimiento determinable a priori, pero se ofrecen todas como posibles, algunas positivas y otras negativas, algunas como líneas de libertad y otras de alienación en la crisis misma.

La obra se propone como una estructura *abierta* que reproduce la ambigüedad de nuestro mismo ser-en-el-mundo; por lo menos, tal como nos lo describen la ciencia, la filosofía, la psicología, la sociología; como es ambigua, desgarrada en contradicciones, nuestra relación con el automóvil, tensión dialéctica de posesión y alienación, nudo de posibilidades complementarias.

Es obvio que la argumentación supera el caso Robbe-Grillet, que sirve como punto de arranque y no como ejemplificación exhaustiva del problema. Pero el caso Robbe-Grillet (que es un caso límite, hasta el punto de que nos hemos autorizado a tenerlo por equívoco) nos ayuda a entender por qué los narradores del *nouveau roman* se encontraban alineados junto a Sartre en el momento de firmar manifiestos de compromiso político, hecho que sumía a Sartre en la perplejidad y lo llevaba a afirmar que no comprendía por qué unos literatos que se desinteresaban —al narrar— de los problemas de la historia podían después ponerse a su lado a la hora de comprometerse personalmente con la historia. La respuesta es que (quienes más, quienes menos, algunos de buena fe y otros de mala fe, quizás, pero por lo menos todos en un plano teórico) estos narradores se daban cuenta de que su juego en torno a las estructuras narrativas constituía la única forma de que disponían para hablar del mundo, y que los problemas que en el plano de la psicología individual y de la biografía pueden ser problemas de conciencia, en el plano de la literatura podían convertirse sólo en problemas de estructuras narrativas entendidas como reflejo de una situación o campo de reflejos de varias situaciones a diversos niveles.

Sustrayéndose, en el arte, al discurso sobre el proyecto y refugiándose en la mirada de los objetos, *hacían de la mirada un proyecto*. Puede parecer una decisión poco "humana", pero tal vez ésta sea la forma que debe disponerse a asumir nuestro *humanismo*.

Aquel humanismo del que hablaba Merleau-Ponty:

> S'il y a un humanisme aujourd'hui, il se défait de l'illusion que Valéry a bien désigné en parlant de "ce petit homme qui est dans l'homme et que nous supposons toujours"... Le "petit homme qui est dans l'homme", ce n'est que le phantôme de nos opérations expressives réussies, et l'homme qui est admirable, ce n'est pas ce phantôme, c'est lui qui, installé dans son corps fragile, dans un langage qui a déjà tant parlé, dans une histoire titubante, se ressemble et se met à voir, à comprendre, à signifier. L'humanisme d'aujourd'hui n'a plus rien de décoratif ni de bienséant. Il n'aime plus l'homme contre son corps, l'esprit contre son langage, les valeurs contre les faits. Il ne parle plus de l'homme et de l'esprit que sobrement, avec pudeur; l'esprit et l'homme ne *sont* jamais, ils transparaissent dans le mouvement par lequel le corps se fait geste, le langage oeuvre, la coexistence vérité.[17]

7. *Instalados en un lenguaje que ya ha hablado tanto*: he aquí el punto. El artista se da cuenta de que el lenguaje, a fuerza de hablar, se aliena la situación de la que surgió

para expresarla; se da cuenta de que, si acepta este lenguaje, también se aliena él en la situación; intenta entonces romper y dislocar desde el interior este lenguaje a fin de poder sustraerse a la situación y ser capaz de juzgarla; pero las líneas a lo largo de las cuales se rompe y se disloca el lenguaje en el fondo vienen sugeridas por una dialéctica de desarrollo interna a la evolución misma del lenguaje, de modo que el lenguaje descompuesto nos refleja inmediatamente la situación histórica, nacida también de la crisis de la anterior. Disocio el lenguaje porque me niego a expresar con él una falsa integridad que ya no es la nuestra, pero en aquel mismo momento corro el riesgo de expresar y aceptar aquella disociación efectual nacida de la crisis de la integridad, para dominar la cual había tratado de hablar. Sin embargo, no existe solución fuera de esta dialéctica; se ha dicho ya: no hay más que exteriorizar la alienación extrañándola, objetivándola en una forma que la reproduzca.

Es la posición bosquejada por Sanguineti en su ensayo *Poesia informale*: sí, hay cierta poesía que puede parecer poesía por agotamiento nervioso, pero este agotamiento nervioso es sobre todo un agotamiento histórico; se trata de asumir todo un lenguaje comprometido para poder colocarlo delante de nosotros y hacernos conscientes de él; se trata de exasperar las contradicciones de la vanguardia contemporánea porque únicamente desde dentro de un decurso cultural pueden identificarse las vías de liberación; se trata precisamente de sufrir a dosis masiva la crisis que se quiere resolver; pasar a través de toda la Palus Putredinis; y esto porque "no es posible ser inocentes" y "la forma en ningún caso se establece más que a partir, para nosotros, de lo informe, y dentro de este horizonte informe que, nos guste o no, es el nuestro".[12]

Pero es evidente que esta posición puede muy bien contener en sí todos los riesgos posibles; y la última citación recuerda la postura de ciertos agnósticos, como por ejemplo Carpócrates, que afirmaban que, para liberarnos de la tiranía de los ángeles, señores del Cosmos, es preciso pasar totalmente a través de la experiencia del mal, conocer toda bajeza, precisamente para salir de ella finalmente purificados. La consecuencia histórica de estas convicciones fueron los ritos secretos de los templarios, las perversiones llevadas a nivel litúrgico de toda una iglesia subterránea que cuenta entre sus santos a Gilles de Rais.

De hecho, basta con que, contra el artista que inventa esta forma de aproximación a lo real a través de la asunción de un lenguaje en crisis, aparezca un solo manierista que acepte el método sin ser capaz de *ver a través de él*, con lo que la operación de la vanguardia se convierte en manera, en ejercicio complacido, una de tantas maneras de alienarse en la situación existente, desviando el ansia de rebeldía o la precisión de la crítica en el ejercicio formal de una revolución interpretada a nivel de estructuras.

Hasta tal punto es esto cierto, que este arte puede convertirse de inmediato en objeto de lucrativo comercio en el ámbito de aquella misma sociedad a la cual se proponía poner en crisis, y hay determinado público que asiste a las galerías con el mismo estado de ánimo que las damas de la buena sociedad acuden a los hostales del Trastevere, donde encontrarán a un patrón violento y atrevido que las tratará toda la noche como si fueran mujerzuelas, les servirá los platos que a él se le antoje y al final les presentará una cuenta propia de un *night club*.

Pero en este punto, si puede decirse que únicamente es posible argumentar sobre la situación sumiéndose en ella y asumiendo sus instrumentos expresivos —estableciendo así la legitimidad de una dialéctica—, no es posible definir dentro de qué límites se lleva a cabo la operación ni cuál sea el término de parangón para establecer cuándo ha convertido verdaderamente el artista su excursión en exploración reveladora o cuándo no la ha resuelto, en cambio, en estancia agradable y pasiva. Establecer este punto es función que corresponde a una argumentación crítica realizada una y otra vez sobre la obra aislada, no a una indagación a nivel de las categorías filosóficas, que pretende establecer únicamente las condiciones de posibilidad de cierta actitud de las poéticas contemporáneas. Es posible a lo sumo, en el plano estético, aventurar una hipótesis: que cada vez que esta operación emprende una obra orgánica, capaz de expresarse a sí misma en todas sus conexiones estructurales, esta condición de claridad no puede ser más que una condición de autoconocimiento, tanto para quien la realiza como para quien se beneficia de ella. El modo como se forma no puede dejar de remitir al mundo cultural que aparece ejemplificado en ella en la medida más completa y orgánica posible. Allí donde se da realidad a una forma, se tiene una operación consciente sobre un material amorfo reducido al dominio humano. Para poder dominar esta materia, ha sido necesario que el artista la "entendiese"; si la ha entendido, no puede haberse convertido en prisionero de ella, cualquiera que sea el juicio que haya expresado sobre la misma. Aun cuando la haya aceptado sin reservas, lo ha hecho después de haberla visto en toda la riqueza de sus implicaciones, de modo que habrá identificado en la misma, aunque sea sin abominar de ellas, las directrices que a nuestros ojos pueden presentarse como negativas. Es la situación que Marx y Engels reconocían plasmada en Balzac, legitimista y reaccionario, quien había sabido manipular y organizar con tal profundidad de visión la rica materia del mundo acerca del cual escribía, que su obra (la obra de un hombre desinteresado de ciertos problemas y fundamentalmente conforme con el mundo en que vivía, no la obra de los varios Sue que habían tratado de comprometerse en un juicio político acerca de los hechos, movidos por objetivos progresistas) constituía para ellos el documento más válido para comprender y juzgar la sociedad burguesa; es más, el documento en que esta sociedad, ya explicada, era juzgada por este mismo motivo. Dicho en otros términos, Balzac había aceptado la situación en que vivía, pero había tenido la lucidez de poner de manifiesto las conexiones sin quedar prisionero de ellas, por lo menos en su obra.

Balzac había efectuado su análisis a través de la disposición de un *tema* (es decir, narrando una anécdota, poblada de hechos y personajes, en la que se aclaraba el contenido de su indagación); parece que la literatura contemporánea puede analizar el mundo pero no de este modo, sino a través de la disposición de cierta *articulación* estructural del tema —eligiendo la articulación del tema y resolviendo en ella el verdadero *contenido* de la obra—.

Por este camino, la literatura —al igual que la nueva música, la pintura, el cine— puede expresar la desazón de cierta situación humana; aunque no siempre hemos de poder pedirle lo mismo, no siempre tendrá que ser literatura sobre la sociedad. A veces podrá ser una literatura que, a través de sus estructuras, dé realidad a una imagen del cosmos como nos viene sugerida por la ciencia, la última barrera de un ansia metafísica que, al no conseguir conferir ya una forma unitaria al mundo dentro del ámbito de los conceptos, intenta elaborar un *Ersatz* del mismo en la forma estética (*Finnegans Wake* es quizás un ejemplo de esta segunda vocación de la literatura).

Sin embargo, también en este caso sería muy peligroso creer, como hacen algunos, que dirigir los ojos a las relaciones cósmicas significa ignorar las relaciones a escala humana y eludir un problema. Una literatura que, en sus formas abiertas e indeterminadas, exprese los vertiginosos e hipotéticos universos aventurados por la imaginación científica, sigue debatiéndose en el terreno de lo humano, puesto que sigue definiendo un universo que ha asumido su nueva configuración precisamente en virtud de una operación humana, entendiendo por operación la aplicación de un modelo descriptivo según el cual poder operar sobre la realidad. Una vez más, la literatura expresaría nuestra relación con el objeto de nuestro conocimiento, nuestra inquietud frente a la forma que hemos dado al mundo o a la forma que no podemos darle; y trabajaría para proveer nuestra imaginación de esquemas sin cuya mediación acaso se nos escaparía toda una zona de la actividad técnica y científica para convertirse auténticamente en algo ajeno a nosotros, algo que, a lo sumo, dejaríamos que nos condujese.[19]

De todos modos, la operación del arte que intenta conferir una forma a lo que puede parecer desorden, informe, disociación, ausencia de toda relación, sigue siendo el ejercicio de una razón que intenta reducir las cosas a claridad discursiva; y cuando su discurso nos parece oscuro es porque las cosas mismas, y la relación que mantenemos con ellas, siguen siendo muy oscuras. Por tanto, sería muy arriesgado pretender definirlas desde el podio incontaminado de la oratoria; sería como una manera de eludir la realidad para dejarla que siguiese como está. ¿Acaso no sería ésta entonces la última, la más cumplida figura de la alienación?

NOTAS

1. *Manuscritos económico-filosóficos de 1844. Crítica de la dialéctica hegeliana.* Proceden de este mismo texto las restantes citas de Marx.

2. Corresponde a este tipo la investigación de André Gorz, *Per una teoria dell'alienazione*, en *La morale della storia*, Il Saggiatore, Milán, 1960.

3. Vid. J. Hyppolite, *Études sur Marx et Hegel*, Rivière, París, 1955. Al igual que el ensayo de Gorz, éste es un típico ejemplo de la ampliación del campo del concepto de "alienación" (realizado gracias a una relectura hegeliana), según el cual la posibilidad de alienación subsiste como riesgo perenne en cualquier tipo de sociedad, incluso una vez modificadas ciertas condiciones objetivas que Marx había identificado como causa de la alienación.

4. Nos parece que Marx entrevé la posibilidad de esta permanencia de una dialéctica una vez eliminada la alienación "económica": para que se pudiese llegar al socialismo como autoconciencia positiva del hombre y a una vida real como realidad positiva, el comunismo ha tenido que mediar este momento a través de la supresión de la religión y de la propiedad privada; sin embargo, precisamente como negación de la negación, se ha traducido en afirmación, en virtud de lo cual se ha convertido en "el momento *real*, y necesario para el próximo desenvolvimiento histórico, de la emancipación y la reconquista del hombre. El *comunismo* es la estructura necesaria y el principio propulsor del próximo futuro; pero el comunismo como tal no es la meta del desenvolvimiento histórico, la estructura

de la sociedad humana" (*Manuscritos económico-filosóficos. Propiedad privada y comunismo*). Nos parece poder leer estas páginas precisamente en la clave propuesta anteriormente: es posible la acción revolucionaria que, modificando las estructuras sociales, elimine la alienación económica; y en este punto se han sentado las bases para una labor de liberación que deberá desarrollarse igualmente contra las demás formas continuas de alienación del objeto.

5. Por consiguiente, volver a plantear el problema con buena voluntad para tratar de ver claro en él: en el fondo, son los términos en los que trataba de plantearlo ya Gianni Scalia en el número 4 de "Menabò", en su *Dalla natura all'industria*, cuando preguntaba: ¿Se advierte que una interpretación del marxismo, restrictiva y anacrónica, con sus supuestos previos sobre economicismo, desvaloración determinista o sobrevaloración 'humanística' de las superestructuras, de persistente práctica de una historiografía de los 'factores' (de ascendencia a un tiempo positivista e idealista), de delimitación inaceptable de una teoría de la alienación en los términos de la alienación económica, etc., ha hecho perder de vista la extensión, la complicación, la 'totalización' de la noción de industria como un conjunto constitutivamente estructural e ideológico, económico y existencial?" (p. 96). En la continuación de la argumentación de Scalia me parece entrever una convicción de este género: que, más allá de las contradicciones entre una sociedad capitalista y una sociedad colectivista, se presenta hoy, en cualquier caso, la realidad de una *sociedad industrial* que plantea problemas de orden nuevo (en el plano de la alienación); cualquiera que sea la estructura económica de esta sociedad, ésta —técnicamente— es *industrial*. No hay que ocultar el equívoco que podría implicar una distinción de este género. Sociólogos como Raymond Aron la proponen precisamente para vaciar de significado, en cierta medida, la oposición entre capitalismo y colectivismo; no obstante, es igualmente cierto que la noción de sociedad industrial sigue siendo válida y se tiene presente incluso cuando se mantiene toda su actualidad en la distinción clásica entre los dos tipos de economía. Por este motivo, en las páginas que siguen, los ejemplos de alienación que examinaremos no por azar están marcados por fenómenos que tienen lugar en una sociedad industrial y que podrán tener lugar en cualquier tipo de sociedad industrial.

6. G. W. F. Hegel, *Fenomenología del espíritu*, VI, C, c ("El espíritu escrupuloso y la escrupulosidad; el alma bella, el mal y su perdón").

7. J. Dewey, *Art as Experience*.

8. Quisiera prevenir la objeción de los filólogos: es verdad, Claudio Villa ha escrito una canción titulada *Binario*. No obstante, la trivialidad del producto (aun cuando intenta nuevas aplicaciones metafóricas fuera del repertorio acostumbrado) indica precisamente con qué facilidad también las nuevas imágenes y la conciencia de la nueva realidad traducida en imágenes pueden petrificarse apenas se las introduce en una espiral de agotamiento. La metáfora del tren viene siendo explotada desde hace más

de un siglo. Y, en última instancia, siempre es cuestión de genialidad, como es natural: el Transiberiano de Cendrars es algo más que los raíles de la cancioncilla, y Montale, en "Addio, fischi nel buio, cenni, tosse", nos devuelve un tren como situación poética incontaminada. En cuanto a la cancioncilla, el empleo de palabras "gastadas", más que fatal, es intencional; y no puedo evitar el remitir al agudo análisis que hicieron (en un trabajo colectivo que cubre el problema desde el punto de vista musicológico, político, psicoanalítico e histórico) Michele L. Straniero, Sergio Liberovici, Emilio Jona y Giorgio De Maria acerca de la canción ligera como expresión de "mala conciencia" (*Le canzoni della cattiva coscienza*, Bompiani, Milán, 1964).

9.   Una defensa del sistema tonal que, sin embargo, se presta a aportar elementos para la argumentación que hemos efectuado, es la de Leonard Meyer, *Emotion and Meaning in Music*, Chicago, 1959. Para una interpretación histórica del significado de la tonalidad (en el sentido propuesto por nosotros), vid., en cambio, el lúcido ensayo de Henri Pousseur, "La nuova sensibilità musicale", *Incontri Musicali*, n.º 2; y véase también Niccolò Castiglioni, *Il linguaggio musicale*, Ricordi, Milán, 1959.

10.   Advertimos aquí que el problema es mucho más complejo que lo que nos induciría a creer la generalización que se ha propuesto del mismo —en el plano teórico— por razones de comodidad y para aislar un filón de la argumentación. Lo que nosotros hemos definido —ejemplificándolo no por azar en un Schönberg, es decir, en un artista que figura en el inicio de una cierta evolución, en un punto clave, y cuya validez y buena fe están fuera de toda duda— es el acto de vanguardia "modelo" por excelencia, la *Ur-vanguardia* (donde "Ur" no sólo indica un orden cronológico, sino sobre todo un orden lógico). Dicho en otros términos, nuestro discurso sería simple e incontrovertible si, en cierto punto del desarrollo de la cultura, hubiese habido un solo acto de vanguardia; en realidad, en cambio, la cultura contemporánea es una "cultura de las vanguardias". Por tanto, ¿cómo se justifica esta situación? Ya no existe distinción entre tradición renegada y vanguardia que establece un nuevo orden; de hecho, toda vanguardia niega otra vanguardia cuya contemporaneidad le impide ser ya tradición con respecto a la que la niega. De ahí la sospecha de que, de un acto válido de *Ur-vanguardia* se haya generado una *manera* de la vanguardia y que hacer vanguardia sea hoy el único modo de entrar nuevamente en la tradición. Para sintetizar brutalmente la situación, es la que es objeto de sospecha desde varios ángulos como conversión neocapitalista de las rebeliones artísticas: el artista se rebela porque así se lo exige el mercado, y su rebelión deja de tener un valor real porque se realiza dentro del orden de una convención. Una sospecha de este género (con todas las precauciones críticas que el caso requiere) es la que proponen, por ejemplo, dos ensayos sobre la música contemporánea: la reseña musical de Paolo Castaldi aparecida en el *Almanacco Bompiani 1962* y la intervención de Luigi Rognoni en el número de "La Biennale" dedicado a la

música electrónica. En realidad, hay una doble respuesta a estos interrogantes (implícita, dicho sea de paso, en los dos escritos citados): lo que se denuncia ante todo es la natural dialéctica entre invención y manera que se ha tenido siempre en la historia del arte, cuando un artista "inventa" una nueva posibilidad formal que implica una profunda transformación de la sensibilidad y la visión del mundo, e inmediatamente una legión de imitadores utiliza y desarrolla la forma asumiéndola como forma vacía, sin captar sus implicaciones. Y precisamente porque se produce este fenómeno y se produce en una medida cada vez más acelerada dada una civilización como la nuestra (donde las posibilidades de desgaste y de agotamiento son, por supuesto, más ricas y vertiginosas), un gesto de innovación (vanguardia) quema con tanta rapidez sus posibilidades auténticas que, para que no caduque, se requiere inmediatamente que se produzca su abjuración mediante una nueva invención. Esta segunda dialéctica se complica con la primera, con lo que las innovaciones aparentes, que no son sino una variación manierista sobre el mismo tema, se entrelazan con las innovaciones reales, que precisamente niegan la variación sobre el tema. Resultará con ello que ciertas formas negadas por varias vanguardias sucesivas conserven una fuerza que no poseen las nuevas; lo que ocurre también cuando somos capaces de "releer" aquellas formas en la clave en que fueron inventadas, en tanto las vanguardias sucesivas las negaban por el hecho de resultar caducadas en otros aspectos. Dicho esto, conviene hacer una puntualización más: la de la "vanguardia", supone ciertamente la manera más visible de encararse con una situación constituida para desmoronarla y "desordenarla", si bien no es el único modo de combatir dicha situación. Existe otro, aparentemente "interior" al orden que se niega, que es la asunción paródica de dicho orden, de su utilización irónica (y aquí será válida la contraposición, ya hecha, de Strawinsky a Schönberg). Dicho en otras palabras, se puede combatir un lugar común de la expresión, desgastado y alienante, disociando los modos comunicativos en los que se basa, pero también es posible exorcizarlo usándolo irónicamente. Por consiguiente, se perfila aquí una teoría de la parodia y de la ironía como operación clandestina contra la violencia revolucionaria, "de plaza", de la vanguardia propiamente dicha. Finalmente, hay la tercera posibilidad —peligrosa pero previsible—: la asunción de las formas de expresión vinculadas a un orden que permita emplearlas para comunicar algo que, sin embargo, pueda promover actos de conciencia capaces de poner en crisis, algún día, dicho orden. Ésta es la posibilidad, combatida por muchos, de usar en sentido crítico los *mass media* a fin de establecer un principio de toma de conciencia allí donde el acto destructor de la vanguardia correría el riesgo de la incomunicabilidad absoluta y, reiterado, se presentaría como provocación aristocrática. Sin embargo, es obvio que el problema supera los límites de esta argumentación y no debe configurarse aquí más que como pura indicación.

11. Un ejemplo: Al lector le habrá ocurrido el hecho de encontrarse

en una de las situaciones más negras que pueden darse; me refiero a estar solo, en un momento de *cafard*, posiblemente en un lugar desconocido, en un país extranjero, tomando una copa en un bar para matar el tiempo, a la espera inconsciente, por lo regular frustrada, de que suceda algo que venga a interrumpir el curso de la soledad. No creo que exista situación menos soportable y, sin embargo, aquel que se haya encontrado en ella casi siempre habrá conseguido soportarla por el hecho de encontrarla, en el fondo, muy "literaria". ¿Por qué? Pues porque hay toda una literatura que nos tiene acostumbrados a la cosa convenida de que, cuando un individuo se encuentra solo bebiendo en un bar, siempre le ocurre algo. En la novela policíaca, será la aparición de una rubia platino; en Hemingway, un encuentro menos sensacionalista, un diálogo, una revelación de la "nada". Por lo tanto, hay cierto orden narrativo que prevé, actualmente de manera institucionalizada que, cuando una persona está sola tomando una copa en un bar, forzosamente debe sucederle algo. He aquí cómo un acto que se cuenta entre los menos significativos, entre los más tristes, un acto que se reconocería de este modo al cobrar conciencia de la tristeza en que, a lo menos en aquel momento, nos encontramos, *cobra un orden* y, erróneamente, se convierte en aceptable; se hace significante gracias a una mixtificación llevada a cabo con la aplicación de estructuras narrativas que, en cualquier caso, exigen la solución de una premisa, la conclusión ordenada, el final de un principio, y no permiten un principio sin que haya un fin (como, finalmente, cierta narrativa y determinado cine —piénsese en Antonioni— han decidido hacer, porque así sucede en realidad y, por consiguiente, es justo que el arte así lo revele, sin pretender consolarnos regalándonos un final, una vuelta a la tónica, correspondiente a cada una de las argumentaciones que iniciamos).

12. Para la noción de modo de formar, remito a la *Estetica* de Luigi Pareyson.

13. Me parece que Vittorini identificó muy bien lo que ahora se está tratando de analizar, cuando en el "Menabò" anterior recordaba que "la narrativa que concentra en el plano de todo el lenguaje el peso de las propias responsabilidades hacia las cosas resulta a su vez, hoy, más próxima de asumir un significado históricamente activo que cualquier literatura que aborde las cosas en la generisidad de un presunto contenido prelingüístico tratando temas, cuestiones, etc." (p. 18).

14. Ahora se comprende cuál era, en cambio, la ambigüedad sustancial de un filme, por otra parte rebosante de méritos, como *Rocco e i suoi fratelli*: un problema extremadamente actual, asumido en lo más vivo de sus contradicciones (considérese la incorporación de la gente del sur a la civilización industrial del norte; la adaptación de sus esquemas éticos a los de una civilización urbana industrial...), que se encontraba prácticamente exorcizado por un tratamiento "melodramático" que llevaba la temática al ámbito de la narrativa ochocentista. Inicio, crisis y peripecias, final con catarsis: el público salía de la sala apaciguado y contento. Sin embargo,

¿había algo acerca de lo cual el director le pedía que saliese contento? No creo. Por tanto, la estructura narrativa había desbordado al autor y lo había llevado a realizar, por debajo de los mentidos despojos de un filme de denuncia, un filme de consumo y de apaciguamiento psíquico. Considérese ahora un ejemplo opuesto: *Salvatore Giuliano*, de Rosi. En apariencia, se trata de buena escuela realista, pero el espectador advierte muy pronto que en esta sucesión de "fotografías" de la realidad hay algo que lo turba, que es el uso continuo del *flash-back*: en determinado momento, uno no sabe ya en qué fase se encuentra la historia y se tiene la impresión de que, para entender bien el filme, se deberían conocer previamente todos los hechos mejor de lo que se conocen. En cambio, la verdad es que, sobre la historia de Giuliano, sobre la verdadera naturaleza de sus relaciones con la mafia o con la policía, o de la policía con los carabineros, o de Giuliano con Pisciotta, y así sucesivamente, nadie conoce nada con exactitud. Advertimos así que la técnica narrativa particular interviene como "contenido" propiamente dicho del filme y constituye su declaración más importante: al espectador le cuenta una oscura historia un autor que es víctima de la misma oscuridad y que no quiere engañarlo aclarándole unos hechos que no están claros, sino que lo que quiere es dejarle intacta la duda. Parece, pues, que el director quiere dejar que su filme *se encuentre montado por la misma situación*; es más, quiere *montar la situación* a través del filme. Realiza en profundidad lo que ya había hecho Godard, bajo un aspecto más experimental, en *À bout de souffle*, un filme cuyo montaje parecía hecho por el protagonista, afectado por la misma disociación psíquica, por la misma gratuidad de gestos, por la misma extraña locura. Se habla del filme porque nos ha sabido dar hoy los ejemplos más claros y vistosos de esta utilización expresiva de la estructura técnica. Pero, volviendo a la narrativa, considérese una novela como *Conjeturas sobre Jacob*, de Johnson, donde la escisión interior del autor, que expresa por su parte la escisión moral, territorial y política de las dos Alemanias, se traduce en la misma técnica narrativa.

15.   A. Robbe-Grillet, *Una via per il romanzo futuro*, Rusconi e Paolazzi, Milán, 1961.

16.   Vid. nuestro *Il tempo di "Sylvie"*, "Poesia e Critica", n.º 2.

17.   *Signes*, Gallimard, París, 1960.

18.   *Poesia informale*, en *I Novissimi*, Milán, 1961. Y allí donde Sanguineti pasa a través de un pantano de la cultura asumiendo todas las palabras y las frases fatalmente comprometidas con tradiciones y civilizaciones, Nanni Balestrini demuestra pasar a través del pantano cotidiano de los periódicos y los anuncios publicitarios, así como de los fragmentos de conversación habitual. Creo que puede decirse que el que vea en los ejercicios de Balestrini una manifestación de dadaísmo (se habla aquí de las poesías escritas a mano, no de las electrónicas, por lo que el problema todavía es otro), no considera que el *dada*, cuando descompone las palabras y las pega por donde se le antoja, lo hace para provocar al lector alte-

rando el orden de sus razonamientos concretos y estimulándolo con un inesperado y fecundo desorden. Balestrini, aun cuando afirma que quiere fomentar una serie de interpretaciones libres y disociadas, conserva, sin embargo, la conciencia básica de que él no crea el desorden trastocando el orden, sino que lo descubre en lugar del orden.

19. Se podría preguntar por qué una literatura que habla de nuestra situación social no puede sino ser negativa, es decir, asunción de un lenguaje en crisis para captar a través del mismo la crisis de determinadas relaciones; mientras que cuando el mismo lenguaje, invistiéndose de la misma indeterminación y ambigüedad de estructuras, se ve como imagen de una situación epistemológica (posible imagen de un posible universo o de una posición posible nuestra en el universo), su connotación se hace positiva (de modo que podría parecer escandaloso que no pueda argumentarse en torno al hombre a no ser en términos dramáticos, y argumentar en torno al universo a no ser en términos casi optimistas). En realidad, lo que precisamente ocurre es que la dirección en que trabaja la cultura contemporánea de manera más positiva es precisamente la de una definición científica del mundo en que vivimos; la indeterminación que nos predican las metodologías científicas, aun cuando ponga en crisis una metafísica, no nos pone en crisis como hombres operadores en el mundo, precisamente porque nos permite operar sobre el mundo y en el mundo. Cuando el arte expresa esta situación, en el fondo expresa un momento positivo de nuestra cultura. Conceptos como indeterminación, probabilidad, complementariedad, que sirven para operar en el mundo nuclear, nos permiten llevar a cabo determinadas operaciones como, por ejemplo, la fisión del átomo, que representa en sí un éxito. El fracaso, el jaque, la aporía, se tienen cuando, a nivel de los hechos morales y políticos, se trata de usar la fisión nuclear. Aquí nuestros fines son imprecisos, aquí se entrechocan las ideas ochocentistas de potencia y Realpolitik con nuevas visiones de la convivencia entre los pueblos: aquí hay verdaderamente algo que no funciona, aquí se empieza a hablar de nuevo de alienación; y, hágase equivocadamente o razonablemente, he aquí que se expresa un malestar del cual debe convertirse en espejo extrañador el lenguaje que hablamos.

GENERACIÓN DE MENSAJES ESTÉTICOS EN UNA LENGUA EDÉNICA

Son características del uso estético de una lengua la *ambigüedad* y la *autorreflexividad* de los mensajes [Jakobson, 1960]. La ambigüedad hace inventivo el mensaje con respecto a las posibilidades que comúnmente se reconocen al código y es también una característica común del uso metafórico (aunque no necesariamente estético) del lenguaje (v. "Semántica de la metáfora"). Para que exista mensaje estético, no basta que se produzca ambigüedad a nivel de forma del contenido, donde, en el juego de los los cambios metonímicos, se llevan a cabo las sustituciones metafóricas que obligan a ver el sistema semántico de una manera diferente y de manera diferente el mundo que coordina. Se da el caso también de que se producen alteraciones en el orden de la forma de la expresión, alteraciones tales que hacen que el destinatario, al advertir un cambio en la forma del contenido, se vea obligado a volver al mensaje propiamente dicho, como entidad física, para observar las alteraciones de la forma de la expresión, reconociendo una especie de solidaridad entre la alteración producida en el contenido y la ocurrida en la expresión. Así es cómo el mensaje estético se hace autorreflexivo, comunica también su organización física y esto hace que pueda afirmarse que en arte hay escindibilidad de forma y contenido; lo que no debe significar que no sea posible distinguir los dos planos y cuanto ocurre de específico a nivel de cada uno, sino que quiere decir, en cambio, que las transformaciones en los dos niveles están siempre en función una de la otra.

En toda consideración de carácter estético se corre siempre el riesgo de mantener estas afirmaciones a un puro nivel teórico. Siempre que se quiere descender a la comprobación práctica, se hace a través de mensajes estéticos ya elaborados y particularmente complejos, donde las distinciones de plano, las alteraciones de código y de sistemas, los mecanismos de innovación, parecen difíciles de analizar de una manera concreta. Es de utilidad, pues, construir en el laboratorio un modelo reducido de lenguaje estético, proponiendo una lengua-código extremadamente sencilla y mostrando qué reglas pueden generar mensajes estéticos. Éstas deberían ser reglas internas del propio código que generarían, sin embargo, una alteración del código tanto a nivel de forma de expresión como de forma del contenido. El modelo debería mostrar, pues, qué posibilidades tiene una lengua de generar su propia contradicción y cómo el uso estético de una lengua se convierte en una de las maneras más apropiadas de generar contradicciones. El modelo debería mostrar igualmente que las contradicciones que genera el uso estético de una lengua a nivel de la forma de la expresión implican contradicciones a nivel de la forma del contenido y, en consecuencia, una reestructuración de la manera de organizar el mundo.

Para hacer tal cosa, tratamos de imaginar una situación primordial, la vida en el Edén, donde se utiliza una lengua edénica.

Nuestro modelo de lengua edénica nos viene apuntado por el Proyecto Grammarama de George Miller [1967], con la salvedad de que Miller no había pensado en este modelo de lengua como en una lengua edénica ni había intentado tampoco un uso estético de la misma. Lo único que le interesaba era controlar cómo un individuo, al generar secuencias casuales mediante dos símbolos base (D y R) y obteniendo respuestas de control que le indicasen cuáles de estas secuencias eran gramaticales, estaba en condiciones de descubrir la regla generativa de las secuencias correctas. El suyo era, pues, un modelo del aprendizaje de la lengua. En cambio, en nuestro ejemplo, Adán y Eva ya saben cuáles son las secuencias correctas y las emplean a pesar de tener unas ideas imprecisas (como es lógico) con respecto a la regla generativa que figura en la base.

UNIDADES SEMÁNTICAS Y SECUENCIAS SIGNIFICANTES EN EL EDÉN

Rodeados por una naturaleza exuberante, Adán y Eva, en el Edén, elaboraron una serie restringida de unidades semánticas que más ponen de manifiesto unos valores y unas actitudes frente a los fenómenos que una enumeración y clasificación exacta de cada uno de ellos. Estas unidades semánticas se estructuran en seis ejes:

—Sí *vs* no

— comestible *vs* no comestible	(donde comestible significa "para comer", "puede comerse", "quiero comer", etc.)
— bien *vs* mal	(la oposición se refiere tanto a experiencias morales como físicas)
— hermoso *vs* feo	(la oposición cubre todas las gradaciones de lo agradable, divertido, deseable, etc.)
— rojo *vs* azul	(la oposición cubre toda la gama de las experiencias cromáticas, la tierra se percibe como roja y el cielo como azul, la carne es roja y la piedra es azul, etc.)
— serpiente *vs* manzana	(la última oposición es la única que designa más bien objetos que cualidades de objetos; sin embargo, es preciso tener en cuenta que, mientras todos los demás objetos están al alcance de la mano, estos dos destacan entre todos por una característica propia de extrañeza; como se verá a continuación, puede admitirse que las dos unidades culturales pasen al código sólo después del juicio factual emitido

por Dios sobre la intangibi-
lidad de la manzana.

En este caso, la serpiente,
al aparecer en el mismo
árbol en que se encuentra la
manzana, se observa como
complementario de la mis-
ma y pasa a ser una unidad
cultural precisa. En cambio,
los demás animales se perci-
ben como "comestibles" o
"mal" o "azul", o bien
como "rojos", sin que inter-
vengan otras pertinentiza-
ciones del *continuum* perceptivo global).

Naturalmente, una unidad cultural se convierte en el inter-
pretante de otra y se pueden producir cadenas connotativas que
hacen que

(1) rojo = comestible = bien = hermoso
     azul = no comestible = mal = feo

Con todo, Adán y Eva no pueden designar (ni, por tanto, concebir) estas unidades culturales, a no ser transmitiéndolas a través
de formas significantes. Por esto se los dota (¿o bien la adquieren
lentamente?, no nos interesa) una lengua muy sencilla, suficiente
para expresar estos conceptos.

La lengua se compone de un repertorio de sonidos, A y B,
combinables entre sí en secuencias que siguen la regla (X, nY, X).
Es decir, cada secuencia debe iniciarse con un primer elemento,
seguir con n repeticiones del otro elemento y terminar con una
sola aparición del primer elemento. Con una regla de este género
se puede generar una serie infinita de secuencias sintácticamente
correctas; pero Adán y Eva conocen de ellas un repertorio limitado, que se corresponde con las unidades culturales. Por consiguiente, su código es del tipo:

(2) ABA   = comestible
     BAB   = no comestible
     ABBA   = bien
     BAAB   = mal
     ABBBA   = serpiente
     BAAAB   = manzana
     ABBBBA   = hermoso
     BAAAAB   = feo
     ABBBBBA   = rojo
     BAAAAAB   = azul

El código posee, además, dos operadores que sirven para todo:

     AA   = sí
     BB   = no

y que pueden significar permiso/prohibición, o bien existencia/no existencia, o bien aprobación/desaprobación, etc.

No hay más reglas sintácticas que la que establece que la unión de dos secuencias coloca a las unidades culturales ligadas en situación de predicación recíproca (BAAAB; ABBBBBA significa entonces "la manzana es roja", pero también "manzana roja").

Adán y Eva saben manejar muy bien la lengua edénica. Hay una cosa, sin embargo, que sólo comprenden de manera confusa: la regla generativa de las secuencias. Pueden intuirla vagamente, pero en tal caso entienden como anómalas las secuencias AA y BB. Además, no saben que se podrían generar otras secuencias correctas, también porque no tienen necesidad de ello, puesto que no tienen otras cosas que nombrar. Viven en un mundo pleno, armónico, satisfactorio, no sienten crisis ni necesidades.

Las cadenas connotativas indicadas en (1) se estructuran para ellos, pues, en este sentido:

(3)   ABA = ABBA = ABBBBA = ABBBBBA = BAAAB = AA
      (comestible bien hermoso rojo manzana sí

      BAB = BAAB = BAAAAB = BAAAAAB = ABBBA = BB
      (no comestible mal feo azul serpiente no)

339

Las palabras son las cosas (o, mejor dicho, las experiencias que ellos conocen) y las cosas son las palabras. Por lo que, para ellos, son naturales ciertas asociaciones connotativas del tipo:

$$(4) \quad ABA = \text{“rojo”}$$

Como puede verse, se trata ya de un uso embrionario de la metáfora, basado en la posibilidad de extrapolar a partir de cadenas metonímicas del tipo (3), y, por consiguiente, se trata de un uso inventivo embrionario del lenguaje. La inventividad, con la información que se deriva de ella, es mínima por otra parte, puesto que vienen dadas todas las cadenas y todas ellas se han visto ya recorridas suficientemente dada la exigüidad de este universo semiótico, tanto por lo que respecta a la forma del contenido como a la forma de la expresión.

Todos los juicios que pueden pronunciar Adán y Eva sobre el universo son juicios semióticos, es decir, internos del ciclo convencionado de la semiosis. Es verdad que ellos pronuncian también juicios factuales del tipo /...rojo/ cuando se encuentran, por ejemplo, delante de una cereza. Pero el juicio factual se agota en el momento preciso en que, al no existir un término para /.../, no se trata de incluir en el código el protocolo de esta experiencia. En realidad, juicios de este género no pueden sino generar tautologías, en el sentido de que la cereza, percibida y nombrada como /rojo/, da lugar a juicios del tipo /rojo es rojo/ o bien /rojo es bueno/, que, como se observa en (3), ya están homologados por el código. Ciertamente, cabe suponer que posean unos signos de tipo indicativo, es decir, unos gestos mediante los cuales, indicando un objeto, presuponen el indicativo /este/ (de la misma manera que a través de gestos indicativos de función pronominal se incorpora el *shifter* /yo/ o /tú/ o /él/ a cada proposición); por consiguiente, la proposición /ABBBBBA.ABA/, acompañada de dos gestos indicativos, significa más o menos "*yo* comer *este* rojo". Pero es indudable que Adán y Eva advierten los indicativos como artificios no lingüísticos o, mejor dicho, metalingüísticos de los indicadores de circunstancia que permiten conferir un sentido existencial a sus proposiciones.

Apenas Adán y Eva se han acostumbrado al Edén y han
aprendido a moverse en él con ayuda del lenguaje, llega Dios y
pronuncia un primer juicio factual. El sentido de lo que Dios
quiere decirles es: "Vosotros pensáis que la manzana pertenece a
la categoría de las cosas buenas y comestibles porque es roja; en
cambio, yo os digo que no debe considerársela como comestible,
porque es mala". Dios no tiene ninguna necesidad de explicar
por qué la manzana es mala, dado que se considera parámetro de
valores; para Adán y Eva, la cosa funciona de una manera un
tanto diferente, porque se han acostumbrado a asociar el bien
con lo comestible y con el rojo; sin embargo, no pueden sustraerse al mandato de Dios, al que conocen como un AA, es decir,
como el "sí", lo positivo. Es más, mientras que para las demás experiencias la secuencia AA se emplea únicamente para connotar
algún apareamiento de otras secuencias, en el caso de Dios (yo soy
el que es) AA es su nombre y no un simple predicado. Una conciencia teológica más aguda haría que Adán y Eva advirtiesen que
entonces habría que llamar BB a la serpiente, pero esto ellos no lo
saben. Y, parte de esto, la serpiente es azul y no comestible y, después del mandato de Dios, se perfila como presencia pertinenti-
zada en el inmenso mar de la sustancia del contenido edénico.

Por tanto, Dios habla y dice: /BAAAB.BAB — BAAAB.BAAB/
(manzana no comestible, manzana mal). Su juicio es factual porque comunica una noción desconocida de los destinatarios. (Dios
es el referente y la fuente del referente; lo que dice tiene consistencia referencial; para nosotros, es como si hablase un experto
en fruticultura con el premio Nobel.) Sin embargo, su juicio también es semiótico, puesto que establece un nuevo tipo de apareamiento connotativo entre unidades semánticas que hasta entonces
estaban apareadas de otra manera. (Como veremos a continuación, Dios comete un grave error al aportar los elementos para
trastornar el código. Como quiere elaborar una interdicción que
ponga a prueba a sus criaturas, presenta el primer ejemplo de
trastorno del presunto orden natural de las cosas. ¿Por qué una
manzana, que es roja, no debe ser comestible como si fuese azul?
Pero Dios quiere crear cultura y, al parecer, la cultura nace con la

instauración de un tabú universal. Podría decirse que, de hecho, desde el momento en que existía lenguaje, también había cultura, y que lo que creaba Dios era organización, principio de autoridad, ley. Pero ¡quién sabe qué sucedió en aquellos momentos! ¿Y si la formación del lenguaje hubiera sido posterior a la formulación de la interdicción? Lo único que hacemos aquí es manipular un modelo ficticio que no quiere resolver el problema de los orígenes del lenguaje. De todos modos, insistimos, Dios cometió una imprudencia, si bien todavía es pronto para decir cuál. Lo veremos más adelante.)

Después de la interdicción divina, Adán y Eva se encuentra en la situación de alterar las cadenas connotativas establecidas en (3) y deben dar lugar a cadenas del tipo:

(5)   rojo = comestible = bien = hermoso = sí
     serpiente y manzana = no comestible = mal = feo = no

con lo que fácilmente se llega a la connotación

     serpiente = manzana

Como se ve, el universo semántico presenta algún desequilibrio en relación con la situación inicial, pero el universo semántico en que vivimos parece más semejante a la situación (5) que a la situación (3).

Este desequilibrio genera entre tanto las primeras contradicciones.

SE PERFILA LA CONTRADICCIÓN EN EL UNIVERSO SEMÁNTICO EDÉNICO

En realidad, existen unos hábitos perceptivos que hacen que siga llamándose /...rojo/ a la manzana y, sin embargo, se hace equivalente connotativamente a lo que es malo y no comestible y, por consiguiente, al azul. La proposición

(6)   BAAAB.ABBBBBA (la manzana es roja)

se contradice con la otra

(7)   BAAAB.BAAAAAB (la manzana es azul)

Adán y Eva advierten que se encuentran ante un caso curioso en que la denotación entra en contraste con las connotaciones que genera, contradicción que no puede expresarse en el lenguaje denotativo normal. Ellos no pueden indicar la manzana diciendo /esto es rojo/ porque saben que también /esto es azul/. Dudan en formular la proposición contradictoria "la manzana es roja, es azul" y tienen que limitarse a indicar aquella entidad singular que es la manzana con una especie de metáfora, /lo que es rojo y azul/ o, mejor, /lo que se llama rojo-azul/. En lugar de la proposición /BAAAB.ABBBBBA.BAAAAAB/ (la manzana es roja, es azul), prefieren recurrir a una metáfora de un nombre sustitutivo compuesto que los sustraiga al riesgo de una contradicción lógica y permita una captación intuitiva y ambigua del concepto (a través de un uso muy ambiguo del código); a propósito de la manzana, dicen:

(8)   ABBBBBABAAAAAB (el rojoazul)

El nuevo término expresa un hecho contradictorio sin obligar a formularlo según las reglas lógicas acostumbradas, que no lo soportarían. Sin embargo, provoca en Adán y Eva una experiencia nunca experimentada hasta entonces. Se sienten fascinados ante el sonido insólito, la forma inédita de la secuencia que acaban de componer. El mensaje (8) es ambiguo desde el punto de vista de la forma del contenido, como es obvio, pero lo es también desde el de la forma de la expresión. Como tal, se hace embrionariamente autorreflexivo. Adán dice /rojoazul/ y después, en lugar de mirar la manzana, repite para su capote, algo aturdido y con aire aniñado, aquel acoplamiento de sonidos curiosos. Acaso por primera vez en su vida, mira más las palabras que las cosas.

GENERACIÓN DE MENSAJES ESTÉTICOS

Al examinar de nuevo la expresión (8), Adán hace un descubrimiento: ABBBBBABAAAAAB encierra en su interior, casi en el centro, la secuencia BAB (no comestible). Curioso: la manzana, como rojoazul, contiene formalmente la indicación de su no comestibilidad que parecía ser sólo una de sus connotaciones en el orden de la forma del contenido, y, en cambio, he aquí que la

343

manzana se convierte en "no comestible" por lo que respecta también a la forma de la expresión. Adán y Eva han descubierto el uso estético del lenguaje. Pero todavía no lo saben seguro. Es preciso que crezca el deseo de la manzana, la experiencia-manzana tiene que asumir una fascinación que se haga cada vez más intensa para generar un impulso estético. Los románticos lo sabían: únicamente se hace arte cuando uno se siente movido por grandes pasiones (aunque no sea más que por la pasión del lenguaje). Adán siente ya la pasión del lenguaje. Esta historia lo llena de curiosidad. Pero siente también la pasión de la manzana: un fruto prohibido, sobre todo si es el único del Edén, tiene cierto *appeal*. Por lo menos, incita a preguntarse: "¿Por qué?". Por otra parte, es un fruto prohibido que ha estimulado el nacimiento de una palabra inédita (¿prohibida?). Existe una interacción entre pasión por la manzana y pasión por el lenguaje; situación de excitación física y mental que parece reflejar bastante bien, a escala mínima, lo que nosotros solemos entender por motivación creativo-estética.

La fase siguiente del experimento de Adán destaca claramente la *sustancia de la expresión*. Sobre una peña, escribe:

(9) ABBBBBA, que quiere decir "rojo"; pero lo escribe con el jugo de ciertas bayas azules.

Después escribe:

(10) BAAAAAB, que quiere decir "azul"; pero lo escribe con el jugo de ciertas bayas rojas.

Ahora contempla, complacido, su trabajo. ¿No son las expresiones (9) y (10) dos metáforas de la manzana? Sin embargo, su metaforicidad viene aumentada por la presencia de elementos físicos, es decir, por el relieve particular que asume la sustancia de la expresión. Pero, a través de aquella operación, la sustancia de la presión (aquella manera particular de tratar la sustancia de la expresión), de pura variante facultativa que era, para a convertirse en elemento pertinente, se transforma en *forma de la expresión*, salvo que es la forma de la expresión de una lengua de los colores y no de la lengua verbal que conocía Adán. Además, se ha producido una cosa extraña: hasta entonces, las cosas rojas eran referentes imprecisos a los que se aplicaba el significante **ABBBBBA** (significado = "rojo"). Sin embargo, ahora una cosa roja, el rojo del jugo, pasa a ser el significante de algo que cuenta entre sus significados la misma palabra **ABBBBBA** que antes lo significaba. En el proceso de semiosis ilimitada, todo significado puede convertirse en el significante de otro significado, incluso de su mismo significante de otro tiempo, y sucede incluso que un objeto (un referente) se hace semiotizado y se convierte en signo. Además de que aquel color rojo no sólo significa "rojo" ni sólo "ABBBBBA", sino también "comestible" y "bello" y así sucesivamente. Y todo esto mientras que, a nivel verbal, lo escrito en la peña querría decir "azul" y, por consiguiente, "mal" y, por tanto, "no comestible". ¿No es éste un maravilloso hallazgo? ¿No reproduce la carga de ambigüedad de la manzana? Adán y Eva, admirados, observan horas y horas aquellos signos trazados sobre la roca, extasiados. "Muy barroco", querría decir Eva, pero no puede. No posee un metalenguaje crítico.

Ahora Adán se lanza y escribe:

(11)   **ABBBBBBA**

Hay seis B. Una secuencia inexistente en su vocabulario. Con todo, es la que más se parece a **ABBBBBA** (rojo). Adán ha escrito "rojo", pero con énfasis gráfico. Este énfasis de la forma de la expresión, ¿tiene término de comparación a nivel de la forma del contenido? ¿No se tratará tal vez de un rojo enfático? ¿Más rojo que los demás rojos? ¿Como, por ejemplo, la sangre? Es curioso que, en aquel momento, en el intento de encontrar una colocación para su nueva palabra, Adán, por vez primera en su vida, presta atención a la diferencia entre los varios rojos que lo rodean. La innovación a nivel de la forma de la expresión lo lleva a pertinentizar a nivel de la forma del contenido. Si llega a esto, entonces la B de más no es ya una variante de la forma de la expresión, sino que es un nuevo rasgo de la misma. Adán aparta a un lado el problema. De momento le interesa proseguir el experimento del lenguaje que habla de la manzana y este último hallazgo lo ha desviado de su propósito. Ahora intenta escribir (o decir) algo más complejo. Quiere decir "que no comestible es el mal, que es manzana fea y azul", y se le ocurre escribirlo de esta manera:

(12) BAB
BAAB
BAAAB
BAAAAB
BAAAAAB

Así, en columna. Y del mensaje resultan dos curiosas características formales: aparece un crecimiento progresivo de la longitud de las palabras (se instaura un ritmo) y todas las secuencias terminan con la misma letra (se perfila un principio de rima). Aquí el dulce encantamiento del lenguaje (el *epodé*) magnetiza a Adán. Por tanto, ¡el mandato de Dios era justo! La maldad de la manzana queda subrayada por una especie de necesidad formal que *impone* (también en el plano del contenido) que la manzana sea fea y azul. Adán está tan convencido de esta escindibilidad de forma y contenido, que comienza a pensar que *nomina sint numina*. E incluso decide reforzar el ritmo y la rima insertando elementos de repetición calculada en su afirmación (ahora claramente "poética"):

(13)	BAB	BAB
	BAAAB	BAB
	BAAB	BAB
	BAB	BAAAAAB

La idea de que *nomina sint numina* ha hecho ya presa en Adán. Con un gusto heideggeriano de la falsa etimología, comienza ahora a observar que "manzana" (BAAAB) tiene la B al final, como todas las palabras que se refieren a cosas BB (a cosas malas: el mal, lo feo, el azul). El primer efecto que hace sobre él el empleo poético del lenguaje es convencerlo (suponiendo que no lo estuviera ya) de que el lenguaje es un hecho natural, es icónico, analógico, nace de oscuras onomatopeyas del espíritu, es la voz de Dios. Adán tiende a usar la experiencia poética en clave reaccionaria: a través del lenguaje se nombran los dioses. Esto, además, ejerce cierto influjo sobre él, porque, desde el momento en que comienza a manipular el lenguaje, se siente un poco de parte de Dios y de las leyes eternas. Está comenzando a sospechar que ha conseguido un punto de ventaja sobre Eva. Considera que aquí está *la* diferencia.

Sin embargo, Eva no se siente ajena a la pasión lingüística de su compañero. Se aproxima a ella movida por otras motivaciones. Se ha producido ya el encuentro con la serpiente y lo poco que haya podido decirle, dada la pobreza del lenguaje edénico, se ha sostenido probablemente sobre una carga y una tensión de simpatía acerca de la cual no nos es posible hablar, dado que la semiótica no hace mella en estos factores prelingüísticos.

Por tanto, Eva interviene en el juego para demostrar a Adán que, si los nombres son númenes, es curioso entonces que la serpiente (ABBBA) tenga la misma desinencia que las palabras que significan hermoso, bueno, rojo. Eva demuestra, pues, a Adán que la poesía permite muchos juegos con el lenguaje:

(14)   ABBA
       ABBBBA
       ABBBBBA
       ABBBA

"Bueno, hermoso, rojo — es la serpiente", dice la poesía de Eva, igualmente "necesaria", en su correspondencia entre expresión y contenido, que la de Adán; es más, la sensibilidad formal de Eva le ha permitido comprobar, además de la rima final, la anafórica homogeneidad inicial.

La argumentación de Eva replantea el problema de la contradicción, que la poesía de Adán parecía haber resuelto: ¿cómo es posible que la serpiente, por derecho de forma, sea todo aquello que el código *no* le reconoce?

Eva querría volver a la carga. Tiene algo así como la idea de un nuevo modo de crear homologías subterráneas entre forma y contenido a partir de las cuales se generen nuevas contradicciones. Por ejemplo, podría componer una secuencia en que cada letra estuviese compuesta, como en una redecilla microscópica, por una secuencia opuesta semánticamente. Sin embargo, para dar realidad a este ejemplo de "poesía concreta", se precisa un refinamiento gráfico que Eva no posee. Adán le toma la delantera e imagina una secuencia todavía más ambigua:

(15)   BAA-B

¿Qué significa aquel espacio vacío? En caso de que se trate de un vacío, ha dicho "mal", pero con un titubeo; pero si el vacío es un lleno (borrado por algún ruido) que no podía contener otra cosa que otra A, entonces ha sugerido "manzana". En este punto, Eva inventa su "recitar cantando", o el teatro musical, o un *Sprachgesang* edénico. Y emite:

(16)   ABB*B*A,

en que la voz se detiene largo tiempo, elevando el tono, en la última B, de manera que no llegue a saberse si ha cantado ABBBA (serpiente) o ha redoblado la última B, dando "hermoso". Adán, ahora, se encuentra turbado ante esta posibilidad que demuestra el lenguaje, capaz de generar ambigüedades y engaños, por lo que intenta proyectar su inquietud no sobre el lenguaje y sus trampas, sino sobre los significados que el mandato divino ha puesto en juego. Su "ser o no ser" no puede concretarse más que en una oscilación de "comestible/no comestible", pero al cantarla se siente presa del ritmo, el lenguaje se disgrega en sus manos, deja él que corra libremente:

(17)   ABA   BAB
       ABA   BAB
       ABA   BAB BAB   BB B   A
       BBBBBBAAAAAABBBBBB
       BAAAA
       AA

El poema de Adán ha explotado en un torbellino de palabras en libertad. Pero, en el momento en que reconoce haber inventado palabras incorrectas, Adán consigue entender mejor las razones que hacían que fueran correctas las otras. La ley generativa que preside su código (X, nY, X) se le ofrece ahora con claridad. Sólo en el momento en que viola el código, pasa a entender su estructura. Y, en este mismo instante, en tanto se pregunta si el último verso constituye el límite extremo de la libertad agramatical, debe reconocer en cambio que existe la secuencia AA, y entonces se pregunta por qué la permite el código. Vuelve entonces mentalmente al ejemplo (15) y al problema, que en aquel caso se le había planteado, del lugar vacío. Advierte que, en su código, un vacío puede ser también un lleno y que la secuencia AA (como la BB), que antes le parecían anómalas, en realidad son correctas porque la regla (X, nY, X) no excluye que el valor de n pueda ser *cero.*

Adán comprende la estructura del código en el momento en que lo pone en entredicho y, por consiguiente, lo destruye. Pero, en el momento en que comprende plenamente la férrea ley generativa del código al que estaba sometido, comprende que podría proponer otra (por ejemplo, del tipo [nX, nY, nX]; con lo cual serían correctas secuencias del tipo BBBBBBAAAAAABBBBBB, como en el cuarto verso de la composición [17]). Al tiempo que destruye el código, lo comprende en todas sus posibilidades y descubre que él es su dueño. Apenas hace un momento, todavía creía que a través de la poesía hablaban los dioses; ahora descubre la *arbitrariedad del signo.*

Al principio, no consigue controlarse: desmonta y monta de nuevo aquel "loco mecanismo" con respecto al cual acaba de descubrir que es de su propiedad, componiendo las más inverosímiles secuencias y deleitándose en admirarlas y en cantárselas a sí mismo por espacio de horas y más horas: inventa el color de las vocales, regula la forma y el movimiento de cada consonante, se complace en descubrir un verbo poético accesible en un momento u otro a todos los sentidos, piensa componer un libro que sea la explicación órfica de la tierra, dice "una manzana" y saca del olvido al que su voz relega algún perfil, como algo diferente de los cálices aprendidos, se levanta musicalmente, idea misma y suave, lo ausente de todos los árboles que dan manzanas —le suggérer, voilà la rêve—, y, para llegar más fácilmente y hacerse vidente, practica la irregularidad de todos los sentidos, mientras la obra va sustituyendo lentamente al autor, el cual, operada ya la desaparición elocutoria del poeta, permanece más acá de su propia obra, como dios de la creación, ocupado en limpiarse las uñas.

LA REFORMULACIÓN DEL CONTENIDO

Después, Adán se apacigua. A través de su loca experimentación, por lo menos ha podido comprobar que el orden del lenguaje no es absoluto. De ahí la duda legítima de que no sea absoluto aquel emparejamiento de las secuencias significantes al universo cultural de los significados, que se presentaba en (2) (tanto a

349

él como a nosotros) como el Código. Finalmente, cuestiona el mismo universo de las unidades culturales que el código emparejaba al sistema de las secuencias que acaban de ser destruidas.

Adán somete ahora a encuesta la forma del contenido. ¿Quién ha dicho nunca que el azul no sea comestible? Pasa del universo de los significados culturalizados al de la experiencia y se reencuentra con los referentes. Coge una baya azul y se la come, con lo que descubre que es buena. Acostumbrado hasta entonces a recibir su ración de agua de los frutos (rojos), descubre que el agua (azul) es potable y se enamora de ella. Vuelve a acometerle la sospecha engendrada por el experimento (11): hay diferentes gradaciones del rojo, está la de la sangre, la del sol, la de la manzana, la de la retama; Adán resegmenta el contenido y descubre nuevas categorías culturales (y, por tanto, nuevas realidades perceptivas), a las cuales, como es obvio, se ve obligado a asignar nuevos nombres (fácilmente inventables). Compone secuencias complejas para denotar las nuevas categorías y formula enunciados para expresar en juicios factuales el descubrimiento de experiencias que después, a través de juicios semióticos, adscribe al código en expansión. El lenguaje se expande y el mundo se ensancha para él. Como es obvio, ni la lengua ni el mundo son ya tan armónicos y unívocos como en los tiempos de la situación (1), pero ahora no teme ya la serie de contradicciones que se ocultan en el código, porque lo empujan, por un lado, a revisar la forma que da él del mundo, mientras que, por el otro lado, lo animan a explotarlas para obtener de ellas unos efectos poéticos.

Como conclusión de esta experiencia, Adán descubre que no existe el Orden: éste no es más que uno entre muchos estados de posible calma que de vez en cuando alcanza el desorden.

Es inútil decir que, invitado por Eva, come también la manzana, para emitir después un juicio del tipo "la manzana es buena", restableciendo, cuando menos en un punto, el equilibrio que tenía el código antes de la prohibición. Pero el hecho, en la fase en que nos encontramos, no tiene relevancia ninguna. Adán salió del Edén cuando por vez primera, tímidamente, manipuló el lenguaje. Decíamos en este sentido que Dios había cometido un error al turbar la unívoca armonía del código originario con la ambigüedad de una prohibición que, al igual que todas las prohibiciones, debe prohibir algo deseable. A partir de aquel momento (no desde el momento en que Adán comió realmente la manzana), se inició la historia de la tierra.

A menos que Dios no fuese consciente de este hecho y hubiese formulado la prohibición precisamente para desencadenar aquella circunstancia histórica. O a menos que no existiera Dios y que Adán y Eva se inventasen la prohibición para incorporar una contradicción al código y comenzar a hablar de manera inventiva. O, incluso, que el código contuviese esta contradicción desde sus mismos orígenes y que los progenitores se hubieran inventado el mito de la interdicción para explicar un hecho tan escandaloso.

Como se ve, todas estas observaciones nos llevan más allá de nuestro campo de investigación, que se limita a la creatividad del lenguaje, a su uso poético y a la interacción entre forma del mundo y formas significantes. Inútil es decir que el lenguaje, liberado así de la hipoteca del orden y de la univocidad, es transmitido por Adán a sus descendientes bajo una forma mucho más rica, pero una vez más con pretensiones de acabamiento y de cosa definitiva. Hecho que hace que Caín y Abel, cuando descubren, precisamente a través del ejercicio del lenguaje, que existen otros órdenes, maten a Adán. Este último detalle nos aparta todavía más de la tradición exegética acostumbrada y nos sitúa en el punto medio entre el mito de Saturno y el de Sigmund. Pero hay un método en esta insensatez: Adán nos ha enseñado que, para reestructurar los códigos, es preciso sobre todo tratar de escribir nuevamente los mensajes.

UMBERTO ECO: SU VIDA Y SUS LIBROS

1932

Umberto Eco nace en Alessandria (Piamonte), el 5 de enero.

1954

Obtiene la licenciatura en filosofía por la Universidad de Turín con una tesis sobre "El problema estético en Santo Tomás de Aquino", que posteriormente publicará, en primera edición, Edizioni di Filosofia, Turín, en 1956 (*Il problema estetico in San Tommaso*), y, en edición revisada, Bompiani en 1970 (*Il problema estetico in Tommaso d'Aquino*), acompañada de una nueva introducción, un apéndice y algunas adiciones sobre la situación general del pensamiento estético medieval.

1955

Trabaja en la RAI para los programas culturales de TV.

1956

Comienza a colaborar en "Verri" y en la "Rivista di Estetica".

1959

Colabora con Luciano Berio. Escribe los primeros ensayos de *Obra abierta*, que publica en la revista "Incontri musicali". Comienza a colaborar con la casa editora Bompiani, para la cual dirige las colecciones de ensayística filosófica, sociológica y semiótica. Publica, en el primer volumen de *Momenti e problemi di storia dell'estetica* (Marzorati), el largo capítulo titulado "Desarrollo de la estética medieval".

1961

Es profesor agregado de estética.
Figura entre los cofundadores de "Marcatré".

1962

Imparte clases de estética en la Facultad de Filosofía y Letras de Turín (1962-1963, 1963-1964) y en la Facultad de Arquitectura de Milán (1964-1965).
En este año aparece la primera edición de *Obra abierta*.

1963

Publica, en Mondadori, *Diario mínimo*.
Inicia la actividad del "Gruppo 63".
Empieza a colaborar en "The Times Literary Supplement".

1964

Edita, en Bompiani, *Apocalittici e integrati*.

1965

También en Bompiani, publica *Le poetiche di Joyce*, edición revisada de la segunda parte de *Obra abierta*.
Empieza a colaborar en el "Espresso".

1966

Tiene a su cargo las "Comunicaciones visuales" de la Facultad de Arquitectura de Florencia, donde enseñará hasta 1969.
Se encarga de un curso en la Universidad de São Paulo.

1967

Publica, en Bompiani, *Appunti per una semiologia delle comunicazioni visive* (en edición no vendible), que posteriormente se integrará en *La struttura assente*.
Se cuenta entre los cofundadores de "Quindici".

1968

Publica, en Mursia, *La definizione dell'arte* y, en Bompiani, *La struttura assente*.

1969

Enseña en la New York University.

1970

Se encarga de un curso de semiótica en la Facultad de Arquitectura de Milán.
Da clases en Universidades argentinas.

1971

Es profesor encargado de semiótica en la Universidad de Bolonia, Facultad de Filosofía y Letras. (Desde 1975 es titular de la cátedra homónima en la misma Universidad y director del Instituto de Comunicación y Espectáculo).
Da vida a "Versus", revista internacional de semiótica.
Publica, en Bompiani, *Le forme del contenuto*.
Con el seudónimo "Dedalus", inicia una serie de trabajos satíricos en "Manifesto".

1972

Enseña en la Northwestern University.

1973

Aparecen, en Isedi, *Il segno*, en Bompiani, *Il costume de casa* y, en Ricci, *Il Beato di Liebana*, obra en la cual ha tenido a su cargo la introducción y las notas iconográficas.

1974

Como secretario general de la Internacional Association for Semiotic Studies, organiza el I Congreso Internacional de Semiótica, en Milán.

1975

Publica, en Bompiani, el *Trattato di semiotica generale*, versión italiana de la obra que aparecerá en la edición inglesa de Indiana University Press, en 1976, con el título *A Theory of Semiotics*.

ÍNDICE